# Choses Vues

# Victor Hugo

# VICTOR HUGO

# CHOSES VUES

*NOUVELLE SÉRIE*

PARIS

CALMANN LÉVY, ÉDITEUR

3, RUE AUBER, 3

1900

# 1

# A REIMS

## 1825 — 1838

La première fois que j'ai entendu le nom de Shakespeare, c'est à Reims, de la bouche de Charles Nodier. Ce fut en 1825, pendant le sacre de Charles X.

Ce nom, personne alors ne le prononçait tout à fait sérieusement. La raillerie de Voltaire faisait loi. M<sup>me</sup> de Staël, très noble esprit, avait adopté l'Allemagne, la grande patrie de Kant, de Schiller et de Beethoven. Ducis était en plein triomphe ; il était assis, côte à côte avec Delille, dans une gloire d'académie, chose assez semblable à une gloire d'opéra. Ducis avait réussi à faire quelque chose de Shakespeare ; il l'avait rendu possible ; il en avait extrait « des tragédies » ; Ducis faisait l'effet d'un homme qui aurait taillé un Apollon dans Moloch. C'était le temps où Iago se nommait Pézare, Horatio

Norceste, et Desdémone Hédelmone. Une charmante
femme et fort spirituelle, M^me la duchesse de Duras,
disait : *Desdémona, quel vilain nom ! fi !* Talma, prince
de Danemark, en tunique de satin lilas bordée de fourrures, criait : *Fuis, spectre épouvantable !* Le pauvre
spectre en effet n'était toléré que dans la coulisse. S'il se
fût permis la moindre apparition, M. Évariste Dumoulin
l'eût tancé sévèrement. Un Génin quelconque lui eût jeté
à la tête le premier pavé venu, un vers de Boileau :
*L'esprit n'est point ému de ce qu'il ne croit pas.* Il était
remplacé sur la scène par une « urne » que Talma portait
sous son bras. Un spectre est ridicule ; des « cendres »,
à la bonne heure. Ne dit-on pas encore actuellement « les
cendres » de Napoléon ? la translation du cercueil de
Sainte-Hélène aux Invalides ne s'appelle-t-elle pas « le
retour des cendres » ? Quant aux sorcières de Macbeth,
elles étaient sévèrement consignées. Le portier du
Théâtre-Français avait des ordres. C'est avec leur balai
qu'on les eût reçues.

Je me trompe, du reste, en disant que je ne connaissais
pas Shakespeare. Je le connaissais comme tout le monde,
pour n'en avoir rien lu, et pour en rire. Mon enfance
a commencé, comme toutes les enfances, par des préjugés.
L'homme trouve les préjugés près de son berceau, les
rejette un peu pendant la vie, et, souvent, hélas ! les
reprend dans la vieillesse.

Dans ce voyage de 1825, nous passions notre temps,
Charles Nodier et moi, à nous raconter les histoires et les
romans gothiques qui ont fait souche à Reims. Nos
mémoires, et quelquefois nos imaginations, se cotisaient.
Chacun fournissait sa légende. Reims est une des plus
invraisemblables villes de la géographie du conte. Elle a

eu des marquis païens, dont un donnait en dot à sa fille
les langues de terre du Borysthène, dites les courses
d'Achille. Le duc de Guyenne, dans les fabliaux, passe
par Reims pour aller assiéger Babylone ; Babylone
d'ailleurs, fort digne de Reims, est la capitale de l'amiral
Gaudisse. C'est à Reims que « débarque » la députation
envoyée par les Locres-Ozoles à Apollonius de Tyane,
« grand prêtre de Bellone ». Tout en narrant le débar-
quement, nous discutions sur les Locres-Ozoles ; ces
peuples étaient ainsi nommés, les Fétides, selon Nodier,
parce que c'étaient des demi-singes ; selon moi, tout
simplement, parce qu'ils habitaient les marais de la
Phocide. Nous reconstruisions sur place la tradition de
saint Remy et ses aventures avec la fée Mazelane. Les
contes pullulent dans cette Champagne. Presque toute la
vieille fable gauloise y est née. Reims est le pays des chi-
mères. C'est pour cela peut-être qu'on y sacrait les rois.

La légende est si naturelle à ce pays, et en si bonne
terre là, qu'elle germait déjà sur le sacre même de
Charles X. Le duc de Northumberland, ambassadeur
d'Angleterre au sacre, avait cette renommée d'être fabu-
leusement riche. Cela, et Anglais, comment ne pas être
à la mode ? Les Anglais, à cette époque, avaient en France
toute la popularité qu'on peut avoir en dehors du peuple.
Certains salons les aimaient à cause de Waterloo, dont
on était encore assez près, et c'était une recomman-
dation dans le monde ultra que d'anglaiser la langue
française. Lord Northumberland fut donc, bien longtemps
avant sa venue, populaire et légendaire à Reims.
Un sacre pour Reims était une aubaine. Un flot de

foule opulente venait inonder la ville. C'était le Nil qui
passait. Les propriétaires se frottaient les mains.

Il y avait à Reims en ce temps-là, et il y a probablement
encore aujourd'hui, à l'angle de la rue débouchant sur la
place, une assez grande maison à porte cochère et à
balcon, bâtie en pierre dans le style royal de Louis XIV,
et qui fait face à la cathédrale. Au sujet de cette maison
et de lord Northumberland, on contait ceci :

En janvier 1825, le balcon de cette maison portait
l'écriteau : *Maison à vendre.* Tout à coup le *Moniteur*
annonce le sacre de Charles X pour le printemps. Rumeur
joyeuse dans la ville. On affiche immédiatement toutes
les chambres à louer. La moindre devait rapporter pour
vingt-quatre heures au moins soixante francs. Un matin,
un homme en habit noir, en cravate blanche, Anglais,
baragouinant, irréprochable,' se présente à la maison à
vendre sur la place. Il s'adresse au propriétaire, qui le
considère attentivement.

— Vous voulez vendre votre maison? demande
l'Anglais.

— Oui.

— Combien ?

— Dix mille francs.

— Mais je ne veux pas l'acheter.

— Que voulez-vous ?

— La louer, seulement.

— C'est différent. Pour une année?

— Non.

— Pour six mois ?

— Non. Je voudrais la louer pour trois jours.

— Ah !

— Combien me demanderez-vous ?

— Trente mille francs.

Ce gentleman était l'intendant de lord Northumberland en quête d'un gîte pour son maître pendant le sacre. Le propriétaire avait flairé l'Anglais et deviné l'intendant. La maison convenait, le propriétaire tint bon ; devant un Champenois, l'Anglais, n'étant qu'un Normand, céda ; le duc paya les trente mille francs, et passa trois jours dans cette maison, à raison de quatre cents francs l'heure.

Nous étions, Nodier et moi, deux fureteurs. Quand nous voyagions ensemble, ce qui arrivait quelquefois, nous allions à la découverte, lui des bouquins, moi des masures ; il s'extasiait sur un *Cymbalum Mundi* avec marges, et moi sur un portail fruste. Nous nous étions donné à chacun un diable. Il me disait : *Vous avez au corps le démon Ogive. — Et vous*, lui disais-je, *le diable Elzevir.*

A Soissons, pendant que j'explorais Saint-Jean-des-Vignes, il avait fait dans un faubourg cette trouvaille, un chiffonnier. La hotte est le trait d'union entre le chiffon et le papier, et le chiffonnier est le trait d'union entre le mendiant et le philosophe. Nodier, qui donnait aux pauvres et parfois aux philosophes, était entré chez ce chiffonnier. Ce chiffonnier s'était trouvé être un négociant. Il vendait des livres. Parmi ces livres, Nodier avait aperçu un assez gros volume de six à huit cents pages imprimé en espagnol sur deux colonnes, n'ayant plus de sa reliure que le dos, et fort entamé par les mites. Le chiffonnier, interrogé sur le prix, avait répondu, en tremblant de peur d'être refusé : *cinq francs*, que Nodier avait donnés, en tremblant aussi, mais de joie.

Ce livre était le *Romancero* complet. Il ne reste aujour-
d'hui de cette édition complète que trois exemplaires. Un
de ces exemplaires s'est vendu, il y a quelques années,
sept mille cinq cents francs. Du reste, les vers mangent
à qui mieux mieux ces trois exemplaires. Les peuples,
nourrisseurs de princes, ont mieux à faire que de dépen-
ser leur argent à conserver, pour des éditions nouvelles,
les testaments de l'esprit humain, et le *Romancero* ne se
réimprime pas, n'étant qu'une Iliade.

Pendant les trois jours du sacre, la foule se pressait
dans les rues de Reims, à l'archevêché, aux promenades
sur la Vesle, pour voir passer Charles X; je disais à
Nodier : — Allons voir sa majesté la cathédrale.

Reims fait proverbe dans l'art gothique chrétien. On
dit : *nef d'Amiens, clocher de Chartres, façade de Reims.*
Un mois avant le couronnement de Charles X, une four-
milière d'ouvriers maçons, grimpée à des échelles et à
des cordes à nœuds, employa toute une semaine à briser
à coups de marteau sur cette façade toutes les sculptures
faisant saillie, de peur qu'il ne se détachât de ces reliefs
quelque pierre sur la tête du roi. Ces décombres couvrirent le pavé, et on les balaya. J'ai longtemps eu en ma
possession une tête de Christ tombée de cette façon. On
me l'a volée en 1851. Cette tête n'a pas eu de bonheur;
cassée par un roi, elle a été perdue par un proscrit.

Nodier était un admirable antiquaire, et nous explo-
rions la cathédrale du haut en bas, tout encombrée qu'elle
était d'échafaudages, de châssis peints et de portants de
coulisse. La nef n'étant que de pierre, on l'avait remplacée à l'intérieur par un édifice de carton, pour plus

de ressemblance probablement avec la monarchie d'alors; on avait, pour le couronnement du roi de France, inséré un théâtre dans l'église; si bien qu'on a pu raconter avec une exactitude parfaite qu'en arrivant au portail j'avais pu demander au garde du corps de faction : *Où est ma loge?*

Cette cathédrale de Reims est belle entre toutes. Sur la façade, les rois; à l'abside, les énervés : les bourreaux ayant derrière eux le supplice. Sacre des rois avec accompagnement de victimes. La façade est une des plus magnifiques symphonies qu'ait chantées cette musique, l'architecture. On rêve longtemps devant cet oratorio. De la place, en levant la tête, on voit à une hauteur de vertige, à la base des deux clochers, une rangée de colosses, qui sont les rois de France. Ils ont au poing le sceptre, l'épée, la main de justice, le globe, et sur la tête l'antique couronne pharamonde, non fermée, à fleurons évasés. Cela est superbe et farouche. On pousse la porte du sonneur, on gravit la vis de Saint-Gilles, on monte dans les tours, on arrive dans la haute région de la prière, on baisse les yeux, et on a au-dessous de soi les colosses. La rangée des rois s'enfonce dans l'abîme. On entend, aux vibrations des vagues souffles du ciel, le chuchotement des cloches énormes.

Un jour, j'étais accoudé sur un auvent du clocher, je fixais mes yeux en bas par une embrasure. Toute la façade se dérobait à pic sous moi. J'aperçus dans cette profondeur, pas très loin de mon regard, tout au sommet d'un support de pierre long et debout adossé à la muraille, et dont la forme fuyait, raccourcie par l'escarpement, une sorte de cuvette ronde. L'eau des pluies s'y était amassée et faisait un étroit miroir au fond, une touffe d'herbes mêlée de fleurs y avait poussé et remuait au vent, une

hirondelle s'y était nichée. C'était, dans moins de deux
pieds de diamètre, un lac, un jardin et une habitation,
un paradis d'oiseaux. Au moment où je regardais, l'hirondelle faisait boire sa couvée. La cuvette avait, tout autour
de son bord supérieur, des espèces de créneaux entre
lesquels l'hirondelle avait fait son nid. J'examinai ces
créneaux; ils avaient la figure d'une fleur de lys. Le
support était une statue. Ce petit monde heureux était la
couronne de pierre d'un vieux roi.

Et, si l'on demandait à Dieu : A quoi donc a servi ce
Lothaire, ce Philippe, ce Charles, ce Louis, cet empereur,
ce roi? Dieu répondrait peut-être : A faire faire cette
statue, et à loger cette hirondelle.


Le sacre eut lieu. Ce n'est point ici l'endroit d'en
parler.

Aussi bien, mes souvenirs sur cette solennité du 27 mai
1825 ont été racontés ailleurs par un autre que moi
mieux qu'ils ne pourraient l'être par moi*.

Disons-le seulement, ce fut une journée radieuse. Dieu
semblait avoir consenti à cette fête. Les longues fenêtres
claires, car il n'y a plus de vitraux à Reims, laissaient
entrer dans la cathédrale un jour éblouissant, toute la
lumière de mai était dans l'église. L'archevêque était
couvert de dorures, et l'autel de rayons. Le maréchal de
Lauriston, ministre de la maison du roi, était content du
soleil. Il allait et venait, affairé, parlant bas aux architectes Lecointe et Hittorf. Cette belle matinée donna
occasion de dire *le soleil du sacre* comme on avait dit

* Voir *Victor Hugo raconté*.

*le soleil d'Austerlitz*. Et une profusion de lampes et de
cierges trouvaient moyen de rayonner dans ce resplendissement.

Il y eut un moment où Charles X, habillé d'une simarre
de satin cerise galonnée d'or, se coucha tout de son long
aux pieds de l'archevêque. Les pairs de France, à droite,
brodés d'or, empanachés à la Henri IV et vêtus de grands
manteaux de velours et d'hermine ; les députés, à gauche,
en frac de drap bleu fleurdelysé d'argent au collet, le
regardaient faire.

Toutes les formes du hasard étaient un peu repré-
sentées là, la bénédiction papale par les cardinaux dont
quelques-uns avaient vu le sacre de Napoléon, la victoire
par les maréchaux, l'hérédité par M. le duc d'Angoulême,
dauphin, le bonheur par M. de Talleyrand, boiteux et
debout, la hausse et la baisse par M. de Villèle, la joie
par des oiseaux qu'on lâcha et qui s'envolèrent, et les
valets du jeu de cartes par les quatre hérauts d'armes.

Un vaste tapis fleurdelysé, fait exprès pour l'occasion et
appelé *le tapis du sacre*, couvrait d'un bout à l'autre les
vieilles dalles et cachait les tombes mêlées au pavé de la
cathédrale. Une lumineuse épaisseur d'encens emplissait
la nef. Les oiseaux, mis en liberté, erraient dans ce
nuage, effarouchés.

Le roi changea six ou sept fois de costume. Le premier
prince du sang, Louis Philippe, duc d'Orléans, l'assistait. M. le duc de Bordeaux avait cinq ans et était dans
une tribune.

Le compartiment où nous étions, Charles Nodier et
moi, touchait aux bancs des députés. Au milieu de la

cérémonie, vers l'instant où le roi s'étendit à terre, un
député du Doubs, nommé M. Hémonin, se tourna vers
Nodier dont il était tout proche et, en posant le doigt sur
sa bouche pour ne pas troubler l'oraison de l'archevêque,
lui mit quelque chose dans la main. Ce quelque chose
était un livre. Nodier prit le livre et l'entr'ouvrit :

— Qu'est-ce? lui demandai-je tout bas.

— Rien de bien précieux, me dit-il. Un volume dépareillé du Shakespeare, édition de Glascow.

Une des tapisseries du trésor de l'église, accrochée précisément en face de nous, représentait une entrevue peu
historique de Jean-Sans-Terre et de Philippe-Auguste.
Nodier feuilleta le livre quelques minutes, puis me montra la tapisserie.

— Vous voyez bien cette tapisserie?

— Oui.

— Savez-vous ce qu'elle représente?

— Non.

— Jean-Sans-Terre.

— Eh bien?

— Jean-Sans-Terre est aussi dans ce livre.

Le volume en effet, relié en basane usée aux coins,
contenait *le Roi Jean.*

M. Hémonin se tourna vers Nodier.

— J'ai payé ce livre-là six sous, dit-il.

Le soir du sacre, le duc de Northumberland donna un
bal. Ce fut un faste féerique. Cet ambassadeur des Mille
et une Nuits en apporta une à Reims. Chaque femme
trouva un diamant dans son bouquet.

Je ne dansais pas; Nodier ne dansait plus depuis l'âge
de seize ans où il avait été félicité d'une danse par une
grand'tante extasiée en ces termes : *Tu es charmant, tu*

*danses comme un chou !* Nous n'allâmes point au bal de
lord Northumberland.

— Que ferons-nous ce soir ? demandai-je à Nodier.

Il me montra son bouquin anglais dépareillé, et me
dit :

— Lisons ça.

Nous lûmes.

C'est-à-dire Nodier lut. Il savait l'anglais (sans le
parler, je crois) assez pour le déchiffrer. Il lisait à haute
voix, et tout en lisant, traduisait. Dans les intervalles,
quand il se reposait, je prenais l'autre bouquin conquis
sur le chiffonnier de Soissons, et je lisais du *Romancero.*
Comme Nodier, je traduisais en lisant. Nous comparions
le livre anglais au livre castillan ; nous confrontions le
dramatique avec l'épique. Chacun vantait son livre. Nodier
tenait pour Shakespeare qu'il pouvait lire en anglais et
moi pour le *Romancero* que je pouvais lire en espagnol.
Nous mettions en présence, lui le bâtard Falconbridge,
moi le bâtard Mudarra. Et peu à peu, en nous contredi-
sant, nous nous convainquions, et l'enthousiasme du
*Romancero* gagnait Nodier, et l'admiration de Shakespeare me gagnait.

Des auditeurs nous étaient venus, on passe la soirée
comme on peut dans une ville de province un jour de
sacre, quand on ne va pas au bal ; nous finîmes par être
un petit cercle ; il y avait un académicien, M. Roger, un
lettré, M. d'Eckstein, M. de Marcellus, ami et voisin de
campagne de mon père, lequel raillait son royalisme et le
mien, le bon vieux marquis d'Herbouville, et M. Hémonin,
donateur du livre payé six sous.

— Il ne les vaut pas ! s'écriait M. Roger.

La conversation devint discussion. On jugea *le Roi Jean.*

M. de Marcellus déclarait l'assassinat d'Arthur invraisem-
blable. On lui fit observer que c'était de l'histoire. Il se
résigna difficilement. Des rois s'entre-tuant, c'était
impossible. Pour M. de Marcellus, le meurtre des rois
commençait au 21 janvier. Régicide était synonyme de 93.
Tuer un roi était une chose inouïe que la « populace »
seule était capable de faire. Il n'y avait jamais eu d'autre
roi violemment mis à mort comme Louis XVI. Il admet-
tait pourtant un peu Charles Ier. Il voyait là aussi la
populace. Le reste était mensonge et calomnie démago-
gique.

Quoique aussi bon royaliste que lui, je me hasardai à
lui insinuer que le seizième siècle existait, et que c'était
l'époque où les jésuites avait nettement posé la question
de « la saignée à la veine basilique », c'est-à-dire des cas
où l'on doit tuer le roi ; question qui, une fois posée, eut
tant de succès qu'elle fit poignarder deux rois, Henri III
et Henri IV, et pendre un jésuite, le Père Guignard.

Puis on passa aux détails du drame, aux situations, aux
scènes, aux personnages. Nodier faisait remarquer que
Falconbridge est le même dont parle Mathieu Pàris
sous le nom de Falcasius de Trente, bâtard de Richard
Cœur-de-Lion. Le baron d'Eckstein, à l'appui, rappelait
que, selon Hollinshed, Falconbridge ou Falcasius tua le
vicomte de Limoges pour venger son père Richard blessé
à mort au siège de Chalus ; lequel château de Chalus étant
au vicomte de Limoges, il était juste que le vicomte,
quoique absent, répondît sur sa tête d'une flèche ou d'une
pierre tombée de ce château sur le roi. M. Roger riait de
Shakespeare faisant crier *Autriche Limoges* et confondant
le vicomte de Limoges avec le duc d'Autriche. M. Roger
eut tout le succès, et son rire fut le dernier mot.

La discussion ayant ainsi tourné, je n'avais plus rien
dit. Cette révélation de Shakespeare m'avait ému. Je
trouvais cela grand. *Le Roi Jean* n'est pas un chef-
d'œuvre, mais certaines scènes sont hautes et puissantes,
et dans la maternité de Constance il y a des cris de génie.

Les deux livres, ouverts et renversés, restèrent posés
sur la table. On cessa de lire, pour rire. Nodier avait fini
par se taire aussi. Nous étions battus. Le dernier éclat de
rire jeté, on s'en alla. Nous restâmes seuls, Nodier et
moi, et pensifs, songeant aux grandes œuvres méconnues,
et stupéfaits que l'éducation intellectuelle des peuples
civilisés, et la nôtre même à lui et à moi, en fût là.

Enfin Nodier rompit le silence. Je me souviens de son
sourire. Il me dit :

— On ignore le *Romancero!*

Je lui répondis :

— Et l'on se moque de Shakespeare !

———

Treize ans après, un hasard me ramena à Reims.

C'était le 28 août 1838. On verra plus loin pourquoi
cette date s'est précisée dans mon esprit.

Je revenais de Vouziers. Les deux tours de Reims
m'étaient apparues à l'horizon, et l'envie m'avait pris de
revoir la cathédrale. Je m'étais dirigé vers Reims.

En arrivant sur la place de la Cathédrale, j'aperçus une
pièce de canon braquée près du portail, avec les canon-
niers mèche allumée. Comme j'avais vu de l'artillerie là
le 27 mai 1825, je crus que c'était l'habitude de cette
place d'avoir du canon, et j'y fis à peine attention. Je
passai outre, et j'entrai dans l'église.

Un bedeau à manches violettes, espèce de demi-abbé,
s'empara de moi et me conduisit. Je revis toute l'église.
Elle était solitaire. Les pierres étaient noires, les statues
tristes, l'autel mystérieux. Aucune lampe ne faisait
concurrence au soleil. Il allongeait sur les pierres sépul-
crales du pavé les longues silhouettes blanches des
fenêtres, et, à travers l'obscurité mélancolique du reste
de l'église, on eût dit des fantômes couchés sur ces
tombes. Personne dans l'église. Pas une voix ne chuchotait, aucun pas ne marchait.

Cette solitude serrait le cœur et ravissait l'âme. Il y
avait là de l'abandon, du délaissement, de l'oubli, de
l'exil, de la sublimité. Ce n'était plus le tourbillon de
1825. L'église avait repris sa dignité et son calme. Aucune
parure, aucun vêtement, rien. Elle était toute nue, et
belle. La haute voûte n'avait plus de dais à porter. Les
cérémonies de palais ne vont point à ces demeures
sévères; un sacre est une complaisance; ces masures
augustes ne sont pas faites pour être courtisanes; il y a
accroissement de majesté pour un temple à le débarrasser
du trône et à retirer le roi de devant Dieu. Louis XIV
masque Jéhovah.

Retiré aussi le prêtre, tout ce qui faisait éclipse étant
ôté, vous verrez le jour direct. Les oraisons, les rites, les
Bibles, les formules, réfractent et décomposent la
lumière sacrée. Un dogme est une chambre noire. A

travers une religion vous voyez le spectre solaire de Dieu,
mais non Dieu. La désuétude et l'écroulement grandissent
un temple. A mesure que la religion humaine se retire
de ce mystérieux et jaloux édifice, la religion divine y
entre. Faites-y la solitude, vous y sentez le ciel. Un
sanctuaire désert et en ruine, comme Jumièges, comme
Saint-Bertin, comme Villers, comme Holyrood, comme
l'abbaye de Montrose, comme le temple de Pœstum,
comme l'hypogée de Thèbes, devient presque un élément
et a la grandeur virginale et religieuse d'une savane ou
d'une forêt. Il y a là de la présence réelle.

Ces lieux-là sont vraiment saints; l'homme s'y est
recueilli. Ce qu'ils ont contenu de vérité est resté et a
grandi. L'à-peu-près n'y a plus la parole. Les dogmes
éteints n'y ont point déposé leur cendre, la prière passée
y a laissé son parfum. Il y a de l'absolu dans la prière. Ce
qui fut une synagogue, ce qui fut une mosquée, ce qui fut
une pagode, est vénérable par ce côté-là. Une pierre
quelconque où cette grande anxiété qu'on appelle la
prière a marqué son empreinte n'est jamais raillée par le
penseur. La trace des agenouillements devant l'infini est
toujours auguste. Qui suis-je? que sais-je?


Tout en cheminant dans la cathédrale, j'étais monté
dans les travées, puis sous les arcs-boutants, puis dans les
combles. Il y a là sous le haut toit aigu une admirable
charpente d'essence de châtaignier, moins extraordinaire
pourtant que « la forêt » d'Amiens.

Ces greniers de cathédrales sont farouches. Il y a
presque de quoi s'égarer. Ce sont des labyrinthes de
chevrons, d'équerres, de potences, des superpositions de

solives, des étages d'architraves et d'étraves, des enchevê-
trements de lignes et de courbes, toute une ossature de
poutres et de madriers ; on dirait le dedans du squelette de
Babel. C'est démeublé comme un galetas et sauvage comme
une caverne. Le vent fait un bruit lugubre. Les rats sont
chez eux. Les araignées, chassées de la charpente par
l'odeur du châtaignier, se réfugient dans la pierre du
soubassement où l'église finit et où le toit commence, et
font très bas dans l'obscurité leur toile où vous vous
prenez le visage. On respire on ne sait quelle poudre
sombre, il semble qu'on ait les siècles mêlés à son haleine.
La poussière des églises est plus sévère que celle des
maisons ; elle rappelle la tombe, elle est cendre.

Le plancher de ces mansardes colossales a des crevasses
par où l'on voit en bas au-dessous de soi l'église, l'abîme.
Il y a, dans les angles où l'on ne pénètre point, des
espèces d'étangs de ténèbres. Les oiseaux de proie entrent
par une lucarne et sortent par l'autre. Le tonnerre vient
aussi là familièrement ; quelquefois trop près ; et cela fait
l'incendie de Rouen, de Chartres ou de Saint-Paul de
Londres.

Mon guide, le bedeau, me précédait. Il regardait les
fientes sur le plancher, et hochait la tête. A l'ordure il
reconnaissait la bête. Il grommelait dans ses dents : *Ceci
est un corbeau. Ceci est un épervier. Ceci est une
chouette.* Je lui disais : Vous devriez étudier le cœur
humain.

Une chauve-souris effarée volait devant nous.


En marchant presque au hasard, en suivant cette
chauve-souris, en regardant ces fumiers d'oiseaux, en

respirant cette poussière dans cette obscurité, parmi ces toiles d'araignées, parmi ces rats en fuite, nous arrivâmes à un recoin noir, où je distinguai confusément, sur une grande brouette, une sorte de long paquet qui était lié d'une corde et qui ressemblait à une étoffe roulée.

— Qu'est-ce que cela? demandai-je au bedeau.

Il me répondit : — C'est le tapis du sacre de Charles X.

Je regardai cette chose. En ce moment, — je n'arrange rien, je raconte, — il y eut tout à coup sous la voûte une sorte de coup de foudre. Seulement cela venait d'en bas. Toute la charpente remua, les profonds échos de l'église multiplièrent le roulement. Un second coup éclata, puis un troisième, à intervalles égaux. Je reconnus le canon. Je songeai à la pièce que j'avais vue en batterie sur la place.

Je me tournai vers mon guide.

— Qu'est-ce que c'est que ce bruit?

— C'est le télégraphe qui vient de jouer, et c'est le canon qu'on tire.

Je repris : — Qu'est-ce que cela veut dire?

— Cela veut dire, répondit le bedeau, qu'il vient de naître un petit-fils à Louis-Philippe.

C'était en effet le canon qui annonçait la naissance du comte de Paris.


Voilà mes souvenirs de Reims.

———

II

# RÉCITS DE TÉMOINS OCULAIRES

---

I

## L'EXÉCUTION DE LOUIS XVI

---

Personne n'a donné sur l'exécution de Louis XVI certains détails minutieux et caractéristiques qu'on va trouver ici pour la première fois, rapportés par un témoin oculaire *.

* Ce témoin oculaire était un nommé Leboucher qui, arrivé de Bourges à Paris en décembre 1792, avait assisté de près à l'exécution de Louis XVI. Il raconta, en 1840, à Victor Hugo la plupart de ces détails, qui avaient, on le conçoit, laissé dans son esprit une trace profonde.

L'échafaud ne fut pas dressé, comme on le croit généralement, au centre même de la place, à l'endroit où est aujourd'hui l'obélisque, mais au lieu que l'arrêté du Conseil exécutif provisoire désigne en ces termes précis : « entre le pied d'estal et les Champs-Élysées ».

Qu'était-ce que ce piédestal? Les générations actuelles qui ont vu passer tant de choses, s'écrouler tant de statues et tomber tant de piédestaux, ne savent plus trop quel sens donner aujourd'hui à cette désignation si vague et seraient embarrassés de dire à quel monument avait servi de base la pierre mystérieuse que le Conseil exécutif de la Révolution appelle laconiquement le *pied d'estal*. Cette pierre avait porté la statue de Louis XV.

Notons en passant que cette place étrange, qui s'est appelée successivement *place Louis XV*, *place de la Révolution*, *place de la Concorde*, *place Louis XVI*, *place du Garde-Meuble* et *place des Champs-Élysées*, et qui n'a pu garder aucun nom, n'a pu garder non plus aucun monument. Elle a eu la statue de Louis XV, qui a disparu; on y a projeté une fontaine expiatoire, qui devait laver le centre ensanglanté de la place et dont la première pierre n'a même pas été posée; on y avait ébauché un monument à la Charte; nous n'avons jamais vu que le socle de ce monument. Au moment où l'on allait y ériger une figure de bronze représentant la Charte de 1814, la Révolution de Juillet est arrivée avec la Charte de 1830. Le piédestal de Louis XVIII s'est évanoui comme s'est écroulé le piédestal de Louis XV. Maintenant à ce même lieu nous avons mis l'obélisque de Sésostris. Il avait fallu trente siècles au grand Désert pour l'engloutir à moitié; combien faudra-t-il d'années à la place de la Révolution pour l'engloutir tout à fait?

En l'an I de la République, ce que le Conseil exécutif appelait le « pied d'estal » n'était plus qu'un bloc informe et hideux. C'était une sorte de symbole sinistre de la royauté elle-même. Les parements de marbre et de bronze en avaient été arrachés, la pierre mise à nu était partout fendue et crevassée ; de larges entailles de forme carrée indiquaient sur les quatre faces la place du bas-relief rompu à coups de marteau. L'histoire des trois races royales avait été brisée et mutilée de même aux flancs de la vieille monarchie. A peine distinguait-on encore au sommet du piédestal un reste d'entablement, et sous la corniche un cordon d'oves frustes et rongées, surmonté de ce que les architectes appellent un *chapelet de pate-nôtres*. Sur la table même du piédestal on apercevait une sorte de monticule formé de débris de toute sorte et dans lequel croissaient çà et là quelques touffes d'herbe. Cet amas de choses sans nom avait remplacé la royale statue.

L'échafaud était dressé à quelques pas de cette ruine, un peu en arrière. Il était revêtu de longues planches assemblées transversalement qui masquaient la charpente. Une échelle sans rampe ni balustrade était appliquée à la partie postérieure, et ce qu'on n'ose appeler la tête de cette horrible construction était tourné vers le Garde-Meuble. Un panier de forme cylindrique, recouvert de cuir, était disposé à l'endroit même où devait tomber la tête du roi pour la recevoir ; et à l'un des angles de l'entablement, à droite de l'échelle, on distinguait une longue manette d'osier préparée pour le corps et sur laquelle l'un des bourreaux, en attendant le roi, avait posé son chapeau.

Qu'on se figure maintenant au milieu de la place ces

deux choses lugubres à quelques pas l'une de l'autre,
le piédestal de Louis XV et l'échafaud de Louis XVI,
c'est-à-dire la ruine de la royauté morte et le martyre de
la royauté vivante ; qu'on développe autour de ces deux
choses quatre lignes formidables d'hommes armés, maintenant un grand carré vide au milieu d'une foule immense ;
qu'on se représente, à gauche de l'échafaud, les Champs-
Élysées, à droite les Tuileries, qui, négligées et livrées
au caprice du passant, n'étaient plus qu'un amas de
collines et de terrassements informes ; qu'on pose sur ces
mélancoliques édifices, sur ces arbres noirs et effeuillés,
sur cette morne multitude le ciel sombre et glacial d'une
matinée d'hiver, on aura une idée de l'aspect qu'offrait la
place de la Révolution au moment où Louis XVI, traîné
dans la voiture du maire de Paris, vêtu de blanc, le livre
des psaumes à la main, y arriva pour mourir à dix heures
et quelques minutes, le 21 janvier 1793.

Étrange excès d'abaissement et de misère, le fils de
tant de rois, enveloppé de bandelettes et sacré comme les
rois d'Égypte, allait être dévoré entre deux couches de
chaux vive, et à cette royauté française, qui avait eu à
Versailles un trône d'or et à Saint-Denis soixante sarco-
phages de granit, il ne restait plus qu'une estrade de
sapin et un cercueil d'osier.

Nous ne dirons pas ici les détails connus. En voici
qu'on ignore. Les bourreaux étaient au nombre de quatre ;
deux seulement firent l'exécution ; le troisième resta au
pied de l'échelle et le quatrième était monté sur la charrette qui devait transporter le corps du roi au cimetière
de la Madeleine et qui attendait à quelques pas de
l'échafaud.

Les bourreaux étaient en culottes courtes, vêtus de

l'habit à la française tel que la Révolution l'avait modifié, et coiffés de chapeaux à trois cornes que chargeaient d'énormes cocardes tricolores.

Ils exécutèrent le roi le chapeau sur la tête, et ce fut sans ôter son chapeau que Samson, saisissant aux cheveux la tête coupée de Louis XVI, la présenta au peuple et en laissa, pendant quelques instants, ruisseler le sang sur l'échafaud.

Dans ce même moment, son valet ou son aide défaisait ce qu'on appelait *les sangles* ; et, tandis que la foule considérait tour à tour le corps du roi entièrement vêtu de blanc, comme nous l'avons dit, et encore attaché, mains liées derrière le dos, sur la planche-bascule, et cette tête dont le profil doux et bon se détachait sur les arbres brumeux et sombres des Tuileries, deux prêtres, commissaires de la Commune, chargés par elle d'assister, comme officiers municipaux, à l'exécution du roi, causaient à haute voix et riaient dans la voiture du maire. Jacques Roux, l'un d'eux, montrait dérisoirement à l'autre les gros mollets et le gros ventre de Capet.

Les hommes armés qui entouraient l'échafaud n'avaient que des sabres et des piques ; il y avait fort peu de fusils. La plupart portaient de larges chapeaux ronds ou des bonnets rouges. Quelques pelotons de dragons à cheval en uniforme étaient mêlés à cette troupe de distance en distance. Un escadron entier de ces dragons était rangé en bataille sous les terrasses des Tuileries. Ce qu'on appelait le bataillon de Marseille formait une des faces du carré.

La guillotine, — c'est toujours avec répugnance qu'on écrit ce mot hideux, — semblerait aujourd'hui fort mal construite aux gens du métier. Le couteau était tout

simplement suspendu à une poulie fixée au milieu de la
traverse supérieure. Cette poulie et une corde de la
grosseur du pouce, voilà tout l'appareil. Le couteau, chargé
d'un poids médiocre, était de petite dimension et à
tranchant recourbé, ce qui lui donnait la forme renversée
d'une corne ducale ou d'un bonnet phrygien. Aucune
capote n'était disposée pour abriter la tête du patient
royal, et tout à la fois en masquer et en circonscrire la
chute. Toute cette foule put voir tomber la tête de
Louis XVI, et ce fut grâce au hasard, grâce peut-être à la
petitesse du couteau qui diminua la violence du choc,
qu'elle ne rebondit pas hors du panier jusque sur le
pavé. Incident terrible, qui se produisit d'ailleurs souvent
pendant les exécutions de la Terreur. On décapite
aujourd'hui les assassins et les empoisonneurs plus
décemment. La guillotine a reçu beaucoup de « perfec-
tionnements ».

A la place où tomba la tête du roi, une long ruisseau
de sang coula le long des planches de l'échafaud jusque
sur le pavé. Quand l'exécution fut terminée, Samson
jeta au peuple la redingote du roi qui était en molleton
blanc, et en un instant elle disparut, déchirée par mille
mains.

Au moment où la tête de Louis XVI tomba, l'abbé
Edgeworth était encore près du roi. Le sang jaillit jusque
sur lui. Il revêtit précipitamment une redingote brune,
descendit de l'échafaud et se perdit dans la foule. Le
premier rang des spectateurs s'ouvrit devant lui avec une
sorte d'étonnement mêlé de respect ; mais, au bout de
quelques pas, l'attention de tous était encore tellement

concentrée sur le centre de la place où l'événement venait de s'accomplir, que personne ne regardait plus l'abbé Edgeworth.

Le pauvre prêtre, enveloppé de la grosse redingote qui cachait le sang dont il était couvert, s'enfuit tout effaré, marchant comme un homme qui rêve et sachant à peine où il allait. Cependant, avec cette sorte d'instinct que conservent les somnambules, il passa la rivière, prit la rue du Bac, puis la rue du Regard et parvint ainsi à gagner la maison de M<sup>me</sup> de Lézardière, près de la barrière du Maine.

Arrivé là, il quitta ses vêtements souillés, et resta plusieurs heures, comme anéanti, sans pouvoir recueillir une pensée ni prononcer une parole.

Des royalistes qui le rejoignirent, et qui avaient assisté à l'exécution, entourèrent l'abbé Edgeworth et lui rappelèrent l'adieu qu'il venait d'adresser au roi : — *Fils de saint Louis, montez au ciel!* Toutefois ces paroles si mémorables n'avaient laissé aucune trace dans l'esprit de celui qui les avait dites. — Nous les avons entendues, disaient les témoins de la catastrophe, encore tout émus et tout frémissants. — C'est possible, répondait-il, mais je ne m'en souviens pas.

L'abbé Edgeworth a vécu une longue vie sans pouvoir se rappeler s'il avait prononcé réellement ces paroles.

M<sup>me</sup> de Lézardière, atteinte d'une grave maladie depuis près d'un mois, ne put supporter le coup de la mort de Louis XVI. Elle mourut dans la nuit même du 21 janvier.

----

# ARRIVÉE DE NAPOLÉON A PARIS

— 20 mars 1815 —

L'histoire et les mémoires contemporains ont tronqué ou mal rapporté ou même omis tout à fait certains détails de l'arrivée de l'empereur à Paris au 20 mars 1815. Mais on rencontre des témoins vivants qui les ont vus et qui les rectifient ou les complètent.

Dans la nuit du 19, l'empereur quitta Sens. Il arriva à trois heures du matin à Fontainebleau. Vers cinq heures du matin, au petit jour, il passa en revue le peu de troupes qu'il avait amenées et celles qui s'étaient ralliées à lui à Fontainebleau même. Il y avait de tous les corps, de tous les régiments, de toutes les armes, un

peu de la grande armée, un peu de la garde. A six
heures, la revue passée, cent vingt lanciers montèrent à
cheval pour le devancer et l'aller attendre à Essonnes.
Ces lanciers étaient commandés par le colonel Galbois,
aujourd'hui lieutenant-général, et qui s'est dans ces derniers temps distingué à Constantine.

Ils étaient à peine à Essonnes depuis trois quarts
d'heure, faisant rafraîchir leurs chevaux, que la voiture
de l'empereur arriva. L'escorte de lanciers fut en selle
en un clin d'œil et entoura la voiture, qui repartit sur-
le-champ après avoir relayé. L'empereur s'arrêtait sur la
route aux gros villages pour recevoir les placets des
habitants et les soumissions des autorités et quelquefois écouter les harangues. Il était dans le fond de la
voiture, ayant à sa gauche le général Bertrand en grand
uniforme. Le colonel Galbois galopait à la portière du
côté de l'empereur; la portière du côté de Bertrand était
gardée par un maréchal des logis de lanciers nommé
Ferrès, aujourd'hui marchand de vins à Puteaux, ancien
housard fort brave, que l'empereur connaissait person-
nellement et appelait par son nom. Personne d'ailleurs
sur la route n'approchait l'empereur. Tout ce qui lui était
destiné passait par les mains du général Bertrand.

A trois ou quatre lieues au delà d'Essonnes, le cortège
impérial trouva la route soudainement barrée par le général Colbert, à la tête de deux escadrons et de trois régiments échelonnés du côté de Paris.

Le général Colbert avait précisément été colonel du
régiment de lanciers dont un détachement escortait l'empereur. Il reconnut ses lanciers et ses lanciers le recon-
nurent. Ils crièrent : — Général, ralliez-vous à nous! Le
général leur dit : — Mes enfants, faites votre devoir. Je

fais le mien. Puis il tourna bride et s'en alla à droite à
travers champs avec quelques cavaliers qui le suivirent.
Il n'eût pu résister ; les régiments derrière lui criaient :
— *Vive l'empereur !*

Cette rencontre ne retarda Napoléon que quelques minutes. Il continua son chemin. L'empereur, entouré seulement de ses cent vingt lanciers, arriva ainsi à Paris. Il
entra par la barrière de Fontainebleau, prit la grande allée
d'arbres qui est à gauche, le boulevard du Mont-Par-
nasse, les autres boulevards jusqu'aux Invalides, puis le
pont de la Concorde, le quai du bord de l'eau et le guichet du Louvre.

A huit heures un quart du soir, il était aux Tuileries.

# III

# VISIONS DU RÉEL

---

## I

## LE BOUGE

---

... Vous voulez une description de ce bouge? J'hésitais
à vous l'infliger. Mais vous la voulez. Ma foi! la voilà. Ne
vous en prenez qu'à vous, c'est votre faute.

« Bah ! dites-vous, je vois cela d'ici. Un repaire chas-
sieux et bancal. Quelque vieille maison ! »

D'abord, ce n'est pas une vieille maison, c'est bien pis,
c'est une maison neuve !

En vérité, une vieille maison! vous comptiez sur une

vieille maison et vous en faisiez fi d'avance. Ah bien oui!
on vous en donnera, des vieilles maisons! Une masure!
mais savez-vous que c'est charmant, une masure! La muraille est d'une belle couleur chaude et puissante, avec
des trous à papillons, des nids d'oiseaux, de vieux clous
où l'araignée accroche ses rosaces, mille accidents amu-
sants à regarder. La fenêtre n'est qu'une lucarne, mais
elle laisse passer de longues perches où pendent et
sèchent au vent toutes sortes de nippes bariolées, loques
blanches, haillons rouges, drapeaux de misère qui
donnent à la baraque un air de joie et resplendissent au
soleil. La porte est lézardée et noire, mais approchez et
examinez, elle a sans nul doute quelque antique ferrure,
du temps de Louis XIII, découpée comme une guipure.
Le toit est plein de crevasses, mais dans chaque crevasse
il y a un liseron qui fleurira au printemps ou une marguerite qui s'épanouira à l'automne. La tuile est rapiécée
avec du chaume, parbleu! je le crois bien, c'est une occasion d'avoir sur son toit une colonie de gueules-de-loup
roses et de mauves sauvages. Une belle herbe verte ta-
pisse le pied de ce mur décrépit; le lierre y grimpe joyeusement et en cache les nudités, les plaies et les lèpres
peut-être; la mousse couvre de velours vert le banc de
pierre qui est à la porte. Toute la nature prend en pitié
cette chose dégradée et charmante que vous appelez une
masure, et lui fait fête. O masure! vieux logis honnête et
paisible, doux et aimable à voir! rajeuni tous les ans par
avril et par mai! embaumé par la giroflée et habité par
l'hirondelle!

Non, ce n'est pas de cela qu'il s'agit, ce n'est pas d'une
vieille maison, je le répète, c'est d'une maison neuve, —
d'une masure neuve si vous voulez.

Cette chose a été bâtie il y a deux ans tout au plus. Le mur a cette hideuse et glaciale blancheur du plâtre neuf. Le tout est chétif, mesquin, haut, triangulaire, et a la forme d'un morceau de fromage de Gruyère coupé pour un dessert d'avare. Il y a des portes toutes neuves qui ne ferment pas, des châssis de fenêtres à vitres blanches déjà constellées çà et là d'étoiles de papier. Ces étoiles sont découpées coquettement et collées avec soin. Il y a un affreux faux luxe qui fait mal. Des balcons de fer creux mal attachés. Au mur, déjà rouillé et pourri autour des scellements, des serrures de pacotille sur lesquelles vacillent, accrochés à trois clous, d'horribles ornements de cuivre gaufré qui se vertdegrise. Des persiennes peintes en gris qui se disloquent, non parce qu'elles sont vermoulues, mais parce qu'elles ont été faites en bois vert par un menuisier voleur.

On a froid en regardant cette maison. On frissonne en y entrant. Une humidité verdâtre suinte au pied de la muraille. Cette bâtisse d'hier est déjà une ruine; c'est plus qu'une ruine, c'est un désastre; on sent que le propriétaire est en faillite et que l'*entrepreneur* est en fuite.

Derrière la maison, un mur blanc et neuf comme le reste enclôt un espace dans lequel un tambour-major ne pourrait se coucher tout de son long. Cela s'appelle le jardin. On y voit sortir de terre tout grelottant un petit arbre long, fluet et malade, qui semble toujours être en hiver, car il n'a pas une seule feuille. Ce balai s'appelle un peuplier. Le reste du jardin est ensemencé de vieux tessons et de culs de bouteilles. On y remarque deux ou trois chaussons de lisière. Dans un coin se dresse sur un tas d'écailles d'huîtres un vieux arrosoir de fer-blanc peint

en vert, bossué, rouillé et crevé, habité par des colima-
çons qui l'argentent de leurs traînées de bave.

Entrez dans la masure. Dans l'autre, vous trouverez
peut-être une échelle *branlant*, comme dit Régnier,
*du haut jusques en bas*. Ici vous trouvez un escalier.

Cet escalier, *orné* d'une rampe à boule de cuivre, a
quinze ou vingt marches de bois, hautes, étroites, à
angles tranchants, lesquelles montent perpendiculaire-
ment au premier étage et tournent sur elles-mêmes
selon une spirale d'environ dix-huit pouces de diamètre. Ne seriez-vous pas tenté de demander une
échelle ?

Au haut de cet escalier, si vous y arrivez, voici la
chambre.

Donner une idée de cette chambre est difficile. C'est
le *bouge neuf* dans toute son abominable réalité. La
misère est là partout ; une misère toute fraîche, qui
n'a ni passé, ni avenir, et qui ne peut prendre racine
nulle part. On devine que le locataire est emménagé
d'hier et déménagera demain. Qu'il est arrivé sans dire
d'où il venait et qu'il s'en ira en mettant la clef sous
la porte.

Le mur est *orné* d'un papier bleu foncé à rosaces
jaunes, la fenêtre est *ornée* d'un rideau de calicot rouge
où les trous tiennent lieu de rosaces. Il y a devant la
fenêtre une chaise dépaillée, près de la chaise un fourneau, sur le fourneau une marmite, près de la marmite
un pot à fleur renversé dont le trou contient une chandelle de suif, près du pot à fleur un panier plein de
charbon qui fait rêver suicide et asphyxie, au-dessus du
panier une planche encombrée d'objets sans nom au
milieu desquels on distingue un balai râpé et un vieux

jouet d'enfant figurant un cavalier vert sur un cheval cramoisi. La cheminée, mesquine et étroite, est un marbre noirâtre taché de mille petites gouttelettes blanches. Elle est couverte de verres cassés et de tasses non lavées. Dans une de ces tasses plonge une paire de besicles en fer-blanc. Un clou traîne à terre. Dans l'intérieur de la cheminée flotte un torchon accroché à l'un des croissants. Pas de feu, ni au fourneau ni à la cheminée. Un tas d'affreuses ordures remplace le tas de cendres. Pas de glace sur la cheminée; un tableau de toile vernie représentant un nègre tout nu aux genoux d'une blanche décolletée et en robe de bal sous une tonnelle. En face de la cheminée, une casquette d'homme et un bonnet de femme pendent à deux clous des deux côtés d'un miroir fêlé.

Au fond de la chambre, un lit. C'est-à-dire un matelas posé sur deux planches qu'exhaussent deux tréteaux. Au-dessus du lit, d'autres planches échafaudées en claire-voie supportent un encombrement inexprimable de linges, de hardes et de haillons. Un faux cachemire, dit *cachemire français,* passe par une crevasse de la claire-voie et se drape au-dessus du grabat.

Maintenant mêlez au fourmillement hideux de toutes ces choses la saleté, l'odeur infecte, les taches d'huile et de suif, la poussière partout. Dans le coin près du lit, est posé debout un énorme sac de copeaux, et sur une chaise, à côté du sac, traîne un vieux journal. J'ai eu la curiosité de regarder le titre et la date. C'est le *Constitutionnel* du 25 avril 1840.

A présent qu'ajouter? Je n'ai pas dit le plus horrible. La maison est odieuse, la chambre est abominable, le grabat est hideux; mais tout cela n'est rien.

Au moment où j'entrais, il y avait sur le lit une femme endormie.

Une femme vieille, courte, trapue, rouge, bouffie, huileuse, tuméfiée, grasse, effroyable, énorme. Son affreux bonnet dérangé laissait voir sa tempe grisonnante, rose et chauve.

Elle dormait tout habillée. Elle avait un fichu jaunâtre, une jupe brune, un pardessus, tout cela sur son ventre monstrueux ; un vaste tablier souillé comme le pantalon de toile d'un forçat.

Au bruit que je fis en entrant, elle s'agita, se dressa sur son séant, montra ses grosses jambes couvertes d'inqualifiables bas bleus, et étendit en bâillant ses bras charnus terminés par des poings de boucher.

Je m'aperçus que la vieille était robuste et formidable.

Elle se tourna vers moi et ouvrit ses yeux. Je ne les vis pas.

— Monsieur, me dit-elle d'une voix très douce, que demandez-vous ?

Au moment d'adresser la parole à cet être, j'éprouvai la sensation qu'on aurait en présence d'une truie à laquelle il faudrait dire : Madame.

Je ne savais trop que répondre et je cherchais dans mon esprit. En cet instant, mon regard errant du côté de la fenêtre tomba sur une espèce de tableau suspendu au dehors comme une enseigne. C'était une enseigne en effet, une peinture représentant une jeune et jolie femme décolletée, coiffée d'un immense chapeau à panache, et serrant un enfant dans ses bras ; le tout dans le style des devants de cheminée du temps de Louis XVIII.

Au-dessus du tableau se détachait cette inscription en grosses lettres :

## M<sup>me</sup> BÉCŒUR.

**Sage-femme.**

**SEIGNE ET VAXINE.**

— Madame, dis-je, je demande M<sup>me</sup> Bécœur.

La truie métamorphosée en femme me répondit avec un sourire aimable :

— C'est moi-même, monsieur.

1840.

## II

# LE PILLAGE

RÉVOLTE DE SAINT-DOMINGUE

———

Il me semblait assister à un rêve. Qui n'a point vu ce spectacle ne saurait s'en faire une idée. Je vais essayer pourtant de vous en peindre quelque chose. Je vous dirai simplement ce que j'avais sous les yeux ; ce petit coin d'une grande scène minutieusement reproduite vous fera comprendre l'aspect général de la ville pendant ces trois jours de pillage. Multipliez ces détails à l'infini et vous aurez l'ensemble.

Je m'étais réfugié près de la porte de la ville, chétive barrière à claire-voie faite de longues lattes peintes en jaune, réunies par des traverses et taillées en pointe à leur extrémité supérieure. J'avais auprès de moi une espèce de hangar sous lequel s'était abrité un groupe de ces malheureux colons dépossédés. Ils gardaient le

silence et semblaient pétrifiés dans toutes les attitudes
du désespoir. A quelques pas en dehors du hangar, un
d'entre eux, un vieillard, s'était assis sur un tronc
d'acajou gisant à terre comme un fût de colonne, et pleurait. Un autre essayait en vain de retenir une femme
blanche tout effarée qui voulait s'enfuir avec son enfant,
sans savoir où, à travers cette foule de nègres furieux,
déguenillés et rugissants.

Les nègres cependant, libres, vainqueurs, ivres, fous,
ne faisaient nulle attention à ce groupe misérable et
désolé. A quelques pas de nous, deux d'entre eux, le
couteau entre les dents, égorgeaient un bœuf sur lequel
ils s'étaient agenouillés, les pieds dans le sang du bœuf.
Un peu plus loin, deux négresses vêtues en marquises,
couvertes de rubans et de pompons, la gorge nue, la tête
encombrée de plumes et de dentelles, hideuses à voir, se
disputaient une magnifique robe de satin de Chine, que
l'une avait saisie avec les ongles et l'autre avec les dents.
A leurs pieds, plusieurs négrillons pillaient une malle
ouverte et brisée d'où cette robe avait été arrachée.

Le reste était incroyable à voir et inexprimable à dire.
C'était une foule, une cohue, une mascarade, un sabbat,
un carnaval, un enfer, une chose bouffonne et terrible.
Des nègres, des négresses, des mulâtres, dans toutes les
postures, dans tous les travestissements, étalant tous les
costumes et, ce qui est pire, toutes les nudités.

Là, un mulâtre à gros ventre, à figure affreuse, vêtu,
comme les planteurs, d'une veste et d'un pantalon de
basin blanc, et coiffé d'une mitre d'évêque, la crosse
en main et l'air furieux. Ailleurs, trois ou quatre nègres
tout nus, affublés d'un chapeau à trois cornes et vêtus
d'un habit de soldat rouge ou bleu, les buffleteries

blanches croisées sur leur peau noire, harcelaient un
malheureux milicien prisonnier, qu'ils traînaient par la
ville les mains liées derrière le dos. Ils frappaient du
plat de la main sur sa chevelure poudrée et en tiraient
la longue queue avec de grands éclats de rire. De temps
en temps, ils s'arrêtaient et le forçaient à se mettre à
genoux, lui faisant signe que c'était là qu'ils allaient le
fusiller. Puis ils le relevaient d'un coup de crosse et
allaient quelques pas plus loin recommencer cette
agonie.

Une ronde de vieilles mulâtresses gambadaient au
milieu de la foule. Elles s'étaient accoutrées des robes
les plus fraîches de nos femmes blanches les plus jeunes
et les plus jolies, et elles relevaient leur jupe en dansant
de façon à montrer leurs jambes sèches et leurs cuisses
jaunes. Rien d'étrange du reste comme toutes ces modes
charmantes du siècle frivole de Louis XV, ces larges
paniers, ces habits à passequilles, ces falbalas, ces cara-
cos de velours, ces jupes de pékin, ces dentelles, ces
panaches, tout ce luxe coquet et fantasque, mêlé à ces
faces difformes, noires, camuses, crépues, effroyables.
Ainsi affublés, ce n'étaient plus même des nègres et des
négresses ; c'étaient des guenons et des singes.

Ajoutez à cela un vacarme assourdissant. Toute bouche
qui ne faisait pas une contorsion poussait un hurlement.

Je n'ai pas fini : il faut que vous acceptiez cette peinture complète, et jusqu'au moindre détail.

A vingt pas de moi, il y avait un cabaret, signalé par
une couronne d'herbes sèches passée dans une pioche, un
affreux bouge. Rien qu'une lucarne et des tables à trois
pieds. A cabaret borgne, tables boiteuses. Des nègres et
des mulâtres buvaient là, et s'enivraient, et s'abrutis-

saient, et fraternisaient. Il faut avoir vu ces choses pour
les peindre. Devant les tables des ivrognes, se pavanait
une négresse assez jeune, vêtue d'une veste d'homme
non boutonnée, d'une jupe de femme à peine attachée,
coiffée d'une immense perruque de magistrat, un parasol
sur une épaule, et un fusil à baïonnette sur l'autre, sans
chemise d'ailleurs et le ventre nu.

Je vous l'ai dit, des nudités partout. Quelques blancs
absolument nus couraient misérablement à travers ce
pandémonium. On emportait sur une civière le cadavre
d'un gros homme tout nu, de la poitrine duquel sortait
un poignard comme une croix sort de terre.

On ne voyait de toutes parts que des gnômes cuivrés,
bronzés, rouges, noirs, agenouillés, assis, accroupis,
entassés, ouvrant des malles, forçant des serrures, essayant
des bracelets, agrafant des colliers, endossant des vestes
ou des robes, brisant, déchirant, arrachant; deux noirs
mettaient en même temps les deux manches du même
habit et se gourmaient de leurs deux poings restés libres.

C'était la seconde période d'une ville mise à sac. Le vol,
la joie après la rage. Il y en avait bien encore dans des
coins quelques-uns qui tuaient, mais la plupart pillaient.
Chacun emportait son butin, l'un dans ses bras, l'autre
dans une hotte, l'autre sur une brouette.

Le plus étrange, c'est qu'au milieu de cette effroyable
cohue, marchait et se déployait, en ordre et avec toute la
gravité solennelle d'une procession, la file interminable
des pillards assez riches et assez heureux pour avoir des
attelages. C'était bien là un autre bariolage!

Imaginez des chariots de toute sorte traînant des char-
gements de toute espèce. Un carrosse à quatre chevaux
plein de vaisselle brisée et d'ustensiles de cuisine, et sur

chaque cheval deux ou trois nègres harnachés et empanachés. Un grand fourgon à bœufs encombré de ballots soigneusement cordés et empilés, avec des fauteuils de damas au flanc, des poêles à frire, des fourches à fumier, et au sommet, sur la pyramide, une négresse la gorge au vent, un collier au cou, une plume sur la tête. Vingt pas plus loin, un vieux cabriolet de campagne traîné par un seul mulet et portant dix malles et dix nègres, dont trois sur la bête. Mêlez à cela, sous les entassements de toute nature, je vous l'ai dit, des vinaigrettes, des brancards, des chaises à porteurs. Les meubles les plus précieux avec les objets les plus sordides. La masure et le salon jetés pêle-mêle dans une charrette. Supposez un immense déménagement de fous défilant à travers une ville.

Ce qui était incompréhensible, c'est la tranquillité avec laquelle les petits voleurs regardaient les gros. Les pillards à pied se rangeaient pour laisser passer les pillards en voiture.

Il y avait bien quelques patrouilles. Si l'on peut appeler patrouille une escouade de cinq à six singes déguisés en soldats et tapant chacun au hasard sur un tambour.

Près de la barrière de la ville par où sortait cette immense foule de voitures, caracolait un mulâtre à cheval, un grand drôle sec, jaune, maigre, affublé d'un rabat blanc et d'une robe de juge dont il avait retroussé les manches, une épée dans une main, jambes nues, et talonnant un cheval ventru qui piaffait à travers la foule. C'était le magistrat chargé de maintenir l'ordre à la sortie de la ville.

Un peu plus loin chevauchait un autre groupe. Un nègre en habit rouge avec un cordon bleu et des épaulettes de général et un immense chapeau surchargé de

plumes tricolores, se faisait jour à travers toute cette
canaille. Il était précédé d'un horrible petit négrillon
casqué qui battait du tambour, et suivi de deux mulâtres,
l'un en habit de colonel, l'autre en Turc avec un turban
du mardi gras sur son affreuse tête chinoise.

J'apercevais au loin dans la plaine des bataillons de
soldats déguenillés rangés autour d'une grande maison
qui avait un drapeau tricolore à un balcon couvert de
monde. Cela avait tout l'air d'un balcon où il se fait une
harangue.

Plus loin, au delà de ces bataillons, de ce balcon, de
ce drapeau et de cette harangue, je ne voyais plus qu'une
magnifique nature pleine d'un calme immense, des arbres
verts et charmants, des montagnes d'une forme superbe,
le ciel sans un nuage, l'océan sans une ride.

Chose étrange et triste que de voir se produire si
effrontément la grimace de l'homme en présence de la
face de Dieu!

# III

# UN RÊVE

---

6 septembre 1847.

Cette nuit, j'ai rêvé ceci... — On avait parlé d'émeutes toute la soirée à cause des troubles de la rue Saint-Honoré.

Je rêvais donc. J'entrais dans un passage obscur. Des hommes passèrent auprès de moi et me coudoyèrent dans l'ombre. Je sortis du passage. J'étais dans une grande place carrée, plus longue que large, entourée d'une espèce de vaste muraille ou de haut édifice qui ressemblait à une muraille et qui la fermait des quatre côtés. Il n'y avait ni portes ni fenêtres à cette muraille; à peine çà et là quelques trous. A de certains endroits le mur paraissait criblé; dans d'autres il pendait à demi entr'ouvert comme après un tremblement de terre. Cela avait l'aspect nu, croulant et désolé des places des villes d'Orient.

Pas un seul passant. Il faisait petit jour. La pierre était grisâtre, le ciel aussi. J'entrevoyais à l'extrémité de la place quatre choses obscures qui ressemblaient à des canons braqués.

Une nuée d'hommes et d'enfants déguenillés passa près de moi en courant avec des gestes de terreur.

— Sauvons-nous! criait l'un d'eux, voici la mitraille.

— Où sommes-nous donc? demandai-je. Qu'est-ce que c'est que cet endroit-ci?

— Vous n'êtes donc pas de Paris? reprit l'homme. C'est le Palais-Royal.

Je regardai alors et je reconnus en effet, dans cette affreuse place dévastée et en ruine, une espèce de spectre du Palais-Royal.

Les hommes s'étaient enfuis comme une nuée. Je ne savais où ils avaient passé.

Je voulais fuir aussi. Je ne pouvais. Je voyais dans le crépuscule aller et venir une lumière autour des canons.

La place était déserte. On entendait crier : Sauvez-vous! on va tirer! mais on ne voyait pas ceux qui criaient.

Une femme passa près de moi. Elle était en haillons et portait un enfant sur son dos. Elle ne courait pas. Elle marchait lentement. Elle était jeune, pâle, froide, terrible.

En passant près de moi, elle me dit : — C'est bien malheureux ! le pain est à trente-quatre sous, et encore les boulangers trompent sur le poids.

Je vis la lumière faire un éclair au bout de la place et j'entendis le canon. Je m'éveillai.

On venait de fermer la porte cochère avec bruit.

# IV

## PANNEAU D'ARMOIRIES

———

. . . . . . . . . . . . . . . . . . .

Le panneau qui était en face du lit était tellement noirci par le temps et effacé par la poussière qu'au premier aspect je n'y distinguai que des lignes confuses et des contours indéchiffrables ; mais, tout en pensant à autre chose, mes yeux y revenaient sans cesse avec cette persistance mystérieuse et machinale que le regard a quelquefois. Des détails singuliers commencèrent à se détacher de cet ensemble mêlé et obscur, ma curiosité s'éveilla vivement, l'attention qui se fixe est comme une lumière, et la tapisserie, se débrouillant peu à peu, finit par m'apparaître dans son entier et par se dessiner distinctement, comme vaguement éclairée, sur la muraille sombre.

Ce n'était qu'un panneau d'armoiries, chargé sans doute
du blason des anciens maîtres du château ; mais ce blason
était étrange.

L'écusson était au bas du panneau, et ce n'est pas lui
qu'on voyait d'abord. Il avait la forme bizarre des écus-
sons germaniques du quinzième siècle ; il était figuré debout, quoique arrondi par le bas, sur une pierre décrépite
et rongée de mousses. Des deux angles supérieurs, l'un
s'inclinait à gauche et se roulait sur lui-même comme le
coin d'une page d'un vieux livre ; l'autre angle, relevé de
toute l'inclinaison du premier, portait à son extrémité un
immense et magnifique morion de profil, dont la menton-
nière débordait la visière, ce qui était horrible et faisait
ressembler ce casque à un bec de poisson. Pour cimier
deux ailes d'aigle, vastes, robustes, noueuses, dressées et
déployées, l'une rouge, l'autre noire, et, parmi les
plumes de ces ailes, la ramure membraneuse, tordue et
presque vivante d'un varech monstrueux ressemblant plus
encore à un polype qu'à un panache. Du milieu de ce panache sortait une courroie liée par une boucle, laquelle
montait jusqu'à l'angle d'une fourche de bois grossière et
plantée droite en terre et de là descendait jusqu'à une
main qui la retenait.

Une figure de femme était debout à gauche près de
l'écusson. C'était une ravissante vision. Elle était grande,
mince, svelte, avec une robe de brocart amplement ré-
pandue sur les pieds, une gorgerette à mille plis et un
collier de grosses pierreries. Elle avait sur la tête un
énorme turban de cheveux blonds sur lequel était posée
une couronne de filigrane qui n'était pas ronde et qui
suivait toutes les ondulations de la chevelure. Le visage,
quoique un peu trop rond et trop large, était exquis. C'é-

taient des yeux d'ange et une bouche de vierge, mais dans
ces yeux du ciel il y avait un regard terrestre, et sur cette
bouche de vierge un sourire de femme. Dans ce lieu, à
cette heure, sur cette tapisserie, ce mélange d'extase divine et de volupté humaine avait je ne sais quoi de charmant et d'effrayant.

Derrière la femme, se penchant vers elle et à son
oreille, apparaissait un homme.

Était-ce un homme? tout ce qu'on voyait de son corps,
jambes, bras, poitrine, était velu comme la peau d'un
singe; ses mains et ses pieds étaient crochus comme des
griffes de tigre. Quant au visage, c'était ce qu'on pouvait
imaginer de plus fantastique et de plus affreux. Sous une
barbe épaisse et hérissée on distinguait à peine un nez de
chat-huant et une bouche à rictus de bête fauve. Les yeux
disparaissaient sous une grosse chevelure touffue, frisée,
étrange. Chacune des boucles de cette frisure se terminait
en spirale pointue et tordue comme une vrille, et en regardant de près il se trouvait que chacune de ces vrilles
était une petite vipère.

L'homme souriait à la femme. C'était une chose inquié-
tante et sinistre que le contact de ces deux figures également chimériques, l'une presque un ange, l'autre presque
un monstre; choc révoltant des deux extrémités de
l'idéal. L'homme soutenait la fourche, la femme serrait
la courroie de ses doigts délicats et roses. C'était ce qu'on
appelle en termes héraldiques les supports de l'écusson.

Quant à l'écusson en lui-même, il était de sable, c'est-
à-dire noir, et au milieu se détachait, avec la vague blancheur de l'argent, une chose décharnée et difforme qui,
comme le reste, finit par se débrouiller tout à fait. C'était
une tête de mort. Le nez manquait, les orbites des

yeux étaient caves et profonds, le trou de l'oreille s'apercevait à droite, toutes les coutures de la boîte osseuse
serpentaient sur le crâne, et la mâchoire n'avait plus que
deux dents.

Mais cet écusson noir, cette tête de mort livide, si minutieusement dessinée qu'elle semblait sortir de la tapisserie, étaient moins lugubres que les deux personnages qui
soutenaient ce hideux blason et qui semblaient chuchoter
dans les ténèbres.

Au bas du panneau, dans un coin, on lisait cette
date : 1503.

# V

## LA PAQUERETTE

---

29 mai 1841.

Il y a quelques jours, je traversais la rue de Chartres *.
Une palissade en planches, qui liait deux îles de hautes
maisons à six étages, attira mon attention. Elle projetait
sur le pavé une ombre que les rayons du soleil, passant
entre les planches mal jointes, rayaient de charmants fils
d'or parallèles, comme on en voit sur les beaux satins
noirs de la Renaissance. Je m'approchai et je regardai à
travers les fentes.

---

* La petite rue de Chartres, sur le terrain occupé aujourd'hui par
le pavillon de Rohan, allait des terrains vagues du Carrousel, à la
place du Palais-Royal. L'ancien théâtre du Vaudeville y était construit.

Cette palissade enclôt aujourd'hui le terrain sur lequel était bâti le théâtre du Vaudeville, brûlé, il y a deux ans, en juin 1839.

Il était deux heures après midi, le soleil était ardent, la rue était déserte.

Une façon de porte bâtarde peinte en gris, encore ornée de feuillures rococo et qui probablement fermait il y a cent ans quelque boudoir de petite-maîtresse, avait été ajustée à la palissade. Il n'y avait qu'un loquet à soulever, j'entrai dans l'enclos.

Rien de plus triste et de plus désolé. Un sol plâtreux. Çà et là de grosses pierres ébauchées par le maçon, puis abandonnées et attendant, blanches à la fois comme des pierres de sépulcre et moisies comme des pierres de ruine. Personne dans l'enclos. Sur les murs des maisons voisines des traces encore visibles de flamme et de fumée.

Cependant, depuis la catastrophe, deux printemps successifs avaient détrempé cette terre, et dans un coin du trapèze, derrière une énorme pierre verdissante sous laquelle se prolongeaient des cryptes pour les cloportes, les nécrophores et les mille-pieds, un peu d'herbe avait poussé à l'ombre.

Je m'assis sur cette pierre et je me penchai sur cette herbe.

O mon Dieu ! il y avait là la plus jolie petite marguerite du monde, autour de laquelle allait et venait coquettement une charmante mouche microscopique.

Cette fleur des prés croissait paisiblement, et selon la douce loi de la nature, en pleine terre, au centre de Paris, entre deux rues, à deux pas du Palais-Royal, à quatre pas du Carrousel, au milieu des passants, des

boutiques, des fiacres, des omnibus et des carrosses
du roi.

Cette fleur des champs voisine du pavé m'a ouvert un
abîme de rêveries. Qui eût pu prévoir, il y a deux ans,
qu'il y aurait un jour là une pâquerette ? S'il n'y avait
jamais eu sur cet emplacement, comme sur le terrain
d'à côté, que des maisons, c'est-à-dire des propriétaires,
des locataires et des portiers, des habitants soigneux
éteignant la chandelle et le feu la nuit avant de s'endormir,
il n'y aurait jamais eu là de fleur des prés.

Que de choses, que de pièces tombées ou applaudies,
que de familles ruinées, que d'incidents, que d'aventures,
que de catastrophes résumés par cette fleur ! Pour tous
ceux qui vivaient de la foule appelée ici tous les soirs,
quel spectre que cette fleur, si elle leur était apparue il
y a deux ans ! Quel labyrinthe que la destinée et que de
combinaisons mystérieuses pour aboutir à ce ravissant
petit soleil jaune aux rayons blancs ! Il a fallu un théâtre
et un incendie, ce qui est la gaieté d'une ville et ce qui
en est la terreur ; l'une des plus joyeuses inventions de
l'homme et l'un des plus redoutables fléaux de Dieu, des
éclats de rire pendant trente ans et des tourbillons de
flammes pendant trente heures pour produire cette pâquerette, joie de ce moucheron !

# IV

# THÉATRE

————

JOANNY

7 mars 1830. Minuit.

On joue *Hernani* au Théâtre-Français depuis le
25 février. Cela fait chaque fois cinq mille francs de
recette. Le public siffle tous les soirs tous les vers ; c'est
un rare vacarme, le parterre hue, les loges éclatent de
rire. Les comédiens sont décontenancés et hostiles ; la
plupart se moquent de ce qu'ils ont à dire. La presse a
été à peu près unanime et continue tous les matins de
railler la pièce et l'auteur. Si j'entre dans un cabinet de
lecture, je ne puis prendre un journal sans y lire :

II.                                                    5.

« Absurde comme *Hernani ;* niais, faux, ampoulé, pré-
tentieux, extravagant et amphigourique comme *Hernani* ».
Si je vais au théâtre pendant la représentation, je vois à
chaque instant, dans les corridors où je me hasarde, des
spectateurs sortir de leur loge et en jeter la porte avec
indignation. M^lle Mars joue son rôle honnêtement et fidè-
lement, mais en rit, même devant moi. Michelot joue le
sien en charge et en rit, derrière moi. Il n'est pas un
machiniste, pas un figurant, pas un allumeur de quinquets
qui ne me montre au doigt.

Aujourd'hui, j'ai dîné chez Joanny qui m'en avait prié.
Joanny joue Ruy Gomez. Il demeure rue du Jardinet, n° 1,
avec un jeune séminariste, son neveu. Le dîner a été
grave et cordial. Il y avait des journalistes, entre autres
M. Merle, le mari de M^me Dorval. Après le dîner, Joanny,
qui a des cheveux blancs les plus beaux du monde, s'est
levé, a empli son verre, s'est tourné vers moi. J'étais à sa
droite. Voici littéralement ce qu'il m'a dit ; je rentre et
j'écris ses paroles :

— Monsieur Victor Hugo, le vieillard maintenant
ignoré qui remplissait, il y a deux cents ans, le rôle de
Don Diègue dans *le Cid* n'était pas plus pénétré de
respect et d'admiration devant le grand Corneille que le
vieillard qui joue don Ruy Gomez ne l'est aujourd'hui
devant vous.

# MADEMOISELLE MARS

Dans sa dernière maladie, M<sup>lle</sup> Mars avait souvent le délire. Un soir, le médecin arrive. Elle était en proie à une fièvre ardente et rêvait tout haut ; elle parlait du théâtre, de sa mère, de sa fille, de sa nièce Georgina, de tout ce qu'elle avait aimé ; elle riait, pleurait, criait, poussait de grands soupirs.

Le médecin s'approche de son lit et lui dit : — Chère dame, calmez-vous, c'est moi. Elle ne le reconnaît pas et continue de délirer. Il reprend : — Voyons, montrez-moi votre langue, ouvrez la bouche. M<sup>lle</sup> Mars le regarde, ouvre la bouche et dit : — Tenez, regardez. Oh ! toutes mes dents sont bien à moi !

Célimène vivait encore.

## FRÉDÉRICK LEMAITRE

Frédérick Lemaître est bourru, morose, et bon. Il vit retiré avec ses enfants et sa maîtresse, qui est en ce moment Mᶦˡᵉ Clarisse Miroy.

Frédérick aime la table. Il n'invite jamais personne à dîner que Porcher, le chef de la claque. Frédérick et Porcher se tutoient. Porcher a du bon sens, de bonnes manières et beaucoup d'argent, qu'il prête galamment aux auteurs dont le terme va échoir. Porcher est l'homme dont Harel disait : — Il aime, protège et méprise les gens de lettres.

Frédérick n'a jamais moins d'une quinzaine de plats à sa table. Quand la servante les apporte, il les regarde et les juge sans les goûter. Souvent il dit : — C'est mauvais. — En avez-vous mangé ? — Non, Dieu m'en garde ! — Mais goûtez-y. — C'est détestable. — Moi, je vais y goûter, dit Clarisse. — C'est exécrable. Je vous le défends. — Mais laissez-moi essayer. — Qu'on emporte ce plat ! c'est une ordure. — Et il fait venir sa cuisinière et lui lave la tête.

Il est extrêmement craint de tous dans sa maison. Ses domestiques vivent dans la terreur. A table, s'il ne parle pas, personne ne dit mot. Qui oserait rompre le silence quand il se tait ? On dirait un dîner de muets ou un

souper de trappistes, à la chère près. Il mange volontiers
le poisson à la fin. S'il a un turbot, il se le fait servir
après les crèmes. Il boit en dînant une bouteille et demie
de vin de Bordeaux. Puis, après dîner, il allume son
cigare et, tout en le fumant, il boit deux autres bouteilles
de vin.

Avec tout cela, un comédien de génie et fort bonhomme.
Il pleure aisément et pour un mot, dur ou doux, qu'on
lui dit fâché.

---

Ceci remonte à 1840. M^lle Atala Beauchêne (celle-là
même qui, sous le nom de Louise Beaudouin, a créé la
Reine de *Ruy Blas*) avait quitté Frédérick Lemaître, le
grand et merveilleux comédien. Frédérick l'adorait et fut
inconsolable.

La mère de M^lle Atala avait conseillé sa fille en cette
occasion. Frédérick était parfois violent, quoique très
amoureux, — quoique ou parce que; — et puis, un
prince russe se présentait... Bref, M^lle Atala persista dans
sa résolution et ne voulut plus voir Frédérick, quoi qu'il
pût dire et faire.

Frédérick fit d'effroyables menaces, surtout contre la
mère. Un matin, on sonne à tour de bras chez M^lle Atala.
La mère ouvre et recule effrayée. C'était Frédérick. Il
entre, s'assied sur la première chaise venue, et dit à la
vieille femme : — N'ayez pas peur, je ne viens pas vous
f..... ma botte au c.., je viens pleurer.

---

# LES COMIQUES

Septembre 1846.

Potier, vieux, a joué à la Porte-Saint-Martin sur les derniers temps de sa vie. Il était à la ville comme au théâtre. Les petits garçons le suivaient en disant : Voilà Potier ! Il avait une petite maison de campagne près de Paris d'où il venait aux répétitions monté sur un petit cheval, ses grandes jambes maigres traînant presque à terre.

Tiercelin était helléniste. — Odry est faïencier. — Lepeintre jeune, avec son encolure d'éléphant, fait des dettes et mène une vie de *coquin de neveu*.

Alcide Tousez, Sainville, Ravel sont dans la coulisse ce qu'ils sont sur la scène, faisant des coq-à-l'âne et disant des joyeusetés.

Arnal fait des vers classiques, admire Samson, s'indigne de n'avoir pas la croix, et, dans la coulisse, le rouge sur le nez et sur les joues, la perruque sur la tête, entre deux gifles données ou reçues, il cause du dernier discours de Guizot, du libre-échange et de Robert Peel ; il s'interrompt, fait son entrée, joue sa scène de parade, rentre et reprend gravement : — Je disais que Robert Peel...

Le pauvre Arnal a failli dernièrement devenir fou. Il
avait une maîtresse qu'il adorait. Cette femme le grugea.
Une fois riche, elle lui dit : — Il faut faire une fin, notre
situation est immorale, un honnête homme m'offre son
nom, je me marie. Arnal de se désoler. — Je vous donne
la préférence, dit la belle, épousez-moi. Arnal est marié.
La femme l'a quitté et est devenue une bourgeoise. Arnal
en a manqué perdre la raison de chagrin. Cela ne
l'empêche pas de jouer tous les soirs ses pasquinades au
Vaudeville. Il rit de ce qu'il est laid, de ce qu'il est vieux,
de ce qu'il est grêlé, de toutes ces choses qui l'ont empêché de plaire à la femme qu'il aime, et il en fait rire le
public, et il a la mort dans l'âme. Pauvre queue-rouge !
que d'éternelles et incurables douleurs dans la gaieté d'un
bouffon ! Quel lugubre métier que le rire !

# MADEMOISELLE GEORGES

23 octobre 1847.

M<sup>lle</sup> Georges est venue me voir aujourd'hui. Elle était triste et en grande toilette, avec une robe bleue à raies blanches.

Elle m'a dit : — Je suis lasse ! Je demandais la survivance de Mars. Ils m'ont donné une pension de deux mille francs, qu'ils ne payent pas. Une bouchée de pain, et encore je ne la mange pas ! On voulait m'engager à l'Historique (au Théâtre Historique), j'ai refusé. Qu'irais-je faire là parmi ces ombres chinoises ! Une grosse femme comme moi ! Et puis où sont les auteurs ? où sont les pièces ? où sont les rôles ? Quant à la province, j'ai essayé l'an passé, mais c'est impossible sans Harel. Je ne sais pas diriger des comédiens. Que voulez-vous que je me démêle avec ces malfaiteurs ? Je devais finir le 24, je les ai payés le 20, et je me suis enfuie. Je suis revenue à Paris voir la tombe de ce pauvre Harel. C'est affreux une tombe ! ce nom, qui est là, sur cette pierre, c'est horrible ! Pourtant je n'ai pas pleuré. J'ai été sèche et froide. Quelle chose que la vie ! penser que cet homme si spirituel est mort idiot. Il passait des journées à faire comme cela

avec ses doigts. Il n'y avait plus rien. C'est fini. J'aurai
Rachel à mon bénéfice ; je jouerai avec elle cette galette
d'*Iphigénie*. Nous ferons de l'argent, cela m'est égal. Et
puis elle ne voudrait pas jouer *Rodogune!* Je jouerai
aussi, si vous le permettez, un acte de *Lucrèce Borgia*.
Voyez-vous, je suis pour Rachel ; elle est fine celle-là.
Comme elle vous mate tous ces drôles de Comédiens
français ! Elle renouvelle ses engagements, se fait assurer
des feux, des congés, des montagnes d'or ; puis, quand
c'est signé, elle dit : — Ah ! à propos, j'ai oublié de vous
dire que j'étais grosse de quatre mois et demi, je vais être
cinq mois sans pouvoir jouer. Elle fait bien. Si j'avais eu
ces façons, je ne serais pas à crever comme un chien sur
la paille. Voyez-vous, les tragédiennes sont des comé-
diennes, après tout. Cette pauvre Dorval, savez-vous ce
qu'elle devient ? En voilà une à plaindre ! Elle joue je ne
sais où, à Toulouse, à Carpentras, dans des granges, pour
gagner sa vie ! Elle est réduite comme moi à montrer sa
tête chauve et à traîner sa pauvre vieille carcasse sur des
planches mal rabotées, devant quatre chandelles de suif,
parmi des cabotins qui ont été aux galères, ou qui devraient
y être ! Ah, monsieur Hugo, tout cela vous est égal à vous
qui vous portez bien, mais nous sommes de pauvres misérables créatures !

## LES TABLEAUX VIVANTS

Dans l'année 1846, il y eut un spectacle qui fit fureur
à Paris. C'étaient des femmes nues, vêtues seulement
d'un maillot rose et d'une jupe de gaze, exécutant des
poses qu'on appelait *Tableaux vivants*, avec quelques
hommes pour lier les groupes. Cela se passait à la Porte-
Saint-Martin et au Cirque. J'eus la curiosité d'y aller un
soir et de les voir de près. J'entrai dans l'intérieur du
théâtre de la Porte-Saint-Martin, où l'on allait, par paren-
thèse, reprendre *Lucrèce Borgia*. Villemot, le régisseur,
garçon qui avait l'aspect pauvre et de l'intelligence, me
dit : — Je vais vous introduire dans le gynécée. Il me fit
pénétrer dans un espace disposé derrière la toile, et
éclairé par une herse et force portants.

Il y avait là une vingtaine d'hommes qui allaient,
venaient, travaillaient ou regardaient, auteurs, acteurs,
pompiers, lampistes, machinistes, et, au milieu de ces
hommes, sept ou huit femmes absolument nues allant et
venant avec l'air de la plus naïve tranquillité. Le maillot
de soie rose qui les couvrait des pieds à la nuque était
tellement fin et transparent qu'on voyait non seulement
les doigts de pied, le nombril, les bouts du sein, mais
encore les veines et la couleur du moindre signe de la

peau sur toutes les parties du corps. Vers le bas-
ventre pourtant le maillot s'épaississait et l'on ne distinguait plus que les formes. Les hommes qui les assistaient étaient arrangés de même. Ces gens étaient tous
Anglais.

De cinq en cinq minutes, le rideau s'entr'ouvrait, et ils
exécutaient un *tableau*. Pour cela ils étaient montés et
disposés dans des attitudes immobiles sur un large disque
en planches, lequel tournait sur un pivot. Un enfant de
quatorze ans couché dessous sur un matelas suffisait à
manœuvrer ce disque. Hommes et femmes étaient affublés
de chiffons de gaze ou de mérinos fort laids de loin et fort
ignobles de près. C'étaient des statues roses. Quand le
disque avait achevé un tour et montré les statues sous
toutes leurs faces au public entassé dans la salle obscure,
le rideau se refermait, on disposait un autre tableau, et
la chose recommençait le moment d'après.

Deux de ces femmes étaient fort jolies. Une ressemblait
à Mᵐᵉ Rey qui joua la Reine dans *Ruy Blas* en 1840;
c'était celle-là qui faisait Vénus. Elle était admirablement
faite. Une autre était plus que jolie, elle était belle et
superbe. On ne pouvait rien voir de plus magnifique que
son œil noir et triste, sa bouche dédaigneuse, son sourire
à la fois enivrant et hautain. Elle s'appelait, je crois,
Maria. Dans un tableau qui représentait un *marché
d'esclaves*, elle avait le désespoir impérial et l'accablement
stoïque d'une reine vendue toute nue dans la rue au
premier passant. Son maillot, déchiré sur la hanche,
laissait voir sa chair blanche et ferme. C'étaient, du
reste, de pauvres filles de Londres. Toutes avaient les
ongles sales.

Rentrées dans la coulisse, elles riaient volontiers aussi

bien avec les machinistes qu'avec les auteurs, baragouinant le français, et ajustant toutes sortes d'affreux
oripeaux sur leurs charmants visages. Elles avaient ce
paisible sourire de la parfaite innocence ou de la complète
corruption.

———————

# V

# A L'ACADÉMIE

___

Séance du 23 novembre 1843.

CHARLES NODIER. — L'Académie, cédant à l'usage, a supprimé universellement la consonne double dans les verbes où cette consonne suppléait euphoniquement le *d* du radical *ad*...

Moi. — J'avoue ma profonde ignorance. Je ne me doutais pas que l'usage eût fait cette suppression et que l'Académie l'eût sanctionnée. Ainsi, on ne devrait plus écrire *atteindre, approuver, appeler, appréhender*, etc., mais *ateindre, aprouver, apeler, apréhender ?*...

M. VICTOR COUSIN. — Je ferai observer à M. Hugo que les altérations dont il se plaint viennent du mouvement de la langue, qui n'est autre chose que la décadence.

Moi. — M. Cousin m'ayant adressé une observation personnelle, je lui ferai observer à mon tour que son opinion n'est, à mes yeux, qu'une opinion, et rien de plus. J'ajoute que, selon moi, *mouvement de la langue* et *décadence* sont deux. Rien de plus distinct que ces deux faits. Le mouvement ne prouve en aucune façon la décadence. La langue, depuis le jour de sa première formation, est en mouvement ; peut-on dire qu'elle est en décadence ? Le mouvement, c'est la vie ; la décadence, c'est la mort.

M. COUSIN. — La décadence de la langue française a commencé en 1789.

MOI. — A quelle heure, s'il vous plaît ?

---

8 octobre 1844.

Voici ce qui m'a été conté à la séance d'aujourd'hui :

Salvandy dînait dernièrement chez Villemain. Le dîner fini, on passa dans le salon, on causa. Huit heures du soir sonnant, les trois petites filles de Villemain entrent pour embrasser leur père et lui dire bonsoir. La dernière s'appelle Lucette ; sa naissance a coûté la raison à sa mère ; c'est une douce et charmante enfant de cinq ans.

— Eh bien, Lucette, lui dit le père, chère enfant, est-ce que vous ne direz pas une fable de La Fontaine avant de vous aller coucher ?

— Voilà, dit M. de Salvandy, une petite personne qui dit aujourd'hui des fables et qui fera faire un jour des romans.

Lucette ne comprit pas. Elle se contenta de regarder avec ses grands yeux étonnés Salvandy qui se pavanait.

— Eh bien, reprend Salvandy, Lucette, nous direz-vous une fable ?

L'enfant ne se fait pas prier, et commence avec sa petite voix naïve, ses beaux yeux honnêtes et doux toujours fixés sur Salvandy :

> On se croit aisément un personnage en France.

———

1845.

Au cours des représentations de la *Lucrèce* de M. Ponsard, j'eus avec M. Viennet, en pleine Académie, le dialogue que voici :

M. VIENNET. — Avez-vous vu la *Lucrèce* qu'on joue à l'Odéon ?

MOI. — Non.

M. VIENNET. — C'est très bien.

MOI. — Vraiment, c'est bien ?

M. VIENNET. — C'est plus que bien, c'est beau.

MOI. — Vraiment, c'est beau ?

M. VIENNET. — C'est plus que beau, c'est magnifique.

MOI. — Vraiment, là, magnifique ?

M. VIENNET. — Oh ! magnifique !

MOI. — Voyons, cela vaut-il *Zaïre ?*

M. VIENNET. — Oh ! non ! Oh ! comme vous y allez ! Diable ! *Zaïre !* Non, cela ne vaut pas *Zaïre.*

MOI. — C'est que c'est bien mauvais, *Zaïre !*

———

### SÉANCE D'ÉLECTION

11 février 1847.

31 académiciens présents. Il faut 16 voix.

#### *Premier tour.*

Émile Deschamps......... **2** voix.
Victor Leclerc ........... **14** —
Empis.................. **15** —

Lamartine et M. Ballanche arrivent à la fin du premier tour. M. Thiers arrive au commencement du second; ce qui fait 34.

Le directeur demande à M. Thiers s'il a promis sa voix. Il répond en riant : — *Non*, et ajoute : — *Je l'ai offerte.* On rit.

M. Cousin, à M. Lebrun, directeur : — Vous ne vous êtes pas servi de l'expression sacramentelle. On ne demande pas à l'académicien s'il a *promis* sa voix, mais s'il l'a *engagée*.

#### *Second tour.*

Émile Deschamps......... **2** voix.
Empis.................. **18** —
Victor Leclerc........... **14** —

M. Empis est élu. La nomination a été déterminée par
Lamartine et M. Ballanche.

En sortant, j'ai rencontré Léon Gozlan, qui m'a dit :
— Eh bien? J'ai répondu : — Il y a eu élection. C'est
Empis.

— Comment l'entendez-vous? m'a-t-il dit.

— Des deux manières.

— Empis?...

— Et tant pis!

———

16 mars 1847.

Aujourd'hui, à l'Académie, en écoutant les poèmes,
mauvais jusqu'au grotesque, qu'on a envoyés au concours
de 1847, M. de Barante disait : — Vraiment, dans ce
temps-ci, on ne sait plus faire les vers médiocres.

Grand éloge de l'excellence poétique et littéraire de ce
temps-ci, sans que M. de Barante s'en doutât.

———

22 avril 1847. — Élection de M. Ampère. C'est un
progrès sur la dernière. Progrès lent. Mais les Académies,
comme les vieux, vont à petits pas.

Pendant la séance et après l'élection, Lamartine m'a
envoyé par un huissier ces deux vers :

C'est un état peu prospère
D'aller d'Empis en Ampère.

Je lui ai répondu par le même huissier :

Toutefois ce serait pis
D'aller d'Ampère en Empis.

---

4 octobre 1847.

Je viens d'entendre M. Viennet dire : — *Je pense en
bronze.*

---

29 décembre 1848. Vendredi.

Hier jeudi, j'avais deux devoirs à la même heure,
l'Assemblée et l'Académie, la question du sel d'une part,
de l'autre la question beaucoup plus petite de deux fauteuils vacants. J'ai pourtant donné la préférence à la
dernière, voici pourquoi. Au palais Bourbon, il s'agissait
d'empêcher le parti Cavaignac de tuer le nouveau cabinet ;
au palais Mazarin, il s'agissait d'empêcher l'Académie
d'offenser la mémoire de Chateaubriand. Il y a des cas où

les morts pèsent plus que les vivants; je suis allé à l'Académie.

L'Académie avait décidé brusquement jeudi dernier, à
l'ouverture de la séance, à l'heure où personne encore
n'est venu, à quatre ou cinq qu'ils étaient autour du tapis
vert, qu'elle remplirait, le 11 janvier (c'est-à-dire dans
trois semaines), les deux places laissées vacantes par
MM. de Chateaubriand et Vatout. Cette étrange alliance,
je ne dis pas de noms, mais de mots, — *remplacer*
*MM. de Chateaubriand et Vatout*, — ne l'avait pas
arrêtée une minute. L'Académie est ainsi faite; son
esprit, cette sagesse qui produit tant de folies, se compose de l'extrême légèreté combinée avec l'extrême
pesanteur. De là beaucoup de sottise et beaucoup de
sottises.

Sous cette légèreté pourtant il y avait une intention.
Cette étourderie était pleine de profondeur. Le brave
parti qui mène l'Académie, car il y a des partis partout,
même à l'Académie, espérait, l'attention publique étant
ailleurs, la politique absorbant tout, escamoter le fauteuil de Chateaubriand pêle-mêle avec le fauteuil de
M. Vatout; deux muscades dans le même gobelet. De cette
façon le public stupéfait se retournerait un beau matin et
verrait tout bonnement M. de Noailles dans le fauteuil
de Chateaubriand; peu de chose, un grand seigneur à la
place d'un grand écrivain!

Puis, après l'éclat de rire, chacun se remettrait à ses
affaires, les distractions viendraient bien vite, grâce au
roulis de la politique, et, quant à l'Académie, mon Dieu!
un duc et pair de plus dedans, un ridicule de plus dessus,
la belle histoire! elle vivrait comme cela.

M. de Noailles est un personnage d'ailleurs considé-

rable. Un grand nom, de hautes manières, une immense
fortune, un certain poids de politique sous Louis-Philippe,
accepté des conservateurs quoique ou parce que légiti-
miste, lisant des discours qu'on écoutait, il avait une
grande place dans la Chambre des pairs; ce qui prouve
que la Chambre des pairs avait une petite place dans le
pays.

Chateaubriand, qui haïssait tout ce qui pouvait le remplacer et souriait à tout ce qui pouvait le faire regretter,
avait eu la bonté de lui dire quelquefois, au coin du feu
de Mᵐᵉ Récamier, « qu'il le souhaitait comme successeur »; ce qui avait fait bâcler bien vite à M. de Noailles
un gros livre en deux volumes sur Mᵐᵉ de Maintenon, au
seuil duquel une faute de français seigneuriale m'avait
arrêté dès la première page de la préface.

Voilà où en était la chose quand je me décidai à aller à
l'Académie.

La séance indiquée pour deux heures comme à l'ordinaire, s'ouvrit comme à l'ordinaire à trois heures un
quart. Et à trois heures et demie...

A trois heures et demie, la candidature de M. le duc
de Noailles, *en remplacement* de Chateaubriand, était
irrésistiblement acclamée. — J'aurais mieux fait décidément d'aller à l'Assemblée.

26 mars 1850. Mardi.

J'étais arrivé de bonne heure, à midi.

Je me chauffais, car il fait très froid, la terre est couverte de neige, ce qui déplaît aux abricotiers. M. Guizot adossé à la cheminée me disait : — Comme membre de la Commission du prix dramatique, j'ai lu, dans ma seule journée d'hier, six pièces de théâtre! — C'est, lui ai-je répondu, pour vous punir de n'en avoir pas vu jouer une seule pendant dix-huit ans.

En ce moment, M. Thiers s'est approché, et le bonjour s'est échangé entre les deux hommes. Le voici :

M. THIERS. — Bonjour, Guizot.

M. GUIZOT. — Bonjour, monsieur.

---

### SÉANCE D'ÉLECTION

28 mars 1850.

M. Guizot présidait. A l'appel, arrivé à M. Pasquier, il a dit : — *Monsieur le chancelier...* Arrivé à M. Dupin, président de l'Assemblée nationale, il a dit : — *Monsieur Dupin.*

*Premier tour.*

Alfred de Musset............ 5 voix.
M. Nisard.................. 23 —

M. Nisard est élu.

Aujourd'hui 12 septembre 1850, l'Académie travaillait
au dictionnaire. A propos du mot *accroître*, on a proposé
eet exemple tiré de M^{me} de Staël :

« La misère accroît l'ignorance, et l'ignorance la misère. »

Trois objections ont surgi immédiatement :

1° Antithèse.

2° Écrivain contemporain.

3° Chose dangereuse à dire.

L'Académie a rejeté l'exemple.

# VI

# AMOURS DE PRISON

## I

Outre les méfaits, les vols, les partages après guet-apens et l'exploitation crépusculaire des barrières de Paris, les rôdeurs, les cambrioleurs, les repris de justice ont encore une autre industrie : ils ont des amantes idéales.

Cela veut être expliqué.

La traite des nègres nous émeut à bon droit ; nous examinons cette plaie et nous faisons bien. Mais sachons mettre à nu aussi un autre ulcère, plus douloureux encore peut-être : la traite des blanches.

Voici un des faits singuliers qui se rattachent à ce poignant désordre de notre civilisation et qui le caractérisent.

Toute prison a un prisonnier qu'on appelle *le dessinateur*.

Il éclôt des métiers sous les verrous. Ces métiers
propres aux prisons sont : le marchand de coco, le marchand de foulards, l'écrivain, l'avocat, le carcaniau ou
usurier, le cabanier et l'aboyeur. Le dessinateur prend
rang, parmi ces professions locales et spéciales, entre
l'écrivain et l'avocat.

Pour être dessinateur, est-il besoin de savoir le dessin?
Nullement. Un bout de banc pour s'asseoir, un coin de
mur pour s'adosser, un crayon de mine de plomb, un
carton lié avec de la tresse, une petite hampe avec une
aiguille pour pointe, un peu d'encre de Chine ou de sépia,
un peu de bleu de Prusse et un peu de vermillon dans
trois vieilles cuillers de hêtre fêlées, voilà le nécessaire;
savoir dessiner est le superflu.

Les voleurs aiment les enluminures comme les enfants,
et le tatouage comme les sauvages. Le dessinateur, au
moyen de ses trois cuillers, satisfait au premier de ces
besoins, et, au moyen de son aiguille, au second. On le
paye avec une « gobette » de vin.

Or il arrive ceci :

Tels ou tels prisonniers manquent de tout, ou simplement veulent vivre plus à l'aise. Ils font groupe, viennent
trouver le dessinateur, lui offrent leur quart ou leur
gamelle, lui apportent une feuille de papier, et lui com-
mandent un bouquet. Il doit y avoir dans le bouquet
autant de fleurs qu'il y a de prisonniers dans le groupe.
S'ils sont trois, il y a trois fleurs. Chaque fleur est accos-
tée d'un numéro, ou, si on l'aime mieux, ornée d'un
chiffre, qui est le chiffre d'écrou du prisonnier.

Le bouquet fait, grâce à ces insaisissables correspon-

dances de prison à prison qu'aucune police ne peut
empêcher, ils l'envoient à Saint-Lazare. Saint-Lazare est
la prison des femmes, et, là où il y a des femmes, il y a
de la pitié. Le bouquet circule de main en main, parmi
les malheureuses que la police détient administrativement
à Saint-Lazare; et, au bout de quelques jours, l'infaillible
poste aux lettres secrètes fait savoir à ceux qui l'ont
envoyé que Palmyre a choisi la tubéreuse, que Fanny a
préféré l'azalée, et que Séraphine a adopté le géranium.
Jamais ce lugubre mouchoir n'est jeté à ce sérail sans
être ramassé.

A dater de ce jour, ces trois bandits ont trois servantes,
qui sont Palmyre, Fanny et Séraphine. Les détentions
administratives sont relativement courtes. Ces femmes
sortent de prison avant ces hommes. Et que font-elles?
elles les nourrissent. En style noble : providences; en
style énergique : vaches à lait.

La pitié s'est faite amour. Le cœur féminin a de ces
greffes sombres. Ces femmes disent : Je suis mariée. Elles
sont mariées en effet. Par qui? par la fleur. Avec qui?
avec l'abîme. Elles sont les fiancées de l'inconnu. Fiancées
enivrées et enthousiastes. Pâles Sulamites du songe et du
brouillard. Quand le connu est si odieux, comment ne pas
aimer l'inconnu?

Dans ces régions nocturnes et avec les vents de disper-
sion qui y soufflent, les rencontres sont presque impos-
sibles. On se rêve. Jamais probablement cette femme ne
verra cet homme. Est-il jeune? est-il vieux? est-il beau?
est-il laid? Elle n'en sait rien, elle l'ignore. Elle l'adore.
Et c'est parce qu'elle ne le connaît pas qu'elle l'aime.
L'idolâtrie naît du mystère.

Cette femme flottante veut un lien. Cette éperdue a

besoin d'un devoir. Le gouffre, parmi son écume, lui en jette un; elle l'accepte, elle s'y dévoue. Ce mystérieux bandit changé en héliotrope ou en iris devient pour elle une religion. Elle l'épouse devant la nuit. Elle a pour lui mille petits soins de femme; pauvre pour elle-même, elle est riche pour lui; elle comble ce fumier de délicatesses. Elle lui est fidèle de toute la fidélité qu'elle peut encore avoir, la corruption dégage l'incorruptible. Jamais cette femme ne manque à cet amour. Amour immatériel, pur, éthéré, subtil comme l'haleine du printemps, solide comme l'airain.

Une fleur a fait tout cela. Quel puits que le cœur humain, et quel vertige que d'y regarder! Voici le cloaque. A quoi songe-t-il? au parfum. Une prostituée aime un voleur à travers un lys. Quel plongeur de la pensée humaine arrivera au fond de ceci? qui approfondira cet immense besoin de fleurs qui naît de la boue? Ces malheureuses ont au fond d'elles-mêmes d'étranges équilibres qui les consolent et qui les rassurent. Une rose fait contrepoids à une honte.

De là ces amours tout saturés de chimère. Ce voleur est idolâtré par cette fille. Elle n'a pas vu son visage, elle ne sait pas son nom; elle le rêve dans la senteur d'un jasmin ou d'un œillet. Les jardins, le soleil de mai, les oiseaux dans les nids, les blancheurs exquises, les floraisons radieuses, les caisses de daphnés et d'orangers, les pétales de velours où se pose le bourdon doré, les odeurs sacrées du renouveau, les baumes, les encens, les sources, les gazons, se mêlent désormais à ce bandit. Le divin sourire de la nature le pénètre et l'illumine.

Cette aspiration désespérée au paradis perdu, ce rêve difforme du beau, n'est pas moins tenace chez l'homme.

Il se tourne, lui, vers la femme ; et cette préoccupation, devenue insensée, persiste, même quand l'affreuse ombre des deux poteaux rouges se projette sur la lucarne de sa cellule. La veille de son exécution, Delaporte, le chef de la bande de Trappes, vêtu de la camisole de force, demandait, à travers le soupirail de la chambre des condamnés à mort, au forçat Cogniard qu'il voyait passer : « Y avait-il, ce matin, de jolies femmes au parloir ? » Le condamné Avril (quel nom !), du fond de cette même chambre, léguait toute sa fortune — cinq francs — à une détenue qu'il avait entrevue de loin dans la cour des femmes « pour qu'elle s'achète un fichu à la mode ».

Entre la gueuse et le gueux, les songes bâtissent on ne sait quel pont des Soupirs. La fange du trottoir roucoule avec la grille du cachot. Il y a bergerade et bucolique entre la manille du cabanon et le bas blanc éclaboussé du carrefour. L'Aspasie du coin de rue aspire et respire avec le cœur l'Alcibiade du coin du bois.

Vous riez ! Vous avez tort. Cela est terrible.


## II


Le meurtrier, fleur pour la courtisane. La prostituée, Clytie de l'assassin soleil. L'œil de la damnée cherchant languissamment dans les myrtes le Satan.

Qu'est-ce que ce phénomène ? C'est le besoin d'idéal. Besoin sublime et effrayant.

Chose terrible ! vous dis-je.

Est-ce une maladie ? est-ce un dictame ? Les deux à la

fois. Ce besoin auguste est, en même temps et pour les mêmes êtres, un châtiment et une récompense; volupté pleine d'expiation; châtiment des fautes, récompense des douleurs! Nul ne s'y dérobe. Faim des anges ressentie par les démons. Sainte Thérèse l'éprouve, Messaline aussi. Ce besoin de l'immatériel est le plus vivace de tous. Il faut du pain; mais, avant le pain, il faut l'idéal. On est voleur, on est fille publique, raison de plus. Plus on boit l'ombre, plus on a soif d'aurore. Schinderhannes se fait bleuet; Poulailler se fait violette. De là ces noces sinistrement idéales.

Et alors, qu'arrive-t-il?

Ce que nous venons de dire.

Cloaque, mais abîme. Ici le cœur humain s'entr'ouvre à des profondeurs inouïes. Astarté devient platonique. Le prodige de la transfiguration des monstres par l'amour s'accomplit. L'enfer se dore. Le vautour se fait oiseau bleu. L'horreur aboutit à la pastorale. Vous vous croyez chez Vouglans et chez Parent-Duchâtelet; vous êtes chez Longus. Un pas de plus, vous tombez dans Berquin. Chose étrange de rencontrer Daphnis et Chloé dans la forêt de Bondy!

Le nocturne canal Saint-Martin, où le chourineur pousse le passant d'un coup de coude en lui arrachant sa montre, traverse le Tendre et vient se jeter dans le Lignon. Poulmann réclame un nœud de ruban; on est tenté d'offrir une houlette à Papavoine. On voit des ailes de gaze lumineuse poindre à des talons horribles à travers la paille du sabot. Toutes les fatalités combinées ont pour résultante une fleur. Le miracle des roses se fait pour Goton. Un vague hôtel de Rambouillet se superpose à la farouche silhouette de la Salpêtrière. La

muraille lépreuse du mal, prise d'on ne sait quel épa-
nouissement subit, donne un pendant à la guirlande de
Julie. Les sonnets de Pétrarque, cet essaim qui rôde dans
l'ombre des âmes, se hasardent à travers le crépuscule
du côté de ces abjections et de ces souffrances, attirés par
on ne sait quelles affinités obscures, de même qu'on voit
quelquefois un vol d'abeilles bourdonner sur un tas de
fumier d'où s'échappe, perceptible à elles seules et mêlé
aux miasmes, quelque parfum de fleur enfouie. L'antre
se fait grotte. Les gémonies sont élyséennes. Le fil chimérique des hyménées célestes flotte sous la plus noire
voûte de l'Érèbe humain et lie des cœurs désespérés à
des cœurs monstrueux. Manon envoie à Cartouche, à travers l'infini, l'ineffable sourire d'Évirallina à Fingal. D'un
pôle à l'autre de la misère, d'une géhenne à l'autre, du
bagne au lupanar, des bouches de ténèbres échangent
éperdument le baiser d'azur.

C'est la nuit. La fosse monstrueuse de Clamart s'entr'ouvre ; un miasme, un phosphore, une clarté en sort.
Cela brille et frissonne ; le haut et le bas flottent séparé-
ment ; cela prend forme, la tête rejoint le corps, c'est
un fantôme ; le fantôme, regardé dans l'ombre par de
funestes yeux égarés, monte, grandit, bleuit, plane et
s'en va au zénith ouvrir la porte du palais de soleil où
les papillons errent de fleur en fleur et où les anges
volent d'étoile en étoile.

Dans tous ces étranges phénomènes concordants, éclate
l'inamissibilité du principe qui est tout l'homme. Le
mystérieux mariage que nous venons de raconter, mariage
de la servitude avec la captivité, exagère l'idéal par cela
même qu'il est accablé de toutes les pesanteurs les plus
hideuses de la destinée. Mixture effrayante. Rencontre de

ces deux mots redoutables où toute la vie humaine est nouée : jouir et souffrir.

Hélas! et comment ne pas laisser échapper ce cri? pour ces infortunées, jouir, rire, chanter, plaire, aimer, cela existe, cela persiste; mais il y a du râle dans chanter, il y a du grincement dans rire, il y a de la putréfaction dans jouir, il y a de la cendre dans plaire, il y a de la nuit dans aimer. Toutes les joies sont attachées à leur destinée avec des clous de cercueil.

Qu'est-ce que cela fait? elles ont soif de toutes ces lugubres clartés chimériques pleines de rêve.

Qu'est-ce que le tabac, si précieux et si cher au prisonnier? c'est du rêve. — Mettez-moi au cachot, disait un forçat, mais donnez-moi du tabac. En d'autres termes : plongez-moi dans une fosse, mais donnez-moi un palais. Pressez la fille et le bandit, mêlez le Tartare à l'Averne, remuez la fatale cuve des fanges, entassez toutes les difformités de la matière; qu'en sort-il? l'immatériel.

L'idéal est le feu grégeois du ruisseau de la rue. Il y brûle. Son resplendissement sous l'eau impure éblouit et attendrit le penseur. Nini Lassave attise et avive avec les billets doux de Fieschi cette sombre lampe de Vesta que toute femme a dans le cœur, aussi inextinguible chez la courtisane que chez la carmélite. C'est ce qui explique ce mot : vierge, décerné par la Bible aussi bien à la vierge folle qu'à la vierge sage.

Cela était hier, cela est aujourd'hui. Ici encore la surface a changé, le fond reste. On a un peu verni de nos jours les franches âpretés du moyen âge. Ribaude se prononce lorette; Toinon répond au nom d'Olympia ou d'Impéria; Thomasse-la-Maraude s'appelle M^me de Saint-

Alphonse. La chenille était vraie, le papillon est faux ;
voilà tout le changement. Torchon est devenu chiffon.

Régnier disait : les truies ; nous disons : les biches.

Autres modes ; mêmes mœurs.

La vierge folle est lugubrement immuable.

## III

Qui voit ce genre d'angoisses voit l'extrémité du malheur humain.

Ce sont là les zones noires. La nuit funeste y crève,
l'amoncellement du mal s'y dissout en malheur, la
morne tourmente des fatalités y souffle des bouffées de
désespoir, un ruissellement continu d'épreuves et de
douleurs y accable dans l'ombre des têtes échevelées ;
rafales, grêles, tumultes farouches, un engouffrement de
détresses roule, revient et tourbillonne ; il pleut, il pleut
sans cesse, il pleut de l'horreur, il pleut du vice, il pleut
du crime, il pleut de la nuit ; il faut explorer cette obscurité pourtant, et nous y entrons, et la pensée essaye
dans ce sombre orage un pénible vol d'oiseau mouillé.

Il y a toujours une vague épouvante spectrale dans ces
régions basses où l'enfer pénètre ; elles sont si peu dans
l'ordre humain et si disproportionnées, qu'elles créent des
fantômes. Aussi une légende est-elle attachée à ce bouquet sinistre offert par Bicêtre à la Salpêtrière ou par la
Force à Saint-Lazare ; on la raconte le soir dans les cham-
brées, quand la ronde des surveillants est passée :

C'était peu après l'assassinat du changeur Joseph. Un

bouquet fut envoyé de la Force à une prison de femmes,
Saint-Lazare ou les Madelonnettes. Il y avait dans ce
bouquet un lilas blanc, qu'une des prisonnières
choisit.

Un ou deux mois s'écoulèrent; cette femme sortit de
prison. Elle était profondément éprise, à travers le lilas
blanc, du maître inconnu qu'elle s'était donné. Elle commença envers lui son étrange fonction de sœur, de mère,
d'épouse mystique, ignorant son nom, sachant seulement
son chiffre d'écrou. Toutes ses misérables économies,
religieusement déposées au greffe, allaient à cet homme.
Afin de mieux se fiancer avec lui, elle avait profité du
printemps qui était venu pour cueillir dans les champs un
vrai lilas blanc. Cette branche de lilas, attachée par un
ruban bleu ciel au chevet de son lit, y faisait pendant à
un rameau de buis bénit qui ne manque jamais à ces
pauvres alcôves désolées. Le lilas sécha ainsi.

Cette femme avait, comme tout Paris, entendu parler
de l'affaire du Palais-Royal et des deux Italiens, Malagutti
et Ratta, arrêtés pour le meurtre du changeur.

Elle songeait peu à cette tragédie qui ne la regardait
point, elle vivait dans son lilas blanc. Ce lilas résumait
tout pour elle, elle ne pensait qu'à faire vis-à-vis de lui
« son devoir ».

Un jour, par un beau soleil, elle était dans sa chambre
et cousait on ne sait quelle nippe pour sa triste toilette
du soir. De temps en temps elle tournait les yeux et
regardait le lilas. Dans un de ces instants-là, comme sa
prunelle était fixée sur la petite grappe blanche fanée,
elle entendit sonner quatre heures.

Alors elle crut voir, elle vit, une chose étrange.

Une sorte de perle rouge sortit de l'extrémité inférieure

de la branche de lilas desséchée, grossit lentement, se détacha, et tomba sur le drap blanc du lit.

C'était une goutte de sang.

Ce jour-là, à cette heure-là même, on venait d'exécuter Ratta et Malagutti.

Il était évident que le lilas blanc était l'un des deux. Mais lequel ?

La malheureuse eut une commotion cérébrale où sa raison se perdit ; elle dut être enfermée à la Salpêtrière. Elle y est morte. Elle répétait sans cesse : Je suis M^me Ratta-Malagutti.

Tels sont ces sombres cœurs.


# I V


La prostitution est une Isis dont nul n'a levé le dernier voile. Il y a un sphinx dans cette morne odalisque de l'affreux sultan Tout-le-Monde. Tous entr'ouvrent sa robe, personne son énigme. C'est la Toute-Nue masquée. Spectre terrible.

Hélas ! dans tout ce que nous venons de raconter, l'homme est abominable, la femme est touchante.

Que d'infortunées précipitées !

Le gouffre est ami du songe. Tombées, nous l'avons dit, leur cœur lamentable n'a plus d'autre ressource que de rêver.

Ce qui les a perdues, c'est un autre songe, l'effrayant songe de la richesse ; cauchemar de gloire, d'azur et d'extase qui pèse sur la poitrine du pauvre ; fanfare en-

tendue de la géhenne, avec ce triomphe des heureux
resplendissant sur l'immense nuit; prodigieuse ouverture pleine d'aurore ! Les voitures roulent, l'or ruisselle,
les dentelles frissonnent.

Pourquoi n'aurais-je pas cela aussi, moi? Pensée formidable.

Cette lueur du soupirail sinistre les a éblouies, cette
bouffée de la vapeur sombre les a enivrées, et elles ont
été perdues, et elles ont été riches.

La richesse est une fatale clarté lointaine; la femme
y vole frénétiquement. Ce miroir prend cette alouette.

Donc, elles ont été riches. Elles ont eu, elles aussi,
leur jour d'enchantement, leur minute de fête, leur
éclair.

Elles ont eu cette fièvre où meurt la pudeur. Elles
ont vidé la coupe sonore pleine de néant. Elles ont bu
la folie de l'oubli. Quel bercement ! quelle tentation !
ne rien faire et tout avoir, hélas ! et aussi ne rien avoir,
pas même soi ! Être une chair esclave ! être de la beauté
en vente ! de femme, tomber chose ! Elles ont rêvé, et
elles ont eu, — ce qui est la même chose, la toute possession est rêve, — les hôtels, les carrosses, les valets
en livrée, les soupers éclatants de rires, la Maison d'or,
la soie, le velours; les diamants, les perles, la vie
effarée de volupté, toutes les joies. Oh! combien vaut
mieux l'innocence des pauvres petits pieds nus du bord
de la mer qui entendent le soir sonner le grelot fêlé des
chèvres dans les falaises!

Sous ces joies qu'elles ont savourées, rapides per-
fidies, il y avait un lendemain funeste. Le mot amour
signifiait haine. L'invisible double le visible, et il est
lugubre. Ceux-là mêmes qui partageaient leurs ivresses,

ceux-là mêmes à qui elles donnaient tout, recevaient
tout et n'acceptaient rien. Elles jetaient racine dans la
cendre. Elles étaient désertées en même temps qu'em-
brassées. L'abandon ricanait derrière le masque du
baiser.

Maintenant, que voulez-vous qu'elles fassent ? Il faut
bien qu'elles continuent d'aimer.


# V


Oh ! si elles pouvaient, les malheureuses, si elles
pouvaient s'ôter le cœur, s'ôter le rêve, s'endurcir d'un
endurcissement incurable, se glacer à jamais, s'arracher
les entrailles, et, puisqu'elles sont l'ordure, devenir le
monstre ! si elles pouvaient ne plus songer ! si elles
pouvaient ignorer la fleur, effacer l'astre, boucher le
haut du puits, fermer le ciel ! elles ne souffriraient plus
du moins. Mais non. Elles ont droit au mariage, elles
ont droit au cœur, elles ont droit à la torture, elles ont
droit à l'idéal. Aucun refroidissement n'étouffe l'incendie
intérieur. Si glacées qu'elles soient, elles brûlent. Nous
l'avons dit, ceci est à la fois leur misère et leur couronne.
Cette sublimité se combine avec leur abjection pour
l'accabler et pour la relever. Qu'elles le veuillent ou non,
l'inextinguible ne s'éteint pas. La chimère est indomp-
table. Rien n'est plus invincible que le rêve, et le rêve,
c'est presque tout l'homme. La nature n'admet pas d'être
insolvable. Il faut contempler, il faut aspirer, il faut
aimer. Au besoin le marbre donnera l'exemple. La

statue devient plutôt femme que la femme ne devient
statue.

Le cloaque est sanctuaire malgré lui. Cette conscience
est malsaine, il y a de l'air vicié dedans, le phénomène
irrésistible ne s'accomplit pas moins; toutes les saintes
générosités s'épanouissent livides dans cette cave. Le
désespoir sécrète de la pitié, les cynismes sont refoulés
par l'extase, les magnificences de la bonté éclatent sous
l'infamie; cette créature orpheline se sent épouse, sœur,
mère ; et cette fraternité qui n'a pas de famille, et cette
maternité qui n'a pas d'enfant, et cette adoration qui n'a
pas d'autel, elle la jette aux ténèbres. Quelqu'un l'épouse.
Qui ? celui qui est dans l'ombre. L'autre souffrant. Elle
voit à son doigt un anneau fait de l'or mystérieux des
songes. Et elle sanglote. Des torrents de larmes se font
jour. Sombres délices.

Et en même temps, répétons-le, tortures inouïes. Elle
n'est pas à celui à qui elle s'est donnée. Tout le monde la
reprend. La brutale main publique tient la misérable et
ne la lâche plus. Elle voudrait fuir, fuir où ? fuir qui ?
Vous, nous, elle-même, lui qu'elle aime surtout, le
funèbre homme idéal ; elle ne peut.

Ainsi, et ce sont là les accablements extrêmes, cette
malheureuse expie, et son expiation lui vient de sa grandeur. Quoi qu'elle fasse, il faut qu'elle aime. Elle est
condamnée à la lumière. Il faut qu'elle plaigne, qu'elle
secoure, qu'elle se dévoue, qu'elle soit bonne. La femme
qui n'a plus la pudeur voudrait ne plus avoir l'amour;
impossible. Les reflux du cœur sont fatals comme ceux
de la mer; les lumières du cœur sont fixes comme celles
de la nuit. Il y a en nous de l'imperdable. Abnégation,
sacrifice, tendresse, enthousiasme, tous ces rayons se re-

tournent contre la femme au dedans d'elle-même, et l'attaquent, et la brûlent. Toutes ces vertus lui restent pour se venger d'elle. Là où elle eût été épouse, elle est esclave. Elle a cette misère de bercer un brigand dans le nuage bleu de ses illusions, et d'affubler Mandrin d'une guenille étoilée. Elle est la sœur de charité du crime. Elle aime, hélas! elle subit sa divinité inamissible; elle est magnanime en frémissant de l'être. Elle est heureuse d'un bonheur horrible. Elle rentre à reculons dans l'Éden indigné.

Cet imperdable que nous avons en nous, c'est à quoi l'on ne réfléchit pas assez.

Prostitution, vice, crime, qu'importe!

La nuit a beau s'épaissir, l'étincelle persiste. Quelque descente que vous fassiez, il y a de la lumière. Lumière dans le vagabond, lumière dans le mendiant, lumière dans le voleur, lumière dans la fille des rues. Plus vous vous enfoncez bas, plus la lumière miraculeuse s'obstine.

Tout cœur a sa perle, qui pour le cœur égout et pour le cœur océan est la même : l'amour.

Aucune fange ne dissout la parcelle de Dieu.

Donc là, à cette extrémité de l'ombre, de l'accablement, du refroidissement et de l'abandon; dans cette obscurité, dans cette putréfaction, dans ces geôles, dans ces sentiers, dans ce naufrage; sous la dernière couche du tas des misères, sous l'engloutissement du mépris public qui est glace et nuit; derrière le tourbillonnement de ces effrayants flocons de neige, les juges, les gendarmes, les guichetiers et les bourreaux pour le bandit, les passants pour la prostituée, se croisant innombrables dans cette brume d'un gris sale qui pour les misérables remplace le

soleil; sous ces fatalités sans pitié, sous ce vertigineux
enchevêtrement de voûtes, les unes de granit, les autres
de haine, au plus bas de l'horreur, au centre de l'asphyxie, au fond du chaos de toutes les noirceurs possibles,
sous l'épouvantable épaisseur d'un déluge fait de cra-
chats, là où tout est éteint, là où tout est mort, quelque
chose remue et brille. Qu'est-ce? une flamme.

Et quelle flamme?

L'âme.

O adorable prodige!

Stupeur sacrée! la preuve se fait par les abîmes.


                                        1844.

# VII

# AUX TUILERIES

---

## I

## LE ROI

28 juin 1844.

Le roi me contait que Talleyrand lui avait dit un jour :
— Vous ne ferez jamais rien de Thiers, qui serait pourtant un excellent instrument. Mais c'est un de ces
hommes dont on ne peut se servir qu'à la condition de les
satisfaire. Or, il ne sera jamais satisfait. Le malheur,
pour lui comme pour vous, c'est que, de notre temps, il
ne puisse plus être cardinal.

---

A propos des fortifications de Paris, le roi me contait
comment l'empereur Napoléon apprit la nouvelle de la
prise de Paris par les alliés.

L'empereur marchait sur Paris à la tête de sa garde.
Près de Juvisy, à un endroit de la forêt de Fontainebleau
où il y a un obélisque (que je ne vois jamais sans un serrement de cœur, me disait le roi), un courrier qui venait
au-devant de Napoléon lui apporta la nouvelle de la capitulation de Paris. Paris était pris. L'ennemi y était entré.
L'empereur devint pâle. Il cacha son visage dans ses deux
mains, et resta ainsi un quart d'heure immobile. Puis,
sans dire une parole, il tourna la bride de son cheval, et
reprit la route de Fontainebleau. — Le général Athalin
assistait à cette chose-là et l'a contée au roi.

———

**Juillet 1844.**

Il y a quelques jours, le roi disait au maréchal Soult (devant témoins) : — Maréchal, vous souvient-il du siège de
Cadiz? — Pardieu, sire, je le crois bien! J'ai assez pesté
devant ce maudit Cadiz. J'ai investi la place et j'ai été
forcé de m'en aller comme j'étais venu. — Maréchal,
pendant que vous étiez devant, j'étais dedans. — Je le
sais, sire. — Les cortès et le cabinet anglais m'offraient
le commandement de l'armée espagnole. — Je me le rappelle. — L'offre était grave. J'hésitais beaucoup. Porter
les armes contre la France! pour ma famille, c'est possible; mais contre mon pays! J'étais fort perplexe. Sur
ces entrefaites, vous me fîtes demander par un affidé une
entrevue secrète, entre la place et votre camp, dans une
petite maison située sur la Cortadura. Vous en souvenez-
vous, monsieur le maréchal? — Parfaitement, sire; le

jour même fut fixé et le rendez-vous pris. — Et je n'y
vins pas. — C'est vrai. — Savez-vous pourquoi? — Je ne
l'ai jamais su. — Je vais vous le dire. Comme je me dis-
posais à vous aller trouver, le commandant de l'escadre
anglaise, averti de la chose je ne sais comment, tomba
brusquement chez moi et me prévint que j'étais sur le
point de [tomber dans un piège ; que, Cadiz étant impre-
nable, on désespérait de m'y saisir, mais qu'à la Cortadura je serais arrêté par vous; que l'empereur voulait
faire du duc d'Orléans le second tome du duc d'Enghien,
et que vous me feriez immédiatement fusiller. Là, vraiment, ajouta le roi avec un sourire, la main sur la conscience, est-ce que vous vouliez me faire fusiller? — Le
maréchal est resté un moment silencieux, puis a répondu,
avec un autre sourire, non moins inexprimable que le
sourire du roi : — Non, sire, je voulais vous compromettre.

La conversation a changé d'objet. Quelques instants
après, le maréchal a pris congé du roi, et le roi, en le regardant s'éloigner, a dit en souriant à la personne qui
entendait cette conversation : — Compromettre! compromettre! cela s'appelle aujourd'hui compromettre. En réalité, c'est qu'il m'aurait fait fusiller !

————

4 août 1844.

Hier, le roi m'a dit : — Un de mes embarras en ce moment, dans toute cette affaire de l'université et du clergé,
c'est M. Affre.

— Alors, sire, ai-je dit, pourquoi l'avez-vous nommé?

— C'est une faute que j'ai faite, je m'en accuse. J'avais d'abord nommé à l'archevêché de Paris le cardinal d'Arras, M. de la Tour d'Auvergne.

— C'était un bon choix, ai-je repris.

— Oui, bon. Insignifiant. Un vieillard honnête et nul. Un bonhomme. Il était fort entouré de carlistes. Fort circonvenu. Toute sa famille me haïssait. On l'amena à refuser. Ne sachant que faire, et pressé, je nommai M. Affre. J'aurais dû m'en défier. Il n'a pas la figure ouverte ni franche. J'ai pris cet air en dessous pour un air de prêtre, j'ai eu tort. Et puis, vous savez, c'était en 1840. Thiers me le proposait et me poussait. Thiers ne se connaît pas en archevêques. J'ai fait cela légèrement. J'aurais dû me souvenir de ce que M. de Talleyrand m'avait dit un jour : — Il faut toujours que l'archevêque de Paris soit vieux. Le siège est plus tranquille et vaque plus souvent. J'ai nommé M. Affre qui était jeune, c'est un tort. Au reste, je vais rétablir le chapitre de Saint-Denis, et en nommer primicier le cardinal de la Tour d'Auvergne. Ceci va faire endiabler mon archevêque. Le nonce du pape, auquel je parlais tout à l'heure de mon projet, en a beaucoup ri, et m'a dit : — L'abbé Affre fera quelque folie. Il irait à Rome, que le pape le fêterait fort mal. Il a agi comme un pauvre sire dans toute occasion depuis qu'il est archevêque. Un archevêque de Paris qui a de l'esprit doit toujours être bien avec le roi ici et avec le pape là-bas.

**Août 1844.**

L'autre mois, le roi alla à Dreux. C'était l'anniversaire de la mort de M. le duc d'Orléans. Le roi avait choisi ce jour pour mettre en ordre les cercueils des siens dans le caveau de famille.

Il se trouvait dans le nombre un cercueil qui contenait tous les ossements des princes de la maison d'Orléans que M^me la duchesse d'Orléans, mère du roi, avait pu recueillir après la Révolution, où ils furent violés et dispersés. Le cercueil, placé dans un caveau séparé, avait été défoncé dans ces derniers temps par la chute d'une voûte. Les débris de la voûte, pierres et plâtras, s'y étaient mêlés aux ossements.

Le roi fit apporter le cercueil devant lui et le fit ouvrir. Il était seul dans le caveau avec le chapelain et deux aides de camp. Un autre cercueil plus grand et plus solide avait été préparé. Le roi prit lui-même et de sa main les ossements de ses aïeux l'un après l'autre dans le cercueil brisé et les rangea avec soin dans le cercueil nouveau. Il ne souffrit pas que personne autre y touchât. De temps en temps il comptait les crânes et disait : — Ceci est monsieur le duc de Penthièvre. Ceci est monsieur le comte de Beaujolais. Puis il complétait de son mieux et comme il pouvait chaque groupe d'ossements.

Cette cérémonie dura de neuf heures du matin à sept heures du soir, sans que le roi prît de repos ni de nourriture.

Août 1844.

Hier 15, après avoir dîné chez M. Villemain qui habite une maison de campagne près Neuilly, je suis allé chez le roi.

Le roi n'était pas dans le salon, où il n'y avait que la reine, Madame Adélaïde et quelques dames, parmi lesquelles M<sup>me</sup> Firmin Rogier, qui est charmante. Il y avait beaucoup de visiteurs, entre autres M. le duc de Broglie et M. Rossi avec lesquels je venais de dîner, M. de Lesseps qui s'est distingué dans ces derniers temps comme consul à Barcelone, M. Firmin Rogier, le comte d'Agout.

J'ai salué la reine qui m'a beaucoup parlé de M<sup>me</sup> la princesse de Joinville accouchée d'avant-hier et dont l'enfant est venu le même jour que la nouvelle du bombardement de Tanger par son père. C'est une petite fille. M<sup>me</sup> la princesse de Joinville passe sa journée à la baiser en disant : — Comme elle est gentille! avec son doux accent méridional que les plaisanteries de ses beaux-frères n'ont pu encore lui faire perdre.

Pendant que je parlais à la reine, M<sup>me</sup> la duchesse d'Orléans, vêtue de noir, est entrée et s'est assise près de Madame Adélaïde qui lui a dit : — Bonsoir, chère Hélène.

Un moment après, M. Guizot, en noir, une chaîne de décorations et un ruban rouge à la boutonnière, la plaque de la Légion d'honneur à l'habit, pâle et grave, a traversé le salon. Je lui ai pris la main en passant et il m'a dit : — Je vous ai été chercher inutilement ces jours-ci. Venez donc passer une journée à la campagne avec moi. Nous avons à causer. Je suis à Auteuil. Place d'Aguesseau, n° 4.

Je lui ai demandé : — Le roi viendra-t-il ce soir ? Il m'a
répondu : — Je ne crois pas. Il est avec l'amiral de
Mackau. Les nouvelles sont sérieuses. Il en a pour toute
la soirée. Puis M. Guizot est parti.

Il était près de dix heures, j'allais en faire autant, et
j'étais déjà dans l'antichambre, quand une dame d'honneur de Madame Adélaïde, envoyée par la princesse, est
venue me dire que le roi désirait causer avec moi et me
faisait prier de rester. Je suis rentré dans le salon qui
s'était presque vidé.

Un moment après, comme dix heures sonnaient, le roi
est venu. Il était sans décorations et avait l'air préoccupé.
En passant près de moi, il m'a dit : — Attendez que j'aie
fait ma tournée ; nous aurons un peu plus de temps quand
on sera parti. Il n'y a plus que quatre personnes et je
n'ai à dire que quatre mots. Il ne s'est en effet arrêté
un moment qu'auprès de l'ambassadeur de Prusse et de
M. de Lesseps qui avait à lui communiquer une lettre
d'Alexandrie, relative à l'étrange abdication du pacha
d'Égypte.

Tout le monde a pris congé, puis le roi est venu à moi,
m'a saisi le bras et m'a mené dans le grand salon d'attente, où il s'est assis et m'a fait asseoir sur un canapé
rouge qui est entre deux portes vis-à-vis de la cheminée. Alors il s'est mis à parler vivement, énergiquement, comme si un poids se levait de dessus sa poitrine.

— Monsieur Hugo, je vous vois avec plaisir. Que pensez-vous de tout ceci ? Tout cela est grave et surtout
paraît grave. Mais, en politique, je le sais, il faut quelquefois tenir compte de ce qui paraît autant que de ce qui
est. Nous avons fait une faute en prenant ce chien de

protectorat *. Nous avons cru faire une chose populaire
pour la France, et nous avons fait une chose embarras-
sante pour le monde. L'effet populaire a été médiocre ;
l'effet embarrassant est énorme. Qu'avions-nous besoin
de nous empêtrer de Taïti (le roi prononçait Taëte) ? Que
nous faisait cette pincée de grains de tabac au milieu de
l'Océan ? A quoi bon loger notre honneur à quatre mille
lieues de nous dans la guérite d'une sentinelle insultée
par un sauvage et par un fou ? En somme, il y a du
risible là dedans. Quoi qu'on dise et quoi qu'on fasse,
c'est petit, il n'en sortira rien de gros. Sir Robert Peel
a parlé comme un étourdi. Il a fait, lui, une sottise
d'écolier. Il a diminué sa considération en Europe.
C'est un homme grave, mais capable de légèretés. Et
puis il ne sait pas de langues. Un homme qui ne sait
pas de langues, à moins d'être un homme de génie, a
nécessairement des lacunes dans les idées. Or, sir Robert
n'a pas de génie. Croiriez-vous cela ? il ne sait pas le
français ! Aussi il ne comprend rien à la France. Les idées
françaises passent devant lui comme des ombres. Il n'est
pas malveillant, non ; il n'est pas ouvert, voilà tout. Il a
parlé étourdiment. Je l'avais jugé ce qu'il est, il y a
quarante ans. Il y a quarante ans aussi que je l'ai vu pour
la première fois. Il était alors jeune homme et secrétaire
du comte de... (je n'ai pas bien entendu le nom. Le roi
parlait vite). J'allais souvent dans cette maison. J'étais
alors en Angleterre. Je pensais en voyant ce jeune Peel
qu'il irait loin, mais qu'il s'arrêterait. Me suis-je trompé ?
Il y a des Anglais, et des plus haut placés, qui ne com-
prennent rien aux Français. Comme ce pauvre duc de

* Le protectorat de Taïti.

Clarence, qui a, depuis, été Guillaume IV. Ce n'était qu'un matelot. Il faut se garer de l'esprit matelot, je le dis souvent à mon fils de Joinville. Qui n'est qu'un marin n'est rien sur terre. Or, ce duc de Clarence me disait : — Duc d'Orléans, il faut une guerre tous les vingt ans entre la France et l'Angleterre. L'histoire le montre. — Je lui répondais : — Mon cher duc, à quoi bon les gens d'esprit si on laisse le genre humain refaire toujours les mêmes sottises ? Le duc de Clarence ne savait pas un mot de français, non plus que Peel.

« Quelle différence de ces hommes-là à Huskisson ? Vous savez ? Huskisson qui est mort si fatalement sur les rails d'un chemin de fer ? Celui-là était un maître homme. Il savait le français et il aimait la France. Il avait été mon camarade au club des Jacobins. Je ne dis pas cela en mauvaise part. Il comprenait tout. S'il y avait en ce moment un homme comme cela en Angleterre, lui et moi ferions la paix du monde. — Monsieur Hugo, nous la ferons sans lui. Je la ferai tout seul. Sir Robert Peel reviendra sur ce qu'il a dit. Hé·mon Dieu ! il a dit cela. Sait-il seulement pourquoi et comment ?

« Avez-vous vu le parlement d'Angleterre ? On parle de sa place, debout, au milieu des siens, on est entraîné, on dit plus souvent encore ce que pensent les autres que ce qu'on pense soi-même. Il y a une communication magnétique. On la subit. On se lève (ici le roi s'est levé et a imité le geste de l'orateur qui parle au parlement). L'assemblée fermente tout autour et tout auprès de vous ; on se laisse aller, on dit de ce côté-ci : — *L'Angleterre a subi une grossière injure*, et de ce côté-là : — *Avec une grossière indignité*. Ce sont tout simplement des applaudissements qu'on cherche des deux côtés. Rien de plus.

Mais cela est mauvais. Cela est dangereux. Cela est funeste. En France notre tribune qui isole l'orateur a bien ses avantages.

« De tous les hommes d'État anglais, je n'en ai connu qu'un qui sût se soustraire à ces entraînements des assemblées. Ce n'était pas M. Fox, homme rare pourtant. C'était M. Pitt. M. Pitt avait de l'esprit, quoiqu'il fût de haute taille. Il avait l'air gauche et parlait avec embarras. Sa mâchoire inférieure pesait un quintal. De là une certaine lenteur qui amenait par force la prudence dans ses discours. Quel homme d'État d'ailleurs que 'ce Pitt! On lui rendra justice un jour, même en France. On en est encore à Pitt et Cobourg. Mais c'est une niaiserie qui passera. M. Pitt savait le français. Il faut, pour faire de bonne politique, des Anglais qui sachent le français et des Français qui sachent l'anglais.

« Tenez, je vais aller en Angleterre le mois prochain. J'y serai très bien reçu : je parle anglais. Et puis, les Anglais me savent gré de les avoir étudiés assez à fond pour ne pas les détester. Car on commence toujours par détester les Anglais. C'est l'effet de la surface. Moi je les estime et j'en fais état. Entre nous, j'ai une chose à craindre en allant en Angleterre, c'est le trop bon accueil. J'aurai à éluder une ovation. De la popularité là-bas me ferait de l'impopularité ici. Cependant, il y a une autre difficulté. Il ne faut pas non plus que je me fasse mal recevoir. Mal reçu là-bas, raillé ici. Oh! ce n'est pas facile de se mouvoir quand on est Louis-Philippe! n'est-ce pas, monsieur Hugo?

« Je tâcherai pourtant de m'en tirer mieux que ce grand bêta d'empereur de Russie qui est allé au grand galop chercher une chute. Voilà un pauvre sire. Quel

niais! ce n'est qu'un caporal russe, occupé d'un talon
de botte et d'un bouton de guêtre. Quelle idée! arriver à
Londres la veille du bal des Polonais! Est-ce que j'irais
en Angleterre la veille de l'anniversaire de Waterloo? à
quoi bon aller chercher une avanie? Les nations ne
dérangent pas leurs idées pour nous autres princes.

« Monsieur Hugo! monsieur Hugo! les princes intelli-
gents sont bien rares. Voyez ce pacha d'Égypte, qui avait
de l'esprit et qui abdique, comme Charles-Quint qui avait
du génie pourtant et qui a fait la même sottise! Voyez cet
imbécile de roi du Maroc! Quelle misère de gouverner à
travers cette cohue de rois ahuris! On ne me fera pourtant pas faire la grosse faute! On m'y pousse, on ne m'y
précipitera pas! Écoutez ceci et retenez-le, le secret de
maintenir la paix, c'est de prendre toute chose par le bon
côté, aucune par le mauvais. Oh! sir Robert Peel est un
singulier homme de parler ainsi à tort et à travers. Il ne
connaît pas toute notre force. Il ne réfléchit pas!

« Tenez, le prince de Prusse disait cet hiver à ma
fille, à Bruxelles, une chose bien vraie : — Ce que nous
envions à la France, c'est l'Algérie. Non à cause de la
terre, mais à cause de la guerre. C'est un grand et rare
bonheur qu'a la France d'avoir là à ses portes une guerre
qui ne trouble pas l'Europe et qui lui fait une armée.
Nous, nous n'avons encore que des soldats de revues et
de parades. Le jour où une collision éclaterait, nous
n'aurions que des soldats faits par la paix. La France
seule, grâce à Alger, aurait des soldats faits par la guerre.
— Voilà ce que disait le prince de Prusse et c'était juste.

« En attendant, nous faisons aussi des enfants. Le mois
dernier, c'était ma fille de Nemours, ce mois-ci, c'est ma
fille de Joinville. Elle m'a donné une princesse. J'aurais

mieux aimé un prince. Mais bah! dans la position d'iso-
lement qu'on veut faire à ma maison parmi les maisons
royales de l'Europe, il faut songer aux alliances de l'avenir. Eh bien, mes petits-enfants se marieront entre eux.
Cette petite, qui est née d'hier, ne manquera pas de
cousins, ni de mari, par conséquent.

Ici le roi s'est mis à rire, et je me suis levé. Il avait
parlé presque sans interruption pendant cinq quarts
d'heure. Je disais çà et là quelques mots seulement. Pendant cette espèce de long monologue, Madame Adélaïde
a passé, se retirant dans ses appartements. Le roi lui a
dit : — Je vais te rejoindre tout à l'heure, et a continué.
Il était près de onze heures et demie quand j'ai quitté
le roi.

C'est dans cette conversation que le roi me dit :
— Êtes-vous allé en Angleterre? — Non, sire. — Eh
bien, quand vous irez, — car vous irez, — vous verrez,
c'est étrange, ce n'est plus rien qui ressemble à la
France; c'est l'ordre, l'arrangement, la symétrie, la propreté, l'ennui, des arbres taillés, des chaumières jolies,
des pelouses tondues, dans les rues un profond silence.
Les passants sérieux et muets comme des spectres. Dès
que vous parlez dans la rue, Français que vous êtes,
vivant que vous êtes, vous voyez ces spectres se retourner
et murmurer avec un mélange inexprimable de gravité et
de dédain : — *French people!* Quand j'étais à Londres,
je me promenais donnant le bras à ma femme et à ma
sœur, nous causions, ne parlant pourtant pas très haut,
vous savez, nous sommes des gens comme il faut, tous les
passants se retournaient, bourgeois et hommes du peuple,

et nous les entendions grommeler derrière nous : *French
people ! French people !*

———

5 septembre 1844.

... Le roi s'est levé, a marché quelques instants, comme
violemment agité, puis est venu se rasseoir près de moi,
et m'a dit :

— Tenez, vous avez dit à Villemain un mot qu'il m'a
rapporté. Vous lui avez dit : « Le démêlé entre la France
et l'Angleterre à propos de Taïti et de Pritchard me fait
l'effet d'une querelle de café entre deux sous-lieutenants
dont l'un a regardé l'autre de travers; il en résulte un
duel à mort. Mais ces deux grandes nations ne doivent
pas se comporter comme deux mousquetaires. Et puis,
dans le duel à mort de deux nations comme l'Angleterre
et la France, c'est la civilisation qui serait tuée. » Ce sont
bien là vos paroles, n'est-ce pas?

— Oui, sire.

— Elles m'ont frappé, et je les ai écrites le soir même
à une personne couronnée, car j'écris souvent toute la
nuit. Je passe bien des nuits à refaire ce qu'on a défait.
Je ne le dis pas. Loin de m'en savoir gré, on m'en inju-
rierait. Oh! oui, je fais un rude travail. A mon âge, avec
mes soixante et onze ans, pas un instant de vrai repos, ni
jour, ni nuit. Comment voulez-vous que je ne sois pas
toujours inquiet? je sens l'Europe pivoter sur moi.

———

6 septembre 1844.    ;  '

Le roi me disait hier : — Ce qui me rend la paix difficile, c'est qu'il y a en Europe deux choses que les rois de
l'Europe détestent, la France et moi. Moi plus encore
que la France. Je vous parle en toute franchise. Ils me
haïssent parce que je suis Orléans; ils me haïssent parce
que je suis moi. Quant à la France, on ne l'aime pas,
mais on la tolérerait en d'autres mains. Napoléon leur
était à charge; ils l'ont renversé en le poussant à la
guerre qu'il aimait. Je leur suis à charge, ils voudraient
me jeter bas, en me poussant hors de la paix que j'aime.

Puis il a mis ses deux mains sur ses yeux, et est resté
un moment, la tête appuyée en arrière aux coussins du
canapé, pensif et comme accablé.

———

6 septembre 1844.

— Je n'ai jamais vu, me disait le roi, qu'une seule fois
Robespierre en chambre (*dans une chambre, de près,*
mais je conserve l'expression même du roi). C'était dans
un endroit appelé Mignot, près de Poissy, qui existe
encore. Cela appartenait alors à un riche fabricant de
drap de Louviers appelé M. Decréteau. C'était en quatre-
vingt-onze ou douze. M. Decréteau m'invita un jour à
venir dîner à Mignot. J'y allai. L'heure venue, on se mit
à table. Il y avait Robespierre et Pétion, mais je n'avais

jamais vu Robespierre. C'était bien la figure dont Mirabeau avait fait le portrait d'un mot, *un chat qui boit du
vinaigre.* Il fut très maussade et desserra à peine les dents
laissant à regret échapper une parole de temps en temps,
et fort âcre. Il paraissait contrarié d'être venu, et que je
fusse là. Au milieu du dîner, Pétion s'adressant à M. Decréteau s'écria : — Mon cher amphitryon, mariez-moi donc ce
gaillard-là! Il montrait Robespierre. Robespierre de s'ex-
clamer : — Qu'est-ce que tu veux dire, Pétion? — Pardieu, fit Pétion, je veux dire qu'il faut que tu te maries.
Je veux te marier. Tu es plein d'âcreté, d'hypocondrie et
de fiel, d'humeur noire, de bile et d'atrabile. J'ai peur de
tout cela pour nous. Il faudrait une femme pour fondre
toutes ces amertumes et faire de toi un bonhomme. —
Robespierre hocha la tête et voulut faire un sourire,
mais ne parvint qu'à faire une grimace. — C'est la seule
fois, reprit le roi, que j'aie vu Robespierre en chambre.
Depuis je l'ai retrouvé à la tribune de la Convention. Il
était ennuyeux au suprême degré, parlait lentement, longuement et pesamment, et était plus maussade et plus
amer que jamais. On voyait bien que Pétion ne l'avait
pas marié.

———

**7 septembre 1844.**

Le roi me disait jeudi dernier : — M. Guizot a de
grandes qualités et d'immenses défauts. (Chose bizarre,
M. Guizot m'avait dit précisément la même chose du roi
le mardi d'auparavant, en commençant par les défauts.)
M. Guizot a au plus haut degré, et je l'en estime profon-

dément, le courage de l'impopularité chez ses adver-
saires ; il ne l'a pas parmi ses amis. Il ne sait pas se
brouiller momentanément avec ses partisans, ce qui était
le grand art de M. Pitt. Dans cette affaire de Taïti, comme
dans l'affaire du droit de visite, M. Guizot n'a pas peur de
l'opposition, ni de la presse, ni des radicaux, ni des
carlistes, ni des dynastiques, ni des cent mille hurleurs
des cent mille carrefours de France ; il a peur de Jacques
Lefebvre. Que dira Jacques Lefebvre ? Et Jacques Lefebvre a peur du deuxième arrondissement. Que dira le
deuxième arrondissement ? Le deuxième arrondissement
n'aime pas les Anglais, il faut tenir tête aux Anglais ;
mais il n'aime pas la guerre, il faut céder aux Anglais.
Tenir tête en cédant. Arrangez cela. Le deuxième arrondissement gouverne Jacques Lefebvre, Jacques Lefebvre
gouverne Guizot ; un peu plus le deuxième arrondissement gouvernerait la France. Je dis à Guizot : Mais que
craignez-vous ? Ayez donc du courage. Soyez d'un avis. —
Ils sont là tous pâles et immobiles et ne répondent pas.
Oh ! la peur ! Monsieur Hugo, c'est une étrange chose que
la peur du bruit qui se fera dehors ! elle prend celui-ci,
puis celui-là, puis celui-là, et elle fait le tour de la table.
Je ne suis pas ministre, mais si je l'étais, il me semble
que je n'aurais pas peur. Je verrais le bien et j'irais
devant moi. Et quel plus grand but ? La civilisation par
la paix !

———

Le duc d'Orléans me contait il y a quelques années
qu'à l'époque qui suivit immédiatement la révolution de
juillet, le roi lui fit prendre séance dans son conseil. Le

jeune prince assistait aux délibérations des ministres. Un jour, M. Mérilhou, qui était garde des sceaux, s'endormit pendant que le roi parlait. — Chartres, dit le roi à son fils, réveille M. le garde des sceaux. Le duc d'Orléans obéit, il était assis à côté de M. Mérilhou, il le pousse doucement du coude ; le ministre dormait profondément ; le prince recommence, le ministre dormait toujours. Enfin le prince pose sa main sur le genou de M. Mérilhou qui s'éveille en sursaut et dit : — *Finis donc, Sophie ! tu me chatouilles !*

———

Voici de quelle façon le mot *sujet* a disparu du préambule des lois et ordonnances.

M. Dupont de l'Eure, en 1830, était garde des sceaux. Le 7 août, le jour même où le duc d'Orléans prêta serment comme roi, M. Dupont de l'Eure lui porta une loi à promulguer. Le préambule disait : *Mandons et ordonnons à tous nos sujets*, etc. Le commis chargé de copier la loi, jeune homme fort exalté, s'effaroucha du mot *sujets*, et ne copia point.

Le garde des sceaux arrive. Le jeune homme était employé dans son cabinet. — Eh bien, dit le ministre, la copie est-elle faite ? que je la porte à la signature du roi. — Non, monsieur le ministre, répond le commis.

Explication. M. Dupont de l'Eure écoute, puis pince l'oreille du jeune homme et lui dit, moitié souriant, moitié fâché :

— Allons donc, monsieur le républicain, voulez-vous bien copier cela tout de suite !

Le commis baissa la tête comme un commis qu'il était et copia.

Cependant, M. Dupont conte la chose au roi en riant. Le roi n'en rit pas. Tout faisait difficulté alors. M. Dupin aîné, ministre sans portefeuille, avait entrée au conseil ; il éluda le mot et tourna l'obstacle ; il proposa cette rédaction qui fut adoptée et qui a été toujours admise depuis : *Mandons et ordonnons à tous.*

———

La voiture de cérémonie de Louis-Philippe était une grosse berline bleue traînée par huit chevaux ; l'intérieur était de damas jaune d'or ; il y avait sur les portières le chiffre couronné du roi et sur les panneaux des couronnes royales. Huit petites couronnes d'argent appliquées à fleur de l'impériale faisaient le tour de la voiture. Il y avait un immense cocher sur le siège, et trois laquais derrière, tous en bas de soie, avec la livrée tricolore des d'Orléans.

Le roi montait le premier, et s'asseyait dans le coin à droite. Après lui, M. le duc de Nemours, qui s'asseyait près du roi ; les trois autres princes montaient ensuite, et s'asseyaient, M. de Joinville en face du roi, M. de Montpensier en face de M. de Nemours, M. d'Aumale au milieu.

Le jour des séances royales, les grandes députations des deux Chambres, douze pairs et vingt-cinq députés tirés au sort, allaient attendre le roi sur le grand escalier du palais Bourbon. Comme c'était presque toujours l'hiver, il faisait un froid violent sur cet escalier, un vent

de bise faisait frissonner tous ces vieillards, et il y a de
vieux généraux de l'empire, qui n'étaient pas morts
d'avoir été à Austerlitz, à Friedland, au cimetière d'Eylau,
à la grande redoute de la Moskowa, à la fusillade des
carrés écossais de Waterloo, et qui sont morts d'avoir été
là.

Les pairs étaient à droite, les députés à gauche, debout,
laissant libre le milieu de l'escalier. L'escalier était
cloisonné de tentures de coutil blanc rayé de bleu, qui
garantissaient fort mal du vent. Où sont les bonnes et
magnifiques tapisseries de Louis XIV? Cela était royal;
on y a renoncé. Le coutil est bourgeois et plaît mieux aux
députés. Il les charme, et les gèle.

La reine arrivait la première avec les princesses, sans
M<sup>me</sup> la duchesse d'Orléans qui venait à part avec M. le
comte de Paris. Ces dames montaient l'escalier rapidement, saluant à droite et à gauche, sans parler, mais
gracieusement, suivies d'une nuée d'aides de camp et de
ces vieilles farouches enturbannées que M. de Joinville
appelait *les turcs de la reine;* M<sup>mes</sup> de Dolokieu, de Cha-
naleilles, etc.

A la séance royale de 1847, la reine donnait le bras à
M<sup>me</sup> la duchesse de Montpensier. La princesse était emmi-
touflée à cause du froid. Je n'ai vu qu'un gros nez rouge.
Les trois autres princesses marchaient derrière et causaient en riant toutes trois. M. Anatole de Montesquiou
venait ensuite en uniforme de maréchal de camp fort
usé.

Le roi arrivait quelque cinq minutes après la reine; il
montait plus rapidement encore qu'elle, suivi des princes
courant comme des écoliers, et saluait les pairs à droite
et les députés à gauche. Il s'arrêtait un moment dans la

10

salle du trône et échangeait quelques bonjours avec les membres des deux députations. Puis il entrait dans la grande salle.

Le discours du trône était écrit sur parchemin recto et verso, et tenait en général quatre pages. Le roi le lisait d'une voix ferme et de bonne compagnie.

Le maréchal Soult était à cette séance, tout resplendissant de plaques, de cordons et de broderies et se plaignant de ses rhumatismes. M. le chancelier Pasquier n'y vint pas, s'excusant sur le froid et sur ses quatrevingts ans. Il était venu l'année d'auparavant. Ce fut la dernière fois.

En 1847, j'étais de la grande députation. Pendant que je me promenais dans le salon d'attente, causant avec M. Villemain de Cracovie, des traités de Vienne et de la frontière du Rhin, j'entendais bourdonner les groupes autour de moi, et des lambeaux de toutes les conversations m'arrivaient.

M. LE COMTE DE LAGRANGE. — Ah! voici le maréchal (Soult).

LE BARON PÈDRE LACAZE. — Il se fait vieux.

LE VICOMTE CAVAIGNAC. — Soixante-dix-neuf ans!

LE MARQUIS DE RAIGECOURT. — Quel est le doyen de la Chambre des pairs en ce moment?

LE DUC DE TRÉVISE. — N'est-ce pas M. de Pontécoulant?

LE MARQUIS DE LAPLACE. — Non, c'est le président Boyer. Il a quatrevingt-douze ans.

LE PRÉSIDENT BARTHE. — Passés.

LE BARON D'OBERLIN. — Il ne vient plus à la Chambre.

M. Viennet. — On dit que M. Rossi revient de Rome.

Le duc de Fésenzac. — Ma foi! je le plains de quitter Rome. C'est la plus belle et la plus admirable ville du monde. J'espère bien y finir mes jours.

Le comte de Montalembert. — Et Naples!

Le baron Thénard. — Je préfère Naples.

M. Fulchiron. — Oui, parlez-moi de Naples. Eh mon Dieu! j'y étais quand ce pauvre Nourrit s'est tué. Je logeais alors dans une maison voisine de la sienne.

Le baron Charles Dupin. — Il s'est tué volontairement? ce n'est pas un accident?

M. Fulchiron. — Oh! c'est bien un suicide. On l'avait sifflé la veille. Il n'a pu supporter cela. C'était dans un opéra fait exprès pour lui, *Polyeucte*. Il s'est jeté de soixante pieds de haut. Son chant ne plaisait pas à ce public-là. Nourrit était trop accoutumé à chanter Glück et Mozart. Les Napolitains disaient de lui : — *Vecchio canto*.

Le baron Dupin. — Pauvre Nourrit! que n'a-t-il attendu! Duprez n'a plus de voix. Il y a onze ans, Duprez a démoli Nourrit; aujourd'hui Nourrit démolirait Duprez.

Le marquis de Boissy. — Quel froid sur cet escalier!

Le comte Philippe de Ségur. — Il faisait encore plus froid l'autre jour à l'Académie. Ce pauvre Dupaty est un bon homme, mais il a fait un méchant discours.

Le baron Feutrier. — Je cherche une bouche de chaleur. Quel affreux courant d'air! c'est à se sauver.

Le baron Charles Dupin. — M. Français de Nantes avait imaginé cet expédient pour se débarrasser des solliciteurs et abréger les instances : il donnait volontiers ses audiences entre deux portes.

M. Thiers avait alors une vraie cour de députés. En sortant de cette séance, il marchait devant moi. Un gigantesque député, que je ne voyais que de dos, se dérangea en disant : *Place aux hommes historiques!* Et l'homme grand laissa passer le petit.

Historique? Soit. De quelle façon?

## II

## LA DUCHESSE D'ORLÉANS

M^me la duchesse d'Orléans est une femme rare, d'un grand esprit et d'un grand sens. Je ne pense pas qu'on l'apprécie complètement aux Tuileries. Le roi pourtant en fait haute estime, et cause souvent très particulièrement avec elle. Il lui arrive fréquemment de lui donner le bras le soir pour la reconduire du salon de famille à ses appartements. Il ne paraît pas que les princesses brus lui fassent toujours aussi bon visage.

————

26 février 1844.

Hier, M^me la duchesse d'Orléans me disait : — Mon fils n'est pas ce qu'on peut appeler un enfant aimable. Il n'est pas de ces jolis petits prodiges qui font honneur à leur mère, et dont on dit : — Que d'à-propos! que d'esprit! que de grâce! Il a du cœur, je le sais, il a de l'esprit, je le crois; mais personne ne sait et ne croit cela que moi. Il est timide, farouche, silencieux, effaré aisément. Que sera-t-il? je l'ignore. Souvent à son âge un enfant dans

sa position comprend qu'il faut plaire, et se met, tout
petit qu'il est, à jouer son rôle. Le mien se cache dans la
jupe de sa mère et baisse les yeux. Tel qu'il est, je l'aime
ainsi. Je le préfère même. J'aime mieux un sauvage qu'un
comédien.

---

Août 1844.

Le comte de Paris a signé l'acte de naissance de la
princesse Françoise de Joinville. C'est la première fois
que le prince signait son nom. Il ne savait ce qu'on lui
voulait, et quand le roi lui a dit en lui présentant l'acte :
— Paris, signe ton nom, l'enfant a refusé. M^me la duchesse d'Orléans l'a pris entre ses genoux et lui a dit un
mot tout bas. Alors l'enfant a pris la plume, et, sous la
dictée de son aïeul, a écrit sur l'acte L. P. d. O. Il a fait
l'O démesuré et les autres lettres gauchement, fort embarrassé et tout honteux comme les enfants farouches.

Il est charmant pourtant et adore sa mère, mais c'est à
peine s'il sait qu'il s'appelle *Louis-Philippe d'Orléans*.
Il écrit à ses camarades, à son précepteur, à sa mère ;
mais les petits billets qu'il fait, il les signe *Paris*. C'est
le seul nom qu'il se connaisse.

Ce soir, le roi a mandé M. Régnier, précepteur du
prince, et lui a donné l'ordre d'apprendre au comte de
Paris à signer son nom.

---

1847.

Le comte de Paris est d'un caractère grave et doux ; il apprend bien. Il a de la tendresse naturelle, il est doux à ceux qui souffrent.

Son jeune cousin de Wurtemberg, qui a deux mois de plus que lui, en est jaloux, comme sa mère, la princesse Marie, était jalouse de la mère du comte de Paris. Du vivant de M. le duc d'Orléans, le petit Wurtemberg a été longtemps l'objet des préférences de la reine, et, dans la petite cour des corridors et des chambres à coucher, on flattait la reine par des comparaisons de l'un à l'autre, toujours favorables à Wurtemberg. Aujourd'hui, cette inégalité a cessé. La reine, par un sentiment touchant, inclinait vers le petit Wurtemberg parce qu'il n'avait plus sa mère ; maintenant il n'y a plus de raison pour qu'elle ne se retourne pas vers le comte de Paris, puisqu'il n'a plus son père.

Le petit Michel Ney joue tous les dimanches avec les deux princes. Il a onze ans, il est fils du duc d'Elchingen. L'autre jour, il disait à sa mère : — Wurtemberg est un ambitieux. Quand nous jouons, il veut toujours être le chef. D'abord, il veut qu'on l'appelle Monseigneur. Ça m'est égal de lui dire Monseigneur, mais je ne veux pas qu'il soit le chef. Une fois, j'avais inventé un jeu, et je lui ai dit : — Non, Monseigneur, vous ne serez pas le chef ! c'est moi qui serai le chef, parce que j'ai inventé le jeu ; ainsi ! Et Chabannes sera mon lieutenant. Vous et monsieur le comte Paris, vous serez les soldats. — Paris a bien voulu, mais Wurtemberg s'en est allé. C'est un ambitieux.

De ces jeunes mères du château, M<sup>me</sup> la duchesse d'Orléans mise à part, M<sup>me</sup> de Joinville est la seule qui ne
gâte pas ses enfants. Aux Tuileries, on appelle sa petite
fille *Chiquette;* tout le monde, le roi lui-même. Le
prince de Joinville appelle sa femme *Chicarde* depuis le
bal des pierrots; de là, Chiquette. A ce bal des pierrots,
le roi disait : — Comme Chicarde s'amuse! Le prince de
Joinville dansait toutes les danses risquées. M<sup>me</sup> de Montpensier et M<sup>me</sup> Liadères étaient les seules qui fussent dé-
colletées. — Ce n'est pas de bon goût, disait la reine. —
Mais c'est joli, disait le roi.

# III

## LES PRINCES

1847.

Aux Tuileries, le prince de Joinville passe son temps à faire cent folies; un jour, il ouvre les robinets de toutes les fontaines, et inonde les appartements; un autre jour, il coupe tous les cordons de sonnettes. Signe d'ennui.

Et ce qui ennuie le plus ces pauvres princes, c'est de recevoir et de parler aux gens en cérémonie. Cette obligation revient à peu près tous les jours. Ils appellent cela, — car il y a un argot des princes, — *faire la fonction.* Le duc de Montpensier est le seul qui la fasse toujours avec grâce. Un jour, M<sup>me</sup> la duchesse d'Orléans lui demandait pourquoi, il répondit : — Ça m'amuse.

Il a vingt ans, il commence.

1847.

Quand le mariage de M. de Montpensier avec l'infante fut publié, le roi des Belges bouda les Tuileries. Il est Orléans, mais il est Cobourg. C'était comme si sa main gauche avait donné un soufflet à sa joue droite.

Le mariage fait, pendant que les jeunes mariés s'acheminaient de Madrid à Paris, le roi Léopold arrive à Saint-Cloud, où était le roi Louis-Philippe. Le roi des Belges avait l'air froid et sévère. Louis-Philippe le prit dans une embrasure du salon de la reine, après dîner, et ils causèrent une grande heure. Léopold conservait son visage soucieux et *anglais*. Cependant, à la fin de la conversation, Louis-Philippe lui dit : — Voyez Guizot. — Je ne veux précisément pas le voir. — Voyez-le, reprit Louis-Philippe. Nous reprendrons cette conversation quand vous l'aurez vu.

Le lendemain, M. Guizot se présenta chez le roi Léopold. Il portait un énorme portefeuille plein de papiers. Le roi le reçut. L'abord de Léopold fut glacial. Tous deux s'enfermèrent. Il est probable que M. Guizot communiqua au roi des Belges tous les documents relatifs au mariage et toutes les pièces diplomatiques. On ne sait ce qui se passa entre eux. Ce qui est certain, c'est que, lorsque M. Guizot sortit du cabinet du roi, Léopold avait l'air gracieux quoique triste, et qu'on l'entendit dire au ministre en le quittant : — J'étais venu mécontent de vous, je partirai satisfait. Vous avez, précisément dans cette affaire, acquis un nouveau titre à mon estime et à notre reconnaissance. Je voulais vous gronder, je vous remercie.

Ce furent les propres paroles du roi.

---

1847.

La surdité de M. le prince de Joinville augmente. Tantôt il s'en attriste, tantôt il s'en égaie. Un jour il me disait : — Parlez plus haut, je suis sourd comme un pot. — Une autre fois, il se pencha vers moi, et me dit en riant : — J'abaisse le pavillon de l'oreille. — C'est le seul que votre altesse abaissera jamais, lui ai-je répondu.

M. de Joinville est d'un naturel un peu fantasque, tantôt joyeux jusqu'à la folie, tantôt sombre jusqu'à l'hypocondrie. Il garde des silences de trois jours, ou on l'entend rire aux éclats dans les mansardes des Tuileries. En voyage, il se lève à quatre heures du matin, réveille tout le monde, et fait sa besogne de marin en conscience. Il semble qu'il veuille gagner ses épaulettes *après*.

Il aime la France et ressent tout ce qui la touche. Cela explique ses accès d'humeur noire. Comme il ne peut parler à sa guise, il se concentre et s'aigrit. Il a parlé cependant plus d'une fois, et bravement. On ne l'a pas écouté ou on ne l'a pas entendu. Il me disait un jour : — Qu'est-ce qu'ils disent donc de moi? C'est eux qui sont sourds!

Il n'a pas, comme le feu duc d'Orléans, la coquetterie princière, qui est une grâce si victorieuse, et le désir d'être agréable. Il cherche à plaire aux individus. Il aime

la nation, le pays, son état, la mer. Il a des manières
franches, le goût des plaisirs bruyants, une belle taille,
une belle figure, quelques faits d'armes qu'on a exagérés,
de l'esprit, du cœur; il est populaire.

M. de Nemours est tout le contraire. On dit à la cour :
— M. le duc de Nemours a du guignon.

M. de Montpensier a le bon esprit d'aimer, d'estimer et
d'honorer profondément M^me la duchesse d'Orléans.

L'autre jour, il y eut bal masqué et costumé aux Tuileries, mais seulement dans la famille et le cercle intime,
entre princesses et dames d'honneur. M. de Joinville y
vint tout déguenillé, en costume Chicard complet. Il y fut
d'une gaieté violente, et fit mille danses inouïes. Ces
cabrioles, prohibées ailleurs, faisaient rêver la reine.
— Mais où donc a-t-il appris tout cela? disait-elle. Puis
elle ajoutait : — Les vilaines danses! fi! Puis elle reprenait tout bas : — Comme il a de la grâce!

M^me de Joinville était en débardeur et affectait des
allures de titi. Elle était charmante et fort délurée. — Je
l'élève, disait le prince de Joinville. Elle va volontiers à
ce que la cour exècre le plus, *aux spectacles des boulevards !*

Elle a, l'autre jour, fort scandalisé M^me de Hall, femme
d'un amiral, protestante et puritaine, en lui demandant :
— Madame, avez-vous vu jouer *la Closerie des genêts ?*

1847.

M. le prince de Joinville avait imaginé une *scie* qui exaspérait la reine. C'était un vieil orgue de Barbarie qu'il s'était procuré. Il arrivait chez la reine jouant de cet orgue en chantant des chansons enrouées. La reine commençait par rire. Puis, cela durait un quart d'heure, une demi-heure. — Joinville, finis! — La chose continuait. — Joinville, va-t'en! Le prince, chassé par une porte, rentrait par l'autre avec son orgue, ses chansons et son enrouement. La reine finissait par s'enfuir chez le roi.

M<sup>me</sup> la duchesse d'Aumale parlait malaisément français; mais, dès qu'elle se mettait à parler italien, l'italien de Naples, elle tressaillait comme le poisson qui retombe dans l'eau, et se mettait à gesticuler avec toute la verve napolitaine. — Mets donc tes mains dans tes poches, lui criait M. le duc d'Aumale. Je te ferai attacher. Pourquoi gesticules-tu comme cela? — Je ne m'en aperçois pas, disait la princesse. — Le prince me dit un jour : — C'est vrai, elle a raison. Elle ne s'en aperçoit pas. Tenez, vous ne le croiriez pas, ma mère, si grave, si froide, si réservée tant qu'elle parle français, si par hasard elle se met à parler napolitain, se met à gesticuler comme Polichinelle!

1847.

M. le duc de Montpensier salue gracieusement et gaiement tous les passants. M. le duc d'Aumale, le moins
qu'il peut; on dit à Neuilly qu'il a peur de déranger sa
coiffure; il soulève seulement le bord de son chapeau;
M. le duc de Nemours n'y met ni autant d'empressement
que M. de Montpensier, ni autant de négligence que
M. d'Aumale. Du reste les femmes disent qu'en les
saluant il les regarde « d'une manière gênante ».

1847.

Au spectacle de la cour, qui eut lieu le 5 février 1847,
on donnait *l'Élixir d'amour* de Donizetti. C'étaient les
chanteurs italiens, la Persiani, Mario, Tagliafico. Ronconi
jouait (jouait est le mot, car il jouait très bien) le rôle
de Dulcamara, habituellement représenté par Lablache.
C'était pour la taille, non pour le talent, un nain à la
place d'un géant. La salle de spectacle des Tuileries
avait encore en 1847 sa décoration empire, des lyres, des
griffons, des cous de cygne, des palmettes et des grecques
d'or sur fond gris, le tout froid et pâle.

Il y avait peu de jolies femmes, M^me Cuvillier-Fleury
était la plus jolie, M^me V. H. la plus belle. Les hommes
étaient en uniforme ou en habit habillé. Deux officiers de
l'empire se faisaient remarquer par le costume de leur
époque. Le comte Dutaillis, manchot de l'empire et pair de

France, avait le vieil uniforme de général de division,
brodé de feuilles de chêne jusque sur les retroussis. Le
grand collet droit lui montait à l'occiput ; il avait une vieille
plaque de la Légion d'honneur tout ébréchée ; sa broderie
était rouillée et sombre. Le comte de Lagrange, ancien
beau, avait un gilet blanc à paillettes, une culotte courte
de soie noire, des bas blancs, c'est-à-dire roses, des souliers à boucles, l'épée au côté, le frac noir, et le chapeau
de pair à plume blanche. Le comte Dutaillis eut plus de
succès que le comte de Lagrange. L'un rappelait la
Monaco et la Trénitz ; l'autre rappelait Wagram.

M. Thiers, qui avait fait la veille un assez médiocre
discours, poussait l'opposition jusqu'à être en cravate
noire.

M^me la duchesse de Montpensier qui avait quinze ans
depuis huit jours, portait une large couronne de diamants
et était fort jolie. M. de Joinville était absent. Les trois
autres princes étaient là en lieutenants-généraux, avec la
plaque et le grand cordon de la Légion d'honneur.
M. de Montpensier seul portait la Toison d'or.

M^me Ronconi, belle personne, mais d'une beauté effarée
et sauvage, était dans une petite loge sur la scène
derrière le manteau d'arlequin. On la regardait beaucoup.
— Du reste, on n'applaudissait personne, ce qui glaçait
les chanteurs et tout le monde.

Cinq minutes avant la fin du spectacle, le roi commençait à faire son petit ménage. Il pliait son bulletin satiné
et le mettait dans sa poche, puis il essuyait les verres de
ses jumelles, les refermait avec soin, cherchait son étui
sur son fauteuil, et remettait les jumelles dans l'étui en
ajustant fort scrupuleusement les agrafes. Il y avait tout
un caractère dans cette façon méthodique.

M. de Rambuteau y était. On se racontait ses derniers
*rambutismes* (le mot était d'Alexis de Saint-Priest). On
prétendait que M. de Rambuteau au dernier jour de l'an
avait mis sur ses cartes : *M. de Rambuteau et Venus.* Ou
par variante : *M. de Rambuteau, Venus en personne.*

———

1847.

Le mercredi 24 février, il y eut concert chez M. le duc
de Nemours aux Tuileries. M<sup>lle</sup> Grisi, M<sup>me</sup> Persiani, une
M<sup>me</sup> Corbari, Mario, Lablache et Ronconi chantèrent.
M. Auber, qui dirigea le concert, n'y mit rien de sa
musique. Rossini, Mozart et Donizetti, ce fut tout.

On arrivait à huit heures et demie chez M. le duc
de Nemours, qui logeait au premier étage du pavillon
Marsan au-dessus des appartements de M<sup>me</sup> la duchesse
d'Orléans. En arrivant, on attendait dans un premier
salon que les deux portes du grand salon s'ouvrissent, les
femmes assises, les hommes debout. Dès que le prince et
la princesses paraissaient, ces portes s'ouvraient toutes
grandes, et l'on entrait. C'est une fort belle pièce que ce
grand salon. Le plafond est évidemment du temps de
Louis XIV. Les murs sont tendus de damas vert à galons
d'or. Les fenêtres ont des sous-rideaux de damas rouge.
Le meuble est damas vert et or. L'ensemble est royal.

Le roi et la reine des Belges étaient à ce concert ; le
duc de Nemours entra donnant le bras à la reine sa sœur,
le roi donnant le bras à la duchesse de Nemours. Suivaient M<sup>mes</sup> d'Aumale et de Montpensier. La reine des

Belges ressemble à la reine des Français, à l'âge près.
Elle était coiffée d'une toque bleu ciel, M<sup>me</sup> d'Aumale
d'une couronne de roses, M<sup>me</sup> de Montpensier d'un
diadème de diamants, M<sup>me</sup> de Nemours de ses cheveux
blonds. Les quatre princesses prirent place en face du
piano sur des fauteuils à dos élevé; toutes les autres
femmes derrière elles; les hommes derrière les femmes
emplissant les portes et le premier salon. Le roi des
Belges avait une assez belle et grave figure, le sourire fin
et agréable; il était assis à gauche des princesses.

Le duc de Broglie vint s'asseoir à sa gauche, puis
M. le comte Molé, puis M. Dupin aîné. M. de Salvandy,
voyant un fauteuil vide à droite du roi, s'y assit. Tous cinq
avaient le cordon rouge. Y compris M. Dupin. Ces quatre
hommes représentaient autour du roi des Belges l'ancienne noblesse militaire, l'aristocratie parlementaire, la
bourgeoisie avocassière, et la littérature clair-de-lune;
c'est-à-dire un peu de ce que la France a d'illustre et un
peu de ce qu'elle a de ridicule.

MM. d'Aumale et de Montpensier étaient à droite dans
une fenêtre avec M. le duc de Wurtemberg qu'ils appelaient *leur frère Alexandre*. Tous les princes avaient le
grand cordon et la plaque de Léopold pour faire honneur
au roi des Belges; MM. de Nemours et de Montpensier la
Toison d'or. La Toison de M. de Montpensier était en
diamants et magnifique.

Les chanteurs italiens chantaient au piano debout et
s'assseyaient dans les repos sur des chaises à dossiers de
bois.

Le prince de Joinville était absent ainsi que sa femme.
On contait que dernièrement il était allé en bonne
fortune. M. de Joinville est d'une force prodigieuse. Un

grand laquais disait derrière moi : — Je ne voudrais pas qu'il me donnât une calotte. Tout en cheminant vers son rendez-vous, M. de Joinville crut s'apercevoir qu'on le suivait : il revint sur ses pas, aborda l'escogriffe et tapa — comme un sourd.

Après la première partie du concert, MM. d'Aumale et de Montpensier vinrent dans le second salon où je m'étais réfugié avec Théophile Gautier, et nous causâmes une bonne heure. Les deux princes me parlèrent beaucoup de choses littéraires, des *Burgraves*, de *Ruy Blas*, de *Lucrèce Borgia*, de M<sup>lle</sup> Georges, de Frédérick Lemaître. Et beaucoup aussi de l'Espagne, du mariage, des combats de taureaux, des baise-mains, de l'étiquette, que M. de Montpensier « déteste ». — Les Espagnols aiment la royauté, ajoutait-il, et surtout l'étiquette. En politique comme en religion, ils sont bigots plutôt que croyants. Ils se sont fort scandalisés pendant les fêtes du mariage parce que la reine a osé un jour sortir à pied !

MM. d'Aumale et de Montpensier sont de charmants jeunes gens, vifs, gais, gracieux, spirituels, sincères, pleins de cette aisance qui se communique. Ils ont tout à fait bon air. Ce sont des princes ; ce sont peut-être aussi des intelligences. M. de Nemours est embarrassé et embarrassant. Quand il vient à vous avec ses favoris blonds, ses yeux bleus, son cordon rouge, son gilet et son air triste, il vous consterne. Il ne vous regarde jamais en face. Il cherche toujours ce qu'il va dire et ne sait jamais ce qu'il dit.

5 novembre 1847.

Il y a quatre ans, M. le duc d'Aumale était caserné à
Courbevoie avec le 17ᵉ dont il était alors colonel. Le
matin, l'été, après les manœuvres qui se faisaient à
Neuilly, il s'en revenait assez volontiers, seul et les mains
derrière le dos, le long du bord de l'eau. Il rencontrait
presque tous les jours une jolie fille appelée Adèle Protat qui allait tous les matins de Courbevoie à Neuilly et
s'en retournait à la même heure que M. d'Aumale. La
jeune fille remarquait le jeune officier en petite tenue,
ignorant qu'il était prince. On finit par s'aborder et par
causer. Le soleil, les fleurs, les belles matinées aidant,
quelque chose parut qui ressemblait à l'amour. Adèle
Protat croyait avoir affaire tout au plus à un capitaine. Il
lui disait : — Venez me voir à Courbevoie. Elle refusait.
Faiblement.

Un soir, elle passa en bateau près de Neuilly. Deux
jeunes gens se baignaient. Elle reconnut son officier. —
Voilà le duc d'Aumale, dit le batelier. — Bah ! dit-elle,
et elle pâlit.

Le lendemain, elle ne l'aimait plus. Elle l'avait vu nu,
et elle le savait prince.

# VIII

# A LA CHAMBRE DES PAIRS

1846.

Hier, 22 février, j'allais à la Chambre des pairs. Il faisait beau et très froid, malgré le soleil et midi. Je vis venir rue de Tournon un homme que deux soldats emmenaient. Cet homme était blond, pâle, maigre, hagard; trente ans à peu près; un pantalon de grosse toile, les pieds nus et écorchés dans des sabots avec des linges sanglants roulés autour des chevilles pour tenir lieu de bas; une blouse courte, souillée de boue derrière le dos, ce qui indiquait qu'il couchait habituellement sur le pavé; la tête nue et hérissée. Il avait sous le bras un pain. Le peuple disait autour de lui qu'il avait volé ce pain et que c'était à cause de cela qu'on l'emmenait.

En passant devant la caserne de gendarmerie, un des soldats y entra, et l'homme resta à la porte gardé par l'autre soldat.

Une voiture était arrêtée devant la porte de la caserne. C'était une berline armoriée portant aux lanternes une couronne ducale, attelée de deux chevaux gris, deux laquais derrière. Les glaces étaient levées, mais on distinguait l'intérieur tapissé de damas bouton d'or. Le regard de l'homme fixé sur cette voiture attira le mien. Il y avait dans la voiture une femme en chapeau rose, en robe de velours noir, fraîche, blanche, belle, éblouissante, qui riait et jouait avec un charmant petit enfant de seize mois enfoui sous les rubans, les dentelles et les fourrures.

Cette femme ne voyait pas l'homme terrible qui la regardait.

Je demeurai pensif.

Cet homme n'était plus pour moi un homme, c'était le spectre de la misère, c'était l'apparition brusque, difforme, lugubre, en plein jour, en plein soleil, d'une révolution encore plongée dans les ténèbres, mais qui vient. Autrefois le pauvre coudoyait le sentier du riche, ce spectre rencontrait cette gloire; mais on ne se regardait pas, on passait. Cela pouvait durer ainsi longtemps. Du moment où cet homme s'aperçoit que cette femme existe, tandis que cette femme ne s'aperçoit pas que cet homme est là, la catastrophe est inévitable.

# LE GÉNÉRAL FABVIER

Fabvier avait vaillamment fait les guerres de l'empire ;
l'obscure affaire de Grenoble le brouilla avec la Restauration. Il s'expatria vers 1816. C'était l'époque du départ
des aigles. Lallemand alla en Amérique, Allard et Van-
nova dans l'Inde, Fabvier en Grèce.

La révolution de 1820 éclata. Il y fut héroïque. Il créa
un corps de quatre mille palikares pour lesquels il n'était
pas un chef, mais un dieu. Il leur donnait de la civilisation
et leur prenait de la barbarie. Il fut rude et brave entre
tous, et presque sauvage, mais de cette grande sauvagerie
homérique. On eût plutôt dit qu'il sortait de la tente du
camp d'Achille que du camp de Napoléon. Il invitait
l'ambassadeur anglais à dîner à son bivouac ; l'ambassadeur le trouvait assis près d'un grand feu où rôtissait un
mouton entier ; une fois la bête rôtie et débrochée, Fabvier
appuyait l'orteil de son pied nu sur le mouton fumant et
saignant, et en arrachait un quartier qu'il offrait à l'ambassadeur. Dans les mauvais jours, rien ne le rebutait, ni
le froid, ni le chaud, ni la fatigue, ni la faim ; il commen-

çait par lui les privations. Les palikares disaient : Quand
le soldat mange de l'herbe cuite, Fabvier mange de
l'herbe crue.

Je savais son histoire, mais je ne connaissais pas sa
personne quand, en 1846, le général Fabvier fut nommé
pair de France. Un jour le chancelier dit : — M. le baron
Fabvier a la parole, et le général monta à la tribune.
J'attendais un lion, je crus entendre une vieille femme.

C'était pourtant un masque mâle, héroïque et formidable, qu'on eût dit pétri et tripoté par la main d'un
géant et qui semblait en avoir gardé une grimace fauve et
terrible. Mais l'étrange, c'était la parole douce, lente,
grave, contenue, caressante, qui s'alliait à cette férocité
magnifique. Une voix d'enfant sortait de ce mufle de
tigre.

Le général Fabvier débitait à la tribune des discours
appris par cœur, gracieux, fleuris, pleins d'images fores-
tières et pastorales, des idylles. A la tribune, cet Ajax se
changeait en Némorin.

Il parlait bas comme un diplomate, il souriait comme
un courtisan. Il ne haïssait pas d'être agréable aux
princes. Voilà ce que la pairie avait fait de lui. Somme
toute, ce n'était qu'un héros.

22 août 1846.

Le marquis de Boissy a l'aplomb, le sang-froid, la possession de lui-même, l'organe particulier, la facilité de parole, quelquefois de l'esprit, la qualité imperturbable, tout l'accessoire d'un grand orateur. Il ne lui manque que le talent. Il fatigue la Chambre, ce qui fait que les ministres se dispensent de lui répondre. Il parle tant que tout le monde se tait. Il ferraille avec le chancelier comme avec son ennemi particulier.

Hier, en sortant de la séance que Boissy avait pauvrement et petitement occupée tout entière, M. Guizot me disait : — C'est un fléau. La Chambre des députés ne le souffrirait pas dix minutes après les deux premières fois. La Chambre des pairs lui applique sa haute politesse, et elle a tort. Boissy ne se taira que le jour où toute la Chambre se lèvera et s'en ira en l'entendant demander la parole.

— Y songez-vous? lui ai-je dit. Il ne resterait plus que lui et le chancelier. Ce serait un duel sans témoins.

———

1847.

Aujourd'hui 18 janvier, on discutait l'adresse. M. de Boissy a quelquefois des saillies d'esprit vif et heureux à travers ses déraisons. Il disait aujourd'hui : — Je ne suis pas de ceux qui savent gré au gouvernement des bienfaits de la Providence.

Il s'est querellé comme d'ordinaire avec M. le chancelier. Il faisait je ne sais quelle excursion, *extra-vagabonde*, la Chambre murmurait et criait : — *A la question !* Le chancelier se lève : — Monsieur le marquis de Boissy, la Chambre vous rappelle à la question. Elle m'en évite la peine. (J'ai dit tout bas à Lebrun : — Notre confrère eût bien pu dire *m'en épargne.*) — J'en suis charmé pour vous, monsieur le chancelier, répond M. de Boissy. Et la Chambre de rire. Quelques instants après, le chancelier a pris sa revanche. M. de Boissy s'était empêtré dans je ne sais quelle chicane à propos du règlement. Il était tard. La Chambre s'impatientait. — Si vous n'aviez pas soulevé un incident inutile, dit le chancelier, vous auriez fini votre discours depuis longtemps à votre satisfaction et à la satisfaction de tout le monde.

A cela tout le monde riait. — Ne riez pas! s'est écrié le duc de Mortemart. Ces rires sont la diminution d'un corps constitué. M. de Pontécoulant a dit : — M. de Boissy taquine M. le chancelier, M. le chancelier tracasse M. de Boissy. Absence de dignité des deux parts!

A cette séance, M. le duc d'Aumale ayant ses vingt-cinq ans accomplis est venu siéger pour la première fois. M. le duc de Nemours et M. le prince de Joinville étaient assis près de lui derrière le banc des ministres, à leurs places ordinaires. Ils n'étaient pas de ceux qui riaient le moins.

M. le duc de Nemours, s'étant trouvé le plus jeune de son bureau, y a fait les fonctions de secrétaire, comme

c'est l'habitude. M. de Montalembert a voulu lui en épar-
gner la peine. — Non, a dit le prince, c'est mon devoir.
Il a pris l'urne, et a fait, comme secrétaire, le tour de
la table pour recueillir les scrutins.


Pendant la séance, M. le duc de Mortemart est venu
à mon banc et nous avons causé de l'empereur. M. de
Mortemart a fait les grandes guerres. Il en parle noblement. Il était officier d'ordonnance de l'empereur dans
la campagne de 1812.

— C'est là, me dit-il, que j'ai appris à connaître l'empereur. Je le voyais de près à chaque instant, jour et nuit.
Je le voyais se raser le matin, passer l'éponge sur son
menton, tirer ses bottes, pincer l'oreille à son valet de
chambre, causer avec le grenadier de faction devant sa
tente, rire, jaser, dire des riens, et à travers tout cela
dicter des ordres, tracer des plans, interroger les prisonniers, consulter les généraux, statuer, résoudre, décider,
souverainement, simplement, sûrement, en quelques
minutes, sans rien laisser perdre, ni un détail de la
chose utile, ni une seconde du temps nécessaire. Dans
cette vie intime et familière du bivouac, son intelligence à
chaque instant jetait des éclairs. Je vous réponds que
celui-là faisait mentir le proverbe : *Il n'est pas de grand
homme pour son valet de chambre.*

— Monsieur le duc, lui ai-je dit, c'est que le proverbe
a tort. Tout grand homme est grand homme pour son
valet de chambre.

La Chambre des pairs est dans l'usage de ne jamais répéter dans ses réponses aux discours de la couronne les qualifications que le roi donne à ses enfants. Il est également d'usage de ne jamais donner aux princes le titre d'Altesse Royale en parlant d'eux au roi. Il n'y a point d'Altesse devant Sa Majesté.

———

Au sortir de la séance du 21 janvier 1847 où la Chambre des pairs parla de Cracovie et se tut sur la frontière du Rhin, je descendais le grand escalier de la Chambre en causant avec M. de Chastellux. M. Decazes m'arrête au passage. — Eh bien, qu'avez-vous fait pendant la séance? — J'ai écrit à M<sup>me</sup> Dorval (je tenais la lettre à la main). — Quel beau dédain! Pourquoi n'avez-vous pas parlé? — A cause du vieux proverbe :

Tout avis solitaire
Doit rêver et se taire.

— Vous différiez donc d'opinion?...
— Avec toute la Chambre? Oui.
— Que voulez-vous donc?
— Le Rhin. — Ah! diable! — J'aurais protesté et parlé sans écho, j'ai mieux aimé me taire. — Ah! le Rhin! avoir le Rhin! Oui! c'est beau. Poésie! poésie! — Poésie que nos pères ont faite à coups de canon et que nous referons à coups d'idées! — Mon cher collègue, a repris M. Decazes, il faut attendre. Moi aussi, je veux le

Rhin. Il y a trente ans, je disais à Louis XVIII : Sire, je serais désolé si je pensais que je mourrai sans voir la France maîtresse de la rive gauche du Rhin. Mais avant d'en parler, avant d'y songer, il faut que nous fassions des enfants. — Eh bien ! ai-je répliqué, voilà trente ans de cela. Les enfants sont faits.

---

**23 avril 1847.**

On discute à la Chambre des pairs une loi assez mauvaise sur le remplacement militaire. Aujourd'hui, c'était l'article capital qui passait.

M. de Nemours est venu à la séance. Il y a à la Chambre quatrevingts lieutenants-généraux. La plupart trouvaient l'article mauvais. Tous se sont levés pour l'adopter, sous l'œil du duc de Nemours qui semblait les compter tous.

Les magistrats, les membres de l'Institut, les ambassadeurs ont voté contre.

Je disais au président Franck-Carré assis à côté de moi : — C'est la lutte du courage civil et de la poltronnerie militaire.

L'article a été adopté.

---

**22 juin 1847.**

Affaire Girardin à la Chambre des pairs. Acquittement. On a voté par boules, les blanches pour la condamnation, les noires pour l'acquittement. Il y a eu 199 votants, 65 blanches, 134 noires. Je disais, en mettant ma boule noire dans l'urne : — En le noircissant, nous le blanchissons.

Je disais à M<sup>me</sup> D... : — Pourquoi le ministre et Girardin ne se provoquent-ils pas à un procès en cour d'assises? Elle m'a répondu : — Parce que Girardin ne se sent pas assez fort et que le ministre ne se sent pas assez pur.

MM. de Montalivet et Molé et les pairs du château ont voté, chose bizarre, pour Girardin contre le gouvernement. M. Guizot a appris le résultat à la Chambre des députés et a paru furieux. Un député lui a dit : — Et les aides de camp qui ont voté contre vous !

———

**28 juin 1847.**

En arrivant à la Chambre, j'ai trouvé Franck-Carré très scandalisé.

Il tenait à la main un prospectus de vin de Champagne signé le comte de Mareuil, et timbré du manteau de pair et de la couronne de comte avec les armes de Mareuil. Il avait montré la chose au chancelier qui lui avait dit : — Je n'y peux rien !

— Si un simple conseiller faisait chose pareille dans ma cour, me disait Franck-Carré, je pourrais pourtant quelque chose. J'assemblerais les chambres et je le ferais admonester disciplinairement.

———

1848.

Discussion de l'adresse dans les bureaux de la Chambre des pairs.

J'étais du 4ᵉ bureau. Entre autres changements, j'ai demandé celui-ci. Il y avait : « Nos princes, vos enfants bien-aimés, accomplissent en Afrique les devoirs de serviteurs de l'État. » J'ai proposé : « *Les* princes, vos enfants bien-aimés, etc., accomplissent, etc., *leurs* devoirs de serviteurs de l'État. » Cette niaiserie a fait l'effet d'une opposition farouche.

———————

14 janvier 1848.

La Chambre des pairs a empêché d'Alton-Shée de prononcer à la tribune même le nom de la Convention. Il y a eu un effroyable vacarme de couteaux sur les pupitres et des cris : — A l'ordre ! et on l'a fait descendre presque violemment de la tribune.

J'ai été au moment de leur crier : — Vous faites là une séance de la Convention ; seulement, avec des couteaux de bois !

J'ai été retenu par cette pensée que, ce mot jeté à travers leur colère, ils ne le pardonneraient jamais, non seulement à moi, ce qui m'importe peu, mais aux vérités calmes que je pourrais avoir à leur dire et à leur faire accepter plus tard.

———————

# IX

# 1848

---

## I

## LES JOURNÉES DE FÉVRIER

---

### JOURNÉE DU 23

... Comme j'arrivais à la Chambre des pairs, il était trois heures précises, le général Rapatel sortait du vestiaire et me dit : — La séance est finie.

J'allai à la Chambre des députés. Au moment où mon cabriolet prenait la rue de Lille, une colonne épaisse et interminable d'hommes en vestes, en blouses et en casquettes, marchant bras dessus bras dessous, trois par trois, débouchait de la rue Bellechasse et se dirigeait

vers la Chambre. Je voyais l'autre extrémité de la rue
bornée par une rangée profonde d'infanterie de ligne,
l'arme au bras. Je dépassai les gens en blouse qui étaient
mêlés de femmes et qui criaient : Vive la Réforme! Vive
la ligne! A bas Guizot! Ils s'arrêtèrent à une portée de
fusil environ de l'infanterie. Les soldats ouvrirent leurs
rangs pour me laisser passer. Les soldats causaient et
riaient. Un très jeune homme haussait les épaules.

Je ne suis pas allé plus loin que la salle des Pas-
Perdus. Elle était pleine de groupes affairés et inquiets.
M. Thiers, M. de Rémusat, M. Vivien, M. Merruau (du
*Constitutionnel*) dans un coin; dans un autre, M. Émile
de Girardin, M. d'Alton-Shée et M. de Boissy, M. Franck-
Carré, M. d'Houdetot, M. de Lagrenée. M. Armand Mar-
rast prenait M. d'Alton à part. M. de Girardin m'a arrêté
au passage; puis MM. d'Houdetot et Lagrenée. MM. Franck-
Carré et Vigner nous ont rejoints. On a causé. Je leur
disais :

— Le cabinet est gravement coupable. Il a oublié que
dans un temps comme le nôtre, il y a des abîmes à droite
et à gauche et qu'il ne faut pas gouverner trop près du
bord. Il se dit : Ce n'est qu'une émeute, et il s'en applaudit presque. Il s'en croit raffermi; il tombait hier, le
voilà debout aujourd'hui! Mais d'abord qui est-ce qui
sait la fin d'une émeute? C'est vrai, les émeutes raffer-
missent les cabinets, mais les révolutions renversent les
dynasties. Et quel jeu imprudent! risquer la dynastie
pour sauver le ministère! La situation tendue serre le
nœud et il est impossible de le dénouer aujourd'hui.
L'amarre peut casser et alors tout s'en va à la dérive. La
gauche a manœuvré imprudemment et le cabinet folle-
ment. On est responsable des deux côtés. Mais quelle

folie à ce cabinet de mêler une question de police à une
question de liberté et d'opposer l'esprit de chicane à
l'esprit de révolution! Il me fait l'effet d'envoyer des
huissiers et du papier timbré à un lion. Les argu-
ties de M. Hébert en présence de l'émeute! la belle
affaire!

Comme je disais cela, un député a passé près de nous
et a dit : — La Marine est prise.

— Allons voir! me dit Franc d'Houdetot.

Nous sommes sortis. Nous avons traversé un régiment
d'infanterie qui gardait la tête du pont de la Concorde.
Un autre régiment barrait l'autre bout. La cavalerie char-
geait, sur la place Louis XV, des groupes immobiles et
sombres qui, à l'approche des cavaliers, s'enfuyaient
comme des essaims. Personne sur le pont, qu'un général
en uniforme et à cheval, la croix de commandeur au cou,
le général Prévot. Ce général a passé au grand trot et
nous a crié : On attaque!

Comme nous rejoignions la troupe qui était au bout
opposé du pont, un chef de bataillon à cheval, en bur-
nous galonné, gros homme à bonne et brave figure, a
salué M. d'Houdetot. — Y a-t-il quelque chose? lui a
demandé Franc. — Il y a, a dit le commandant, que
tantôt je suis arrivé à temps! — C'est ce chef de
bataillon qui a dégagé le palais de la Chambre que
l'émeute avait envahi le matin à six heures.

Nous sommes descendus sur la place. Les charges de
cavalerie tourbillonnaient autour de nous. A l'angle du
pont, un dragon levait le sabre sur un homme en blouse.
Je ne crois pas qu'il ait frappé. Du reste, la Marine n'était

pas « prise ». Un attroupement avait jeté une pierre à une vitre de l'hôtel et blessé un curieux qui regardait derrière la vitre. Rien de plus.

Nous apercevions des voitures arrêtées et comme rangées en barricade dans la grande avenue des Champs-Élysées, à la hauteur du rond-point. D'Houdetot me dit : — Le feu commence là-bas. Voyez-vous la fumée ? — Bah ! ai-je répondu, c'est la vapeur de la fontaine. Ce feu est de l'eau. — Et nous nous sommes mis à rire.

Cependant il y avait là en effet un engagement. Le peuple avait fait trois barricades avec des chaises. Le poste du grand carré des Champs-Élysées est venu pour détruire les barricades. Le peuple a repoussé les soldats à coups de pierres dans le corps de garde. Le général Prévot a envoyé une escouade de garde municipale pour dégager le poste. L'escouade a été entourée et obligée de se réfugier dans le poste avec les soldats. La foule a bloqué le corps de garde. Un homme a pris une échelle et, monté sur le toit du corps de garde, a arraché le drapeau, l'a déchiré et l'a jeté au peuple. Il a fallu un bataillon pour délivrer le poste.

— Diable ! disait Franc d'Houdetot au général Prévot qui nous racontait ceci, un drapeau pris ! Le général a répondu vivement : — Pris, non ! Volé, oui !

M. Pèdre Lacaze est survenu, donnant le bras à Napoléon Duchâtel, tous deux fort gais. Ils ont allumé leur cigare au cigare de Franc d'Houdetot, et nous ont dit : — Savez-vous ? Genoude dépose son acte d'accusation à lui tout seul. On ne l'a pas laissé signer l'acte d'accusation de la gauche. Il n'a pas voulu en avoir le démenti, et maintenant voilà le ministère entre deux feux. A gauche, toute la gauche ; à droite, M. de Genoude. Puis Napoléon

Duchâtel a repris : — On dit qu'on a porté Duvergier de Hauranne en triomphe!

Nous étions revenus sur le pont. M. Vivien passait et nous a abordés. Avec son grand vieux chapeau à larges bords et son paletot boutonné jusqu'à la cravate, l'ancien garde des sceaux avait l'air d'un sergent de ville.

— Où allons-nous ? me dit-il. Tout ce qui se passe est bien grave!

Il est certain qu'en ce moment, on sent que toute la machine constitutionnelle est soulevée. Elle ne pose plus d'aplomb sur le sol. On entend le craquement.

La crise se complique de toute l'Europe en rumeur.

Le roi n'en serait pas moins fort calme et même gai. Il ne faut pourtant pas trop jouer ce jeu. Toutes les parties qu'on y gagne ne servent qu'à faire le total de la partie qu'on y perd.

· Vivien nous conta que le roi avait jeté dans son tiroir un projet de réforme électorale, en disant : — Voilà pour mon successeur! — C'est le mot de Louis XV, ajoutait Vivien, en supposant que la Réforme soit le déluge.

Il paraît certain que le roi a interrompu M. Sallandrouze lui apportant les doléances des *progressistes*, et qu'il lui a demandé brusquement : — Vendez-vous beaucoup de tapis?

A cette même réception des progressistes, le roi a aperçu M. Blanqui et est allé à lui gracieusement : — Eh bien, monsieur Blanqui, que dit-on? que se passe-t-il? — Sire, a dit M. Blanqui, je dois dire au roi

qu'il y a dans les départements, et en particulier à
Bordeaux, beaucoup d'agitation. — Ah! a interrompu
le roi, encore les agitations! — Et il a tourné le dos à
M. Blanqui.

Tout en causant : — Écoutez, me dit Vivien, il me
semble que j'entends la fusillade!

Un jeune officier d'état-major s'est adressé en souriant au général d'Houdetot et lui a dit : — Mon général,
en avons-nous encore pour longtemps? — Pourquoi? a
dit Franc d'Houdetot. — C'est que je dîne en ville! a
repris l'officier.

En ce moment, un groupe de femmes en deuil et d'enfants vêtus de noir passait rapidement sur l'autre trottoir
du pont. Un homme donnait la main au plus grand des
enfants. J'ai regardé et j'ai reconnu le duc de Montebello.
— Tiens! a dit d'Houdetot, le ministre de la marine! Il
a couru et a causé un moment avec M. de Montebello. La
duchesse avait eu peur, et toute la famille se réfugiait
sur la rive gauche.

Nous sommes rentrés au palais de la Chambre, Vivien
et moi. D'Houdetot nous a quittés. En un instant, nous
avons été entourés. Boissy m'a dit : — Vous n'étiez pas
au Luxembourg? J'ai essayé de parler sur la situation de
Paris. J'ai été hué. A ce mot *la capitale en danger*, on
m'a interrompu, et le chancelier, qui était venu présider
exprès pour cela, m'a rappelé à l'ordre. Et savez-vous ce
que m'a dit le général Gourgaud? — Monsieur de Boissy,
j'ai soixante pièces de canon avec leurs caissons chargés
de mitraille, c'est moi qui les ai chargés! J'ai répondu :
— Général, je suis charmé de savoir la pensée intime du
château.

Duvergier de Hauranne, sans chapeau, les cheveux

hérissés, pâle, mais l'air content, a passé en ce moment et m'a tendu la main.

J'ai laissé Duvergier et je suis entré dans la Chambre. On y discutait toujours une loi sur le privilège de la Banque de Bordeaux. Un bonhomme nasillard était à la tribune, et M. Sauzet lisait les articles de la loi d'un air endormi. M. de Belleyme, qui sortait, m'a serré la main en passant, et m'a dit : Hélas!

Plusieurs députés sont venus à moi, M. Marie, M. Roger (du Loiret), M. de Rémusat, M. Chambolle et quelques autres. Je leur ai conté le fait du drapeau arraché, grave à cause de l'audace de cette attaque d'un poste en *rase campagne*. Un d'eux m'a dit : — Le plus grave, c'est qu'il y a un mauvais dessous. Cette nuit, plus de quinze hôtels riches de Paris ont été marqués d'une croix sur la porte, entre autres l'hôtel de la princesse de Liéven, rue Saint-Florentin, et l'hôtel de M^{me} de Talhouët. — En êtes-vous sûr? ai-je demandé. — J'ai vu la croix de mes yeux sur la porte de M^{me} de Liéven, m'a-t-il répondu.

Le président Franck-Carré a rencontré ce matin M. Duchâtel et lui a dit : Eh bien? — Cela va bien! a répondu le ministre. — Que ferez-vous de l'émeute? — Je la laisserai au rendez-vous qu'elle s'est donné à elle-même. Que voulez-vous qu'ils fassent place Louis XV et dans les Champs-Élysées? Il pleut. Ils vont piétiner là toute la journée. Ce soir, ils seront éreintés, et ils iront se coucher.

M. Étienne Arago, qui entrait, a jeté sans s'arrêter ces quatre mots : — Déjà sept blessés et deux tués! Il y a des barricades rue Beaubourg et rue Saint-Avoye.

Après une suspension de la séance, M. Guizot arrive. Il
monte à la tribune et annonce que le roi vient d'appeler
M. Molé pour le charger de former un cabinet.

Cris de triomphe de l'opposition, cris de fureur de la
majorité.

La séance finit dans un tumulte indescriptible.


Je suis sorti en même temps que les députés et je m'en
suis revenu par les quais.

On continuait de charger place de la Concorde. Deux
barricades avaient été essayées rue Saint-Honoré. On dé-
pavait le marché Saint-Honoré. Les omnibus des barricades avaient été relevés par la troupe. Rue Saint-
Honoré, la foule laissait passer les gardes municipaux,
puis les criblait de pierres dans le dos. Une multitude
montait par les quais avec le grouillement d'une fourmi-
lière irritée. J'ai vu passer une très jolie femme en chapeau de velours vert avec un grand cachemire marchant
au milieu d'un groupe de blouses et de bras nus. Elle
relevait sa robe à outrance, à cause de la boue, et était
fort crottée ; car il pleut de minute en minute. Les Tuileries étaient fermées. Aux guichets du Carrousel, la foule
était arrêtée et regardait par les arcades la cavalerie rangée en bataille devant le palais.

Vers le pont du Carrousel, j'ai rencontré M. Jules San-
deau. Il m'a demandé : — Que pensez-vous de ceci ? —
Que l'émeute sera vaincue, mais que la révolution triom-
phera.

Quai de la Ferraille, autre rencontre. Je voyais venir

devant moi un homme crotté jusqu'à l'échine, la cravate
pendante, le chapeau bossué. Je reconnus mon excellent
ami Antony Thouret. Thouret est un ardent républicain.
Il marchait depuis le matin, allant de quartier en quartier, pérorant de groupe en groupe. Je lui ai demandé :
— Enfin, qu'est-ce que vous voulez? Est-ce que c'est la
République? — Oh! non, dit-il, pas cette fois, pas encore. Mais nous voulons la Réforme, — et pas seulement
les capacités, ah! bien oui, les capacités! — il nous faut
toute la Réforme, vous entendez ; et pourquoi pas le suffrage universel? — A la bonne heure! lui dis-je en lui
serrant la main.

Tout le long du quai, des patrouilles passaient et la
foule criait : Vive la ligne! Les boutiques étaient fermées
et les fenêtres ouvertes.

Place du Châtelet, j'ai entendu un homme dire à un
groupe : — C'est 1830!

J'ai pris par l'Hôtel de Ville et par la rue Saint-Avoye.
Tout était tranquille à l'Hôtel de Ville. Deux gardes nationaux se promenaient devant la grille et il n'y avait
point de barricades rue Saint-Avoye. Quelques gardes
nationaux, en uniforme, le sabre au côté, allaient et
venaient rue Rambuteau. On battait le rappel dans le
quartier du Temple.

Jusqu'à ce moment, le pouvoir a fait mine de se passer
cette fois de la garde nationale. Ce serait peut-être prudent. La garde nationale en nombre devait prendre part
au banquet. Ce matin, le poste de service à la Chambre des
députés a refusé de marcher. On dit qu'un garde national
de la 7ᵉ légion a été tué tantôt en s'interposant entre le
peuple et la troupe.

Le ministère Molé n'était assurément pas la Réforme, mais le ministère Guizot avait été si longtemps la résistance à la Réforme! La résistance était brisée, il n'en fallait pas davantage pour apaiser, pour contenter l'âme d'enfant de ce généreux peuple. Le soir, Paris était tout à la joie; la population se répandit dans les rues; partout courait le refrain populaire : *Des lampions! Des lampions!* En un clin d'œil la ville fut illuminée comme pour une fête.

Place Royale, devant la mairie, à deux pas de ma maison, une foule s'était agglomérée, de plus en plus épaisse et tumultueuse. Des officiers et des gardes nationaux du poste, pour dégager la mairie, crièrent : *A la Bastille!* et, se tenant par le bras, prirent la tête d'une colonne qui, répétant : *A la Bastille*, se mit joyeusement en marche derrière eux. Le cortège fit, chapeaux bas, le tour de la colonne de Juillet au cri de : — Vive la Réforme! salua la troupe massée immobile sur la place du cri de : — Vive la ligne! et s'enfonça dans le faubourg Saint-Antoine. Une heure après, elle en revenait, démesurément grossie, avec des torches et des drapeaux, et elle s'engagea sur les grands boulevards, avec l'intention de rentrer par les quais, pour promener dans toute la ville l'allégresse de sa victoire.

Minuit sonne en ce moment. L'aspect des rues est changé. Le Marais est lugubre. Je m'y suis promené et je rentre. Les réverbères sont brisés et éteints sur le boulevard Bourdon, si bien nommé *le boulevard noir*. Il n'y a

eu ce soir de boutiques ouvertes que rue Saint-Antoine.
Le théâtre Beaumarchais a fermé. La place Royale est
gardée comme une place d'armes. Des troupes sont em-
busquées sous les arcades. Rue Saint-Louis, un bataillon
est adossé silencieusement le long des murailles dans les
ténèbres.

Tout à l'heure, quand l'heure a sonné, nous nous
sommes levés sur le balcon, en écoutant et en disant :
C'est le tocsin !

Je n'aurais pu dormir dans un lit. J'ai passé la nuit
dans mon salon, écrivant, songeant, écoutant. J'allais de
temps en temps sur mon balcon prêter l'oreille, puis je
rentrais, je marchais, ou je me jetais sur un fauteuil et
j'avais des somnolences tout agitées de rêves fiévreux. Je
rêvais que j'entendais des rumeurs de colère, des fusil-
lades lointaines ; le tocsin tintait aux églises. Je me réveil-
lais et j'entendais vraiment le tocsin.

La réalité avait dépassé en horreur le rêve.

Cette foule que j'avais vue s'engager joyeuse et chan-
tante sur les boulevards, elle avait d'abord poursuivi sans
encombre sa marche pacifique. Les régiments, l'artillerie,
les cuirassiers, s'étaient ouverts partout à son passage.
Mais, au boulevard des Capucines, une masse de troupes,
infanterie et cavalerie, entassée sur les deux trottoirs et
sur la chaussée, gardait le ministère des affaires étran-
gères et son impopulaire ministre, M. Guizot. Devant cet
insurmontable obstacle, la tête de la colonne populaire veut
s'arrêter, se détourner ; mais l'irrésistible poussée de

l'énorme foule pèse sur les premiers rangs. En ce moment, un coup de feu part, tiré on ne sait de quel côté. Une
panique s'ensuit, puis une décharge. Quatrevingts morts
ou blessés restent sur la place. Un cri universel d'épouvante et de fureur s'élève : Vengeance! Les cadavres des
victimes sont chargés sur un tombereau éclairé de
torches. Le cortège reprend en sens inverse, au milieu
des imprécations, sa promenade devenue funèbre. En
quelques heures Paris s'est couvert de barricades.

## JOURNÉE DU 24

Au jour, je vois, de mon balcon, arriver en tumulte devant la mairie une colonne de peuple mêlé de garde nationale. Une trentaine de gardes municipaux gardaient la mairie. On leur demande à grands cris leurs armes. Refus énergique des gardes municipaux, clameurs menaçantes de la foule. Deux officiers de la garde nationale interviennent : — A quoi bon répandre encore le sang ? toute résistance serait inutile. Les gardes municipaux déposent leurs fusils et leurs munitions et se retirent sans être inquiétés.

Le maire du VIII° arrondissement, M. Ernest Moreau, me fait prier de venir à la mairie. Il m'apprend la terrifiante nouvelle du massacre des Capucines. Et, de quart d'heure en quart d'heure, d'autres nouvelles arrivent de plus en plus graves. La garde nationale prend décidément parti cette fois contre le gouvernement et crie : Vive la Réforme ! L'armée, effrayée de ce qu'elle-même a fait la veille, semble vouloir se refuser désormais à cette lutte fratricide. Rue Sainte-Croix-la-Bretonnerie, les troupes se sont repliées devant la garde nationale. On vient nous dire qu'à la mairie voisine du IX° arrondissement les soldats fraternisent et font patrouille avec

les gardes nationaux. Deux autres messagers en blouse se
succèdent : — La caserne de Reuilly est prise. — La
caserne des Minimes s'est rendue.

— Et du gouvernement, je n'ai ni instruction, ni nouvelles ! dit M. Ernest Moreau. Quel est-il seulement, ce
gouvernement ? Le ministère Molé existe-t-il encore ?
Que faire ? — Allez jusqu'à la préfecture de la Seine, lui
dit M. Perret, membre du Conseil général ; l'Hôtel de
Ville est à deux pas. — Eh bien, venez avec moi.

Ils partent. Je fais une reconnaissance autour de la
place Royale. Partout l'agitation, l'anxiété, une attente
fiévreuse. Partout on travaille activement aux barricades
déjà formidables. C'est plus qu'une émeute, cette fois,
c'est une insurrection. Je rentre. Un soldat de ligne, en
faction à l'entrée de la place Royale, cause amicalement
avec la vedette d'une barricade construite à vingt pas de
lui.

Huit heures un quart, M. Ernest Moreau est revenu de
l'Hôtel de Ville. Il a vu M. de Rambuteau et rapporte des
nouvelles un peu meilleures. Le roi a chargé Thiers et
Odilon Barrot de former un ministère. Thiers n'est pas
bien populaire, mais Odilon Barrot, c'est la Réforme. Par
malheur, la concession s'aggrave d'une menace : le maréchal Bugeaud est investi du commandement général de la
garde nationale et de l'armée. Odilon Barrot, c'est la
Réforme, mais Bugeaud, c'est la répression. Le roi tend
la main droite et montre le poing gauche.

Le Préfet a prié M. Moreau de répandre et de proclamer ces nouvelles dans son quartier et au faubourg Saint-
Antoine. — C'est ce que je vais faire, me dit le maire. —

Bien ! dis-je, mais, croyez-moi, annoncez le ministère Thiers-Barrot et ne parlez pas du maréchal Bugeaud. — Vous avez raison.


Le maire requit une escouade de la garde nationale, prit avec lui les deux adjoints et les conseillers municipaux présents et descendit sur la place Royale. Un roulement de tambours amassa la foule. Il annonça le nouveau cabinet. Le peuple applaudit aux cris répétés de : — Vive la Réforme ! Le maire ajouta quelques mots pour recommander l'ordre et la concorde et fut encore universellement applaudi. — Tout est sauvé ! me dit-il en me serrant la main. — Oui, dis-je, si Bugeaud renonce à être le sauveur.

M. Ernest Moreau, suivi de son escorte, partit pour répéter sa proclamation place de la Bastille et dans le faubourg, et je montai chez moi pour rassurer les miens.


Une demi-heure après, le maire et son cortège rentraient émus et en désordre à la mairie. Voici ce qui s'était passé :

La place de la Bastille était occupée, à ses deux extrémités, par la troupe, qui s'y tenait l'arme au bras, immobile. Le peuple circulait librement et paisiblement entre les deux lignes. Le maire, arrivé au pied de la colonne de Juillet, avait fait sa proclamation et, de nouveau, la foule avait chaleureusement applaudi. M. Moreau se dirigea alors vers le faubourg Saint-Antoine. Au même moment, des ouvriers accostaient amicalement les soldats, leur disant : Vos armes, livrez vos armes. Sur l'ordre.

énergique du capitaine, les soldats résistaient. Soudain
un coup de fusil part, d'autres suivent. La terrible panique
de la veille au boulevard des Capucines va se renouveler
peut-être. M. Moreau et son escorte sont bousculés,
renversés. Le feu des deux parts se prolonge plus d'une
minute et fait cinq ou six morts ou blessés.

Heureusement, on était cette fois en plein jour. A la
vue du sang qui coule, un brusque revirement s'est produit dans la troupe, et, après un instant de surprise et
d'épouvante, les soldats, d'un élan irrésistible, ont levé
la crosse en l'air en criant : Vive la garde nationale! Le
général, impuissant à maîtriser ses hommes, s'est replié
par les quais sur Vincennes. Le peuple reste maître de la
Bastille et du faubourg.

— C'est un résultat qui aurait pu coûter plus cher ; à
moi surtout, disait M. Ernest Moreau. Et il nous montrait
son chapeau troué d'une balle. — Un chapeau tout neuf !
ajoutait-il en riant.


Dix heures et demie. — Trois élèves de l'École polytechnique sont arrivés à la mairie. Ils racontent que les
élèves ont forcé les portes de l'École et viennent se
mettre à la disposition du peuple. Un certain nombre
d'entre eux se sont ainsi répartis entre les mairies de
Paris.

L'insurrection fait des progrès d'heure en heure. Elle
exigerait maintenant le remplacement du maréchal
Bugeaud et la dissolution de la Chambre. Les élèves de
l'École vont plus loin et parlent de l'abdication du roi.

Que se passe-t-il aux Tuileries ? Pas de nouvelles non
plus du ministère, pas d'ordre de l'état-major. Je me

décide à partir pour la Chambre des députés en passant par l'Hôtel de Ville, et M. Ernest Moreau veut bien m'y accompagner.

Nous trouvons la rue Saint-Antoine toute hérissée de barricades. Nous nous faisons connaître au passage et les insurgés nous aident à franchir les tas de pavés.

En approchant de l'Hôtel de Ville, d'où partait une grande rumeur de foule et en traversant un terrain en construction, nous voyons venir devant nous, marchant à pas précipités, M. de Rambuteau, le préfet de la Seine. — Hé! que faites-vous là, monsieur le Préfet? lui dis-je. — Préfet! est-ce que je suis encore préfet? répond-il d'un air bourru. — Des curieux, qui ne semblaient pas très bienveillants, s'amassaient déjà. M. Moreau avise une maison neuve à louer, nous y entrons, et M. de Rambuteau nous conte sa mésaventure.

— J'étais dans mon cabinet avec deux ou trois conseillers municipaux. Grand bruit dans le corridor. La porte s'ouvre avec fracas. Entre un grand gaillard, capitaine de la garde nationale, à la tête d'une troupe fort échauffée. — Monsieur, m'a dit l'homme, il faut vous en aller d'ici. — Pardon, monsieur; ici, à l'Hôtel de Ville, je suis chez moi et j'y reste. — Hier, vous étiez peut-être chez vous à l'Hôtel de Ville; aujourd'hui le peuple y est chez lui. — Eh! mais... — Allez à la fenêtre et regardez sur la place. La place était envahie par une foule bruyante et grouillante où se confondaient les hommes du peuple, les gardes nationaux et les soldats. Et les fusils des soldats étaient aux mains des hommes du peuple. Je me suis retourné vers les envahisseurs et je leur ai dit : — Vous avez raison, messieurs, vous êtes les maîtres. — Eh bien alors, a dit le capitaine, faites-moi reconnaître par vos em-

ployés. C'était trop fort! J'ai répliqué : — Il ne manque-
rait plus que ça! J'ai pris quelques papiers, j'ai donné
quelques ordres, et me voici. Puisque vous allez à la
Chambre, s'il y a encore une Chambre, vous direz au
ministre de l'intérieur, s'il y a un ministère, qu'il n'y a
plus, à l'Hôtel de Ville, ni préfet, ni préfecture.

Nous avons dû traverser à grand'peine l'océan humain
qui couvrait, avec un bruit de tempête, la place de l'Hô-
tel-de-Ville. Au quai de la Mégisserie se dressait une
formidable barricade ; grâce à l'écharpe du maire, on
nous a laissés la franchir. Au delà, les quais étaient à peu
près déserts. Nous avons gagné la Chambre des députés
par la rive gauche.

Le Palais-Bourbon était encombré d'une cohue bour-
donnante de députés, de pairs et de hauts fonctionnaires.
D'un groupe assez nombreux est sortie la voix aigrelette
de M. Thiers : — Ah! voilà Victor Hugo! Il est venu à
nous, demandant des nouvelles du faubourg Saint-Antoine.
Nous y avons ajouté celles de l'Hôtel de Ville ; il a secoué
lugubrement la tête. — Et par ici ? dis-je. D'abord êtes-
vous toujours ministre ? — Moi! ah! je suis bien dépassé,
moi! bien dépassé! On en est à Odilon Barrot président
du conseil et ministre de l'intérieur. — Et le maréchal
Bugeaud ? — Remplacé aussi par le maréchal Gérard.
Mais ce n'est rien. La Chambre est dissoute ; le roi a
abdiqué ; il est sur le chemin de Saint-Cloud, M⁻ᵉ la duchesse d'Orléans est régente. Ah ! le flot monte, monte,
monte !

M. Thiers nous engagea, M. Ernest Moreau et moi, à
aller nous entendre avec M. Odilon Barrot. Notre action

dans notre quartier, si important, pouvait être grandement utile. Nous nous sommes donc mis en route pour le
ministère de l'intérieur.

Le peuple avait envahi le ministère et refluait jusque
dans le cabinet du ministre, où allait et venait une foule
peu respectueuse. A une grande table, au milieu de la
vaste pièce, des secrétaires écrivaient. M. Odilon Barrot,
la face rouge, les lèvres serrées, les mains derrière le
dos, s'accotait à la cheminée. Il dit en nous voyant :
— Vous êtes au courant, n'est-ce pas? Le roi abdique, la
duchesse d'Orléans est régente... — Si le peuple consent,
dit un homme en blouse qui passait.

Le ministre nous emmena dans l'embrasure d'une
fenêtre, en jetant autour de lui des regards inquiets.
— Qu'allez-vous faire? que faites-vous? lui dis-je. —
J'expédie des dépêches aux départements. — Est-ce très
urgent? — Il faut bien instruire la France des événements. — Mais, pendant ce temps-là, Paris les fait, les
événements. Hélas, a-t-il fini de les faire? La Régence,
c'est bien, mais il faudrait qu'elle fût sanctionnée. —
Oui, par la Chambre. La duchesse d'Orléans devrait
mener le comte de Paris à la Chambre. — Non, puisque
la Chambre est dissoute. Si la duchesse doit aller quelque
part, c'est à l'Hôtel de Ville. — Y pensez-vous? Et le
danger? — Aucun danger. Une mère, un enfant! Je
réponds de ce peuple. Il respectera la femme dans la
princesse. — Eh bien, allez aux Tuileries, voyez la
duchesse d'Orléans, conseillez-la, éclairez-la. — Pourquoi n'y allez-vous pas vous-même? — J'en arrive. On
ne savait où était la duchesse; je n'ai pu l'aborder. Mais
dites-lui, si vous la voyez, que je suis à sa disposition,
que j'attends ses ordres. Ah! monsieur Victor Hugo, je

donnerais ma vie pour cette femme et pour cet enfant!

Odilon Barrot est l'homme le plus honnête et le plus dévoué du monde, mais il est le contraire d'un homme d'action; on sentait le trouble et l'indécision dans sa parole, dans son regard, dans toute sa personne.

— Écoutez, me dit-il encore, ce qui importe, ce qui presse, c'est que le peuple connaisse ces graves changements, l'abdication, la Régence. Promettez-moi d'aller les proclamer à votre mairie, au faubourg, partout où vous pourrez. — Je vous le promets.


Je me dirige, avec M. Moreau, vers les Tuileries.

Rue Bellechasse, chevaux au galop. Un escadron de dragons passe comme un éclair et a l'air de s'enfuir devant un homme aux bras nus qui court derrière lui en brandissant un coupe-chou.

Les Tuileries sont encore gardées par les troupes. Le maire montre son écharpe, et nous passons. Au guichet, le concierge, auquel je me nomme, nous dit que M<sup>me</sup> la duchesse d'Orléans, accompagnée de M. le duc de Nemours, vient de quitter le château, avec le comte de Paris, pour se rendre sans doute à la Chambre des députés. Nous n'avons donc plus qu'à continuer notre route.

A l'entrée du pont du Carrousel, des balles sifflent à nos oreilles. Ce sont les insurgés qui, place du Carrousel, tirent sur les voitures de la cour sortant des petites écuries. Un des cochers a été tué sur son siège.

— Ce serait trop bête de nous faire tuer en curieux! me dit M. Ernest Moreau. Passons de l'autre côté de l'eau.

Nous longeons l'Institut et le quai de la Monnaie. Au

Pont-Neuf, nous nous croisons avec une troupe armée de piques, de haches et de fusils, conduite, tambour en tête, par un homme agitant un sabre et vêtu d'un grand habit à la livrée du roi. C'est l'habit du cocher qui vient d'être tué rue Saint-Thomas-du-Louvre.

Quand nous arrivons, M. Moreau et moi, à la place Royale, nous la trouvons toute remplie d'une foule anxieuse. Nous sommes aussitôt entourés, questionnés, et nous n'arrivons pas sans peine à la mairie. La masse du peuple est trop compacte pour qu'on puisse parler sur la place. Je monte, avec le maire, quelques officiers de la garde nationale et deux élèves de l'École polytechnique, au balcon de la mairie. Je lève la main, le silence se fait comme par enchantement. Je dis :

— Mes amis, vous attendez des nouvelles. Voilà ce que nous savons : M. Thiers n'est plus ministre, le maréchal Bugeaud n'a plus le commandement (*Applaudissements*). Ils sont remplacés par le maréchal Gérard et par M. Odilon Barrot (*Applaudissements, mais plus clairsemés*). La Chambre est dissoute. Le roi a abdiqué (*Acclamation universelle*). La duchesse d'Orléans est régente (*Quelques bravos isolés, mêlés à de sourds murmures*).

Je reprends : — Le nom d'Odilon Barrot vous est garant que le plus large appel sera fait à la nation et que vous aurez le gouvernement représentatif dans toute sa sincérité.

Sur plusieurs points des applaudissements me répondent, mais il paraît évident que la masse est incertaine et non satisfaite.

Nous rentrons dans la salle de la mairie. — Il faut

à présent, dis-je à M. Ernest Moreau, que j'aille faire
la proclamation sur la place de la Bastille. Mais le maire
est découragé. — Vous voyez bien que c'est inutile, me
dit-il tristement; la Régence n'est pas acceptée. Et vous
avez parlé ici dans un milieu où vous êtes connu, où vous
êtes aimé! A la Bastille, vous trouveriez le peuple révolutionnaire du faubourg, qui vous ferait un mauvais parti
peut-être. — J'irai, dis-je, je l'ai promis à Odilon Barrot.
— J'ai changé de chapeau, reprit en souriant le maire,
mais rappelez-vous mon chapeau de ce matin. — Ce
matin, l'armée et le peuple étaient en présence, il y avait
danger de conflit; à l'heure qu'il est, le peuple est seul,
le peuple est maître. — Maître... et hostile, prenez-y
garde! — N'importe! j'ai promis, je tiendrai ma pro-
messe.

Je dis au maire que sa place à lui était à la mairie et
qu'il y devait rester. Mais plusieurs officiers de la garde
nationale se présentèrent spontanément pour m'accompagner, et, parmi eux, l'excellent M. Launaye, mon ancien
capitaine. J'acceptai leur offre amicale, et cela fit un petit
cortège, qui se dirigea, par la rue du Pas-de-la-Mule et
le boulevard Beaumarchais, vers la place de la Bastille.


Là s'agitait une foule ardente, où les ouvriers domi-
naient. Beaucoup armés de fusils pris aux casernes ou
livrés par les soldats. Cris et chant des Girondins, *Mourir
pour la patrie!* Groupes nombreux qui discutent et dis-
putent avec passion. On se retourne, on nous regarde, on
nous interroge : — Qu'est-ce qu'il y a de nouveau?
qu'est-ce qui se passe? Et l'on nous suit. J'entends
murmurer mon nom avec des sentiments divers : Victor

Hugo! c'est Victor Hugo! Quelques-uns me saluent.
Quand nous arrivons à la colonne de Juillet, une affluence
considérable nous entoure. Je monte, pour me faire
entendre, sur le soubassement de la colonne.

Je ne rapporterai de mes paroles que celles qu'il me
fut possible de faire arriver à mon orageux auditoire. Ce
fut bien moins un discours qu'un dialogue, mais le dialogue d'une seule voix avec dix, vingt, cent voix plus ou
moins hostiles.

Je commençai par annoncer tout de suite l'abdication
de Louis-Philippe, et, comme à la place Royale, des
applaudissements à peu près unanimes accueillirent la
nouvelle. On cria cependant aussi : — Non! pas d'abdication! la déchéance! la déchéance! J'allais décidément
avoir affaire à forte partie.

Quand j'annonçai la Régence de la duchesse d'Orléans,
ce furent de violentes dénégations : — Non! non! pas de
Régence! à bas les Bourbons! Ni roi, ni reine! Pas de
maîtres! Je répétai : — Pas de maîtres! je n'en veux pas
plus que vous, j'ai défendu toute ma vie la liberté! —
Alors pourquoi proclamez-vous la Régence? — Parce
qu'une régente n'est pas un maître. D'ailleurs, je n'ai
aucun droit de proclamer la Régence, je l'annonce. —
Non! non! pas de Régence!

Un homme en blouse cria : — Silence au pair de
France! à bas le pair de France! Et il m'ajusta de son
fusil. Je le regardai fixement, et j'élevai la voix si haut
qu'on fit silence. — Oui, je suis pair de France et je
parle comme pair de France. J'ai juré fidélité, non à une
personne royale, mais à la monarchie constitutionnelle.
Tant qu'un autre gouvernement ne sera pas établi, c'est
mon devoir d'être fidèle à celui-là. Et j'ai toujours pensé

que le peuple n'aimait pas que l'on manquât, quel qu'il
fût, à son devoir.

Il y eut autour de moi un murmure d'approbation et
même quelques bravos çà et là. Mais quand j'essayai de
continuer : — Si la Régence... les protestations redou-
blèrent. On ne me laissa en relever qu'une seule. Un
ouvrier m'avait crié : — Nous ne voulons pas être gouver-
nés par une femme. Je ripostai vivement : — Hé ! moi non
plus je ne veux pas être gouverné par une femme, ni
même par un homme. C'est parce que Louis-Philippe a
voulu gouverner que son abdication est aujourd'hui nécessaire et qu'elle est juste. Mais une femme qui règne au
nom d'un enfant ! n'y a-t-il pas là une garantie contre
toute pensée de gouvernement personnel ? Voyez la reine
Victoria en Angleterre... — Nous sommes Français, nous !
cria-t-on. Pas de Régence ! — Pas de Régence ? Mais alors
quoi ? Rien n'est prêt, rien ! C'est le bouleversement total, la ruine, la misère, la guerre civile peut-être ; en tout
cas, c'est l'inconnu. Une voix, une seule voix, cria : Vive
la République ! Pas une autre voix ne lui fit écho. Pauvre
grand peuple, inconscient et aveugle ! il sait ce qu'il ne
veut pas, mais il ne sait pas ce qu'il veut !

A partir de ce moment, le bruit, les cris, les menaces
devinrent tels que je renonçai à me faire entendre. Mon
brave Launaye me dit : — Vous avez fait ce que vous vouliez, ce que vous aviez promis ; nous n'avons plus qu'à
nous retirer.

La foule s'ouvrit devant nous, curieuse et inoffensive.
Mais, à vingt pas de la colonne, l'homme qui m'avait me-
nacé de son fusil me rejoignit et de nouveau me coucha
en joue, en criant : — A mort le pair de France ! — Non,
respect au grand homme ! fit un jeune ouvrier, qui vive-

ment avait abaissé l'arme. Je remerciai de la main cet ami inconnu et je passai.

A la mairie, M. Ernest Moreau, qui avait été, paraît-il, fort anxieux sur notre sort, nous reçut avec joie et me félicita avec cordialité. Mais je savais que, même dans la passion, ce peuple est juste, et je n'avais pas eu le moindre mérite, n'ayant pas eu la moindre inquiétude.

Pendant que ces choses se passaient place de la Bastille, voici ce qui se passait au Palais-Bourbon :

Il y a en ce moment un homme dont le nom est dans toutes les bouches et la pensée dans toutes les âmes ; c'est Lamartine. Son éloquente et vivante *Histoire des Girondins* vient pour la première fois d'enseigner la Révolution à la France. Il n'était jusqu'ici qu'illustre, il est devenu populaire, et l'on peut dire qu'il tient dans sa main Paris.

Dans le désarroi universel, son influence pouvait être décisive. On se l'était dit aux bureaux du *National*, où les chances possibles de la République venaient d'être pesées et où l'on avait ébauché un projet de gouvernement provisoire, dont n'était pas Lamartine. En 1842, lors de la discussion sur la Régence, qui avait abouti au choix de M. le duc de Nemours, Lamartine avait chaleureusement plaidé pour la duchesse d'Orléans. Était-il aujourd'hui dans les mêmes idées ? que voulait-il, que ferait-il ? il importait de le savoir. M. Armand Marrast, le rédacteur en chef du *National*, prit avec lui trois républicains notoires, M. Bastide, M. Hetzel, l'éditeur, et M. Bocage, l'éminent comédien qui a créé le rôle de Didier dans *Marion de Lorme*. Tous quatre se rendirent à la Chambre des députés. Ils y trouvèrent Lamartine et allèrent conférer avec lui dans un des bureaux.

Ils parlèrent l'un après l'autre, ils dirent leurs convictions et leurs espérances : ils seraient heureux de penser que Lamartine était avec eux pour la réalisation immédiate de la République. S'il jugeait pourtant que la transition de la Régence était nécessaire, ils lui demandaient, du moins, de les aider à obtenir des garanties sérieuses contre tout retour en arrière. Ils attendaient avec émotion sa décision dans ce grand arbitrage.

Lamartine écouta silencieusement leurs raisons, puis les pria de vouloir bien le laisser se recueillir pendant quelques instants. Il s'assit à l'écart devant une table, prit sa tête dans ses mains et songea. Les quatre consultants, debout, le regardaient respectueusement en silence. Minute solennelle. — Nous écoutions passer l'histoire, me disait Bocage.

Lamartine redressa la tête et leur dit : — Je combattrai la Régence.

Un quart d'heure après, la duchesse d'Orléans arrivait à la Chambre, tenant par la main ses deux fils, le comte de Paris et le duc de Chartres. M. Odilon Barrot n'était pas auprès d'elle. Le duc de Nemours l'accompagnait.

Elle était acclamée par les députés. Mais, la Chambre dissoute, y avait-il des députés?

M. Crémieux montait à la tribune et proposait nettement un gouvernement provisoire. M. Odilon Barrot, qu'on était allé chercher au ministère, se montrait enfin et plaidait la cause de la Régence, mais sans éclat et sans

énergie. Puis, voilà qu'un flot de peuple et de gardes nationaux, avec armes et drapeaux, envahissait la salle. La
duchesse d'Orléans, entraînée par des amis, se retirait
avec ses enfants.

La Chambre des députés alors s'évanouissait submer-
gée sous une sorte d'assemblée révolutionnaire. Ledru-
Rollin haranguait cette foule. Puis venait Lamartine,
attendu et acclamé. Il combattit, comme il l'avait promis,
la Régence.

Tout était dit. Les noms d'un gouvernement provisoire
étaient jetés au peuple. Et, par des cris oui ou non, le
peuple élut ainsi successivement : Lamartine, Dupont de
l'Eure, Arago et Ledru-Rollin, à l'unanimité, Crémieux,
Garnier-Pagès et Marie à la majorité.

Les nouveaux gouvernants se mirent aussitôt en route
pour l'Hôtel de Ville.

A la Chambre des députés, dans les discours des orateurs, pas même dans celui de Ledru-Rollin, pas une fois le
mot *République* n'avait été prononcé. Mais maintenant, au
dehors, dans la rue, ce mot, ce cri, les élus du peuple le
trouvèrent partout, il volait sur toutes les bouches, il emplissait l'air de Paris.

Les sept hommes qui, dans ces jours suprêmes et
extrêmes, tenaient dans leur main le sort de la France,
étaient eux-mêmes à la fois outils et hochets dans la
main de la foule, qui n'est pas le peuple, et du hasard,
qui n'est pas la Providence. Sous la pression de la multitude, dans l'éblouissement et la terreur de leur triomphe
qui les débordait, ils décrétèrent la République, sans avoir
le temps de réfléchir qu'ils faisaient une si grande chose.

Quand, séparés et dispersés par la violente poussée de la foule, ils purent se retrouver et se réunir, ou plutôt se cacher, dans une des salles de l'Hôtel de Ville, on prit une demi-feuille de papier en tête de laquelle étaient imprimés ces mots : *Préfecture de la Seine. Cabinet du Préfet.* M. de Rambuteau avait peut-être, le matin même, employé l'autre moitié de cette feuille à écrire quelque billet galant à ce qu'il appelait ses petites bourgeoises.

Lamartine traça cette phrase sous la dictée des cris terribles du dehors :

« Le gouvernement provisoire déclare que le gouvernement provisoire de la France est le gouvernement républicain, et que la nation sera immédiatement appelée à ratifier la résolution du gouvernement provisoire et du peuple de Paris. »

J'ai tenu dans mes mains cette pièce, cette feuille maculée et tachée d'encre. La fièvre du moment est encore empreinte sur ce papier et y palpite. Les mots, jetés avec emportement, sont à peine formés. Appelée est écrit *appellée.*

Quand ces six lignes furent écrites, Lamartine passa la feuille à Ledru-Rollin.

Ledru-Rollin lut à haute voix la phrase : « Le gouvernement provisoire déclare que le gouvernement provisoire de la France est le gouvernement républicain... »

— Voilà deux fois le mot *provisoire*, dit-il.

— C'est vrai, dirent les autres.

— Il faut l'effacer au moins une fois, ajouta Ledru-Rollin.

Lamartine comprit la portée de cette observation grammaticale qui était tout simplement une révolution politique.

— Il faut pourtant attendre la sanction de la France, dit-il.

— Je me passe de la sanction de la France, s'écria Ledru-Rollin, quand j'ai la sanction du peuple.

— Du peuple de Paris. Mais qui peut savoir en ce moment ce que veut le peuple de France? observa Lamartine.

Il y eut un silence. On entendait la foule comme une mer. Ledru-Rollin reprit :

— Ce que le peuple veut, c'est la République tout de suite, la République sans attendre !

— La République sans sursis? dit Lamartine, cachant une objection dans cette traduction des paroles de Ledru-Rollin.

— Nous sommes provisoires, nous, repartit Ledru-Rollin, mais la République ne l'est pas !

M. Crémieux prit la plume des mains de Lamartine, raya le mot *provisoire* au bas de la troisième ligne et écrivit à côté : *actuel*.

— Le gouvernement *actuel?* soit! dit Ledru-Rollin en haussant légèrement les épaules.

Le cachet de la Ville de Paris était sur la table. Depuis 1830, le navire voguant sous un ciel semé de fleurs de lys avec la devise : *Prælucent clarius astris*, avait disparu du sceau de la Ville. Ce sceau n'était plus qu'un simple cercle figurant un grand zéro et portant à son centre ces seuls mots : *Ville de Paris*. Crémieux prit le cachet et l'apposa au bas du papier, si précipitamment qu'il l'imprima renversé.

Mais ils ne signèrent pas ce brouillon. On les avait découverts; un flot impétueux battait la porte du cabinet où ils s'étaient réfugiés. Le peuple les appelait, les exigeait, à la salle des séances du Conseil municipal.

Ils y furent accueillis par cette clameur : La République! vive la République! proclamez la République! Lamartine, interrompu d'abord par ces mêmes cris, réussit cependant à calmer de sa grande voix cette fiévreuse impatience.

Les membres du gouvernement provisoire purent donc aller reprendre leur séance et leur discussion mouvementée. Les ardents voulaient dire : « Le gouvernement provisoire *proclame* la République... » Les modérés proposaient : « Le gouvernement provisoire *désire* la République... » M. Crémieux fit adopter ce moyen terme : « Le gouvernement provisoire *veut* la République... » On ajouta : « Sauf ratification par le peuple, qui sera immédiatement consulté. »

La nouvelle fut aussitôt annoncée, dans la salle et sur la place, à la foule, qui ne voulut entendre que le mot *République*, et qui le salua d'une immense acclamation.

La République était faite. *Alea jacta*, comme a dit plus tard Lamartine.

## JOURNÉE DU 25

... Dans la matinée, le mouvement de va-et-vient à la mairie du VIII° arrondissement et aux alentours était relativement calme, et les mesures d'ordre, prises la veille d'accord avec M. Ernest Moreau, semblaient assurer la sécurité du quartier *. Je crus pouvoir quitter la place Royale et me diriger vers le centre avec mon fils Victor. Le bouillonnement d'un peuple (du peuple de Paris!) le lendemain d'une révolution, c'était là un spectacle qui m'attirait invinciblement.

Temps couvert et gris, mais doux et sans pluie. Les

---

* Dans la soirée du 24, on avait eu à craindre, dans le VIII° arrondissement, des désordres qui, pour n'être pas de nature politique, n'étaient que d'autant plus graves. Les rôdeurs et malfaiteurs, qui semblent sortir de terre aux jours de trouble, promenaient par les rues leurs mines patibulaires. A la prison de la Force, rue Saint-Antoine, les criminels de droit commun avaient eu un commencement de révolte et avaient enfermé leurs gardiens. A quelle force publique recourir? La garde municipale était dissoute, l'armée enfermée dans ses casernes; quant à la police, on n'aurait su où la trouver. Victor Hugo, dans une harangue qui cette fois fut acclamée, confia les biens et les personnes à la protection et au dévouement du peuple. Une garde civique en blouse fut improvisée. On transforma les boutiques à louer en corps de garde, on organisa des patrouilles, on posa des sentinelles. Les révoltés de la Force, terrifiés par la fausse menace de canons braqués à leurs portes, firent leur soumission et rentrèrent dans le devoir.

rues étaient toutes frémissantes d'une foule en rumeur et
en joie. On continuait avec une incroyable ardeur à fortifier
les barricades déjà faites et à en construire de nouvelles.
Des bandes, avec drapeaux et tambours, circulaient criant :
Vive la République! ou chantant la *Marseillaise* et *Mourir pour la patrie!* Les cafés regorgeaient, mais nombre
de magasins étaient fermés, comme les jours de fête ; et
tout avait l'aspect d'une fête, en effet.

J'allai ainsi par les quais jusqu'au Pont-Neuf. Là, je
lûs au bas d'une proclamation le nom de Lamartine, et,
ayant vu le peuple, j'éprouvai je ne sais quel besoin
d'aller voir mon grand ami. Je rebroussai donc chemin,
avec Victor, vers l'Hôtel de Ville.

La place était, comme la veille, couverte de foule, et
cette foule, autour de l'Hôtel de Ville était si serrée qu'elle
s'immobilisait elle-même. Les marches du perron étaient
inabordables. Après d'inutiles efforts pour en approcher
seulement, j'allais me retirer, quand je fus aperçu par
M. Froment-Meurice, l'orfèvre artiste, le frère de mon
jeune ami Paul Meurice. Il était commandant de la garde
nationale et de service, avec son bataillon, à l'Hôtel de
Ville. Je lui dis notre embarras. — Place! cria-t-il avec
autorité, place à Victor Hugo! Et la muraille humaine
s'ouvrit, je ne sais comment, devant ses épaulettes.

Le perron franchi, M. Froment-Meurice nous guida, à
travers toutes sortes d'escaliers, de corridors et de pièces
encombrées de foule. En nous voyant passer, un homme
du peuple se détacha d'un groupe et se campa devant
moi. — Citoyen Victor Hugo, dit-il, criez : Vive la République! — Je ne crie rien par ordre, dis-je. Comprenez-vous la liberté? Moi, je la pratique. Je crierai aujourd'hui :
Vive le peuple! parce que ça me plaît. Le jour où je crie-

rai : Vive la République! c'est parce que je le voudrai.—
Il a raison! c'est très bien! murmurèrent plusieurs voix.
Et nous passâmes.

Après bien des détours, M. Froment-Meurice nous
introduisit dans une petite pièce et nous quitta pour aller
m'annoncer à Lamartine.

La porte vitrée de la salle où nous étions donnait sur
une galerie, où je vis passer mon ami David d'Angers, le
grand statuaire. Je l'appelai. David, républicain de vieille
date, était rayonnant. — Ah! mon ami, le beau jour!
s'écria-t-il. Il me dit que le gouvernement provisoire
l'avait nommé maire du XI⁰ arrondissement. — On vous
a mandé, je crois, pour quelque chose de pareil. — Non,
dis-je, je ne suis pas appelé. Je viens de moi-même pour
serrer la main à Lamartine.

M. Froment-Meurice revint et me dit que Lamartine
m'attendait. Je laissai Victor dans cette salle où je vien-
drais le reprendre et je suivis de nouveau mon obligeant
conducteur à travers d'autres couloirs aboutissant à un
grand vestibule plein de monde. — Un monde de solli-
teurs! me dit M. Froment-Meurice. C'est que le gouvernement provisoire siégeait dans la pièce à côté. Deux gre-
nadiers de la garde nationale gardaient, l'arme au pied,
la porte de cette salle, impassibles et sourds aux prières
et aux menaces. J'eus à fendre cette presse; un des gre-
nadiers, averti, m'entr'ouvrit la porte; la poussée des
assaillants voulut profiter de l'issue et se rua sur les sentinelles qui, avec l'aide de M. Froment-Meurice, la refou-
lèrent, et la porte se referma derrière moi.

J'étais dans une salle spacieuse faisant l'angle d'un des
pavillons de l'Hôtel de Ville et de deux côtés éclairée par
de hautes fenêtres. J'aurais souhaité trouver Lamartine

seul, mais il y avait là avec lui, dispersés dans la pièce et
causant avec des amis ou écrivant, trois ou quatre de ses
collègues du gouvernement provisoire, Arago, Marie,
Armand Marrast... Lamartine se leva à mon entrée. Sur
sa redingote boutonnée comme d'habitude, il portait en
sautoir une ample écharpe tricolore. Il fit quelques pas à
ma rencontre et, me tendant la main : — Ah! vous venez
à nous, Victor Hugo! c'est pour la République une fière
recrue ! — N'allez pas si vite, mon ami! lui dis-je en
riant, je viens tout simplement à mon ami Lamartine.
Vous ne savez peut-être pas qu'hier, tandis que vous
combattiez la Régence à la Chambre, je la défendais
place de la Bastille. — Hier, bien ; mais aujourd'hui! Il
n'y a plus aujourd'hui ni régence, ni royauté. Il n'est pas
possible qu'au fond Victor Hugo ne soit pas républicain.
— En principe, oui, je le suis. La République est, à mon
avis, le seul gouvernement rationnel, le seul digne des
nations. La République universelle sera le dernier mot
du progrès. Mais son heure est-elle venue en France?
C'est parce que je veux la République que je la veux
viable, que je la veux définitive. Vous allez consulter la
nation, n'est-ce pas? toute la nation? — Toute la nation,
certes. Nous nous sommes tous prononcés, au gouvernement provisoire, pour le suffrage universel.

En ce moment, Arago s'approcha de nous, avec M. Armand Marrast qui tenait un pli.

— Mon cher ami, me dit Lamartine, sachez que nous
vous avons désigné ce matin comme maire de votre arrondissement.

— Et en voici le brevet signé de nous tous, dit Armand
Marrast.

— Je vous remercie, dis-je, mais je ne puis accepter.

— Pourquoi? reprit Arago; ce sont des fonctions non politiques et purement gratuites.

— Nous avons été informés tantôt de cette tentative de révolte à la Force, ajouta Lamartine; vous avez fait mieux que la réprimer, vous l'avez prévenue. Vous êtes aimé, respecté dans votre arrondissement.

— Mon autorité est toute morale, dis-je, elle ne peut que perdre à devenir officielle. D'ailleurs je ne veux, à aucun prix, déposséder M. Ernest Moreau, qui s'est loyalement et vaillamment comporté dans ces journées.

Lamartine et Arago insistaient. — Ne nous refusez pas notre brevet. — Eh bien, dis-je, je le prends... pour les autographes; mais il est entendu que je le garderai dans ma poche. — Oui, gardez-le, reprit en riant Armand Marrast, pour que vous puissiez dire que, du jour au lendemain, vous avez été pair et maire.

Lamartine m'entraîna dans l'embrasure d'une croisée. — Ce n'est pas une mairie que je voudrais pour vous, reprit-il, c'est un ministère. Victor Hugo ministre de l'instruction publique de la République!... Voyons, puisque vous dites que vous êtes républicain! — Républicain... en principe. Mais, en fait, j'étais hier pair de France, j'étais hier pour la Régence, et, croyant la République prématurée, je serais encore pour la Régence aujourd'hui. — Les nations sont au-dessus des dynasties, reprit Lamartine; moi aussi, j'ai été royaliste... — Vous étiez, vous, député, élu par la nation; moi, j'étais pair, nommé par le roi. — Le roi, en vous choisissant aux termes de la Constitution, dans une des catégories où se recrutait la Chambre haute, n'avait fait qu'honorer la pairie et s'honorer lui-même. — Je vous remercie, dis-je; mais vous voyez les choses du dehors, je regarde dans ma conscience.

Nous fûmes interrompus par le bruit d'une fusillade
prolongée qui éclata tout à coup sur la place. Une balle
vint briser un carreau au-dessus de nos têtes. — Qu'est-ce
encore que cela? s'écria douloureusement Lamartine.
M. Armand Marrast et M. Marie sortirent pour aller voir
ce qui se passait. — Ah! mon ami, reprit Lamartine, que
ce pouvoir révolutionnaire est dur à porter! on a de telles
responsabilités, et si soudaines, à prendre devant la
conscience et devant l'histoire! Depuis deux jours je ne
sais comment je vis. Hier j'avais quelques cheveux gris,
ils seront tous blancs demain. — Oui, mais vous faites
grandement votre devoir de génie, lui dis-je.

Au bout de quelques minutes, M. Armand Marrast
revint. — Ce n'était pas contre nous, dit-il. On n'a pas pu
m'expliquer cette lamentable échauffourée. Il y a eu collision, les fusils sont partis, pourquoi? était-ce malen-
tendu? était-ce querelle entre socialistes et républicains?
on ne sait. — Est-ce qu'il y a des blessés? — Oui, et
même des morts.

Un silence morne suivit. Je me levai. — Vous avez
sans doute des mesures à prendre? — Hé! quelles mesures? reprit tristement Lamartine. Ce matin, nous avons
résolu de décréter ce que vous avez déjà pu faire en petit
dans votre quartier : la garde nationale mobile; tout
Français soldat en même temps qu'électeur. Mais il faut
du temps, et, en attendant... Il me montra, sur la place,
les vagues et les remous de ces milliers de têtes. — Voyez,
c'est la mer!

Un jeune garçon portant un tablier entra et lui parla
bas. — Ah! fort bien! dit-il, c'est mon déjeuner. Voulez-
vous le partager, Hugo? — Merci! mais à cette heure, j'ai
déjeuné. — Moi pas! et je meurs de faim. Venez du

moins assister à ce festin; je vous laisserai libre après.

Il me fit passer dans une pièce donnant sur une cour intérieure. Un jeune homme, d'une figure douce, qui écrivait à une table, se leva et fit mine de se retirer. C'était le jeune ouvrier que Louis Blanc avait fait adjoindre au gouvernement provisoire. — Restez, Albert, lui dit Lamartine; je n'ai rien de secret à dire à Victor Hugo. Nous nous saluâmes, M. Albert et moi.

Le garçonnet montra à Lamartine, sur la table, des côtelettes dans un plat de terre cuite, un pain, une bouteille de vin et un verre. Le tout venait de quelque marchand de vins du voisinage. — Eh bien, fit Lamartine, et une fourchette? un couteau? — Je croyais qu'il y en avait ici. S'il faut aller en chercher!... J'ai déjà eu assez de peine à apporter ça jusqu'ici! — Bah! dit Lamartine, à la guerre comme à la guerre! Il rompit le pain, prit une côtelette par l'os et déchira la noix avec ses dents. Quand il avait fini, il jetait l'os dans la cheminée. Il expédia ainsi trois côtelettes et but deux verres de vin.

— Convenez, me dit-il, que voilà un repas primitif! Mais c'est un progrès sur notre souper d'hier soir; nous n'avions, à nous tous, que du pain et du fromage, et nous buvions de l'eau dans le même sucrier cassé. Ce qui n'empêche qu'un journal, ce matin, dénonce, à ce qu'il paraît, la grande orgie du gouvernement provisoire!


Je ne retrouvai pas Victor dans la salle où il devait m'attendre. Je pensai que, perdant patience, il était retourné seul à la maison.

Quand je descendis sur la place de Grève, la foule était encore tout émue et consternée de l'inexplicable collision de l'heure d'auparavant. Je vis passer le cadavre d'un blessé qui venait d'expirer. C'était, me dit-on, le cinquième. On le transportait, comme les autres, à la salle Saint-Jean, où étaient déjà exposés les morts de la veille, au nombre de plus de cent.

Avant de regagner la place Royale, je fis un tour pour visiter nos postes. Devant la caserne des Minimes, un garçonnet d'une quinzaine d'années, armé d'un grand fusil de la ligne, montait fièrement la garde. Il me sembla l'avoir déjà vu le matin ou même la veille. — Vous êtes donc en faction de nouveau? lui dis-je. — Non, pas de nouveau, toujours; on n'est pas venu me relever. — Ah çà! depuis quand donc êtes-vous là? — Eh! voilà bien dix-sept heures! — Comment! vous n'avez pas dormi? vous n'avez pas mangé? — Si, j'ai mangé. — Oui, vous avez été chercher de la nourriture? — Oh! non! est-ce qu'une sentinelle quitte son poste? Ce matin, j'ai crié à la boutique en face que j'avais bien faim, et on m'a apporté du pain. — Je me hâtai de faire remplacer le brave enfant.

En arrivant place Royale, je demandai Victor. Il n'était pas rentré. Un frisson me saisit; je ne sais pourquoi la vision de ces morts transportés à la salle Saint-Jean traversa ma pensée. Si mon Victor avait été surpris dans cette sanglante bagarre? Je donnai un prétexte pour sortir de nouveau. Vacquerie était là, je lui dis tout bas mon angoisse, il s'offrit à m'accompagner.

Nous allâmes d'abord trouver M. Froment-Meurice, dont les magasins étaient rue Lobau, à côté de l'Hôtel de Ville, et je le priai de me faire entrer à la salle Saint-Jean. Il essaya d'abord de me détourner de ce spectacle hideux; il l'avait vu la veille et en gardait encore l'impression d'horreur. Je crus saisir comme des ménagements dans ces réticences, j'insistai d'autant plus, et nous partîmes.

Dans la grande salle Saint-Jean, transformée en une vaste morgue, s'étendait sur des lits de camp la longue file des cadavres, méconnaissables pour la plupart. Et je passai la sinistre revue, frémissant quand un des morts était jeune et mince avec des cheveux châtains. Oh! oui, le spectacle était horrible de ces pauvres morts ensanglantés! Mais je ne saurais le décrire; tout ce que je voyais de chacun d'eux, c'est que ce n'était pas mon enfant. J'arrivai enfin au dernier et je respirai.

Comme je sortais du lieu lugubre, je vis accourir à moi Victor bien vivant. Il avait quitté la salle où il m'attendait lorsqu'il avait entendu la fusillade, il n'avait pas retrouvé son chemin, et il avait été voir un ami.

# EXPULSIONS, ÉVASIONS

Le 24 février, le duc et la duchesse Decazes furent à la lettre chassés du Luxembourg. Et par qui ? Par les habitants mêmes du palais, tous employés de la Chambre des pairs, tous nommés par le grand référendaire ! Le bruit courait dans le quartier que les pairs devaient se réunir dans la nuit, qu'ils feraient un acte contre-révolutionnaire, qu'ils publieraient une proclamation, etc. Tout le faubourg Saint-Jacques se préparait à marcher contre le Luxembourg. De là, terreur. On vint supplier d'abord, puis presser, puis enfin contraindre le duc et la duchesse de quitter le palais. — Mais, demain, nous partirons ! nous ne savons où aller, laissez-nous passer la nuit ici ! — On les chassa.

Ils allèrent coucher dans un hôtel garni. Le lendemain, ils prirent gîte rue de Verneuil, 9.

M. Decazes était fort malade. On l'avait taillé quelque
huit jours auparavant. M<sup>me</sup> Decazes prit tout cela avec
gaieté et courage, ce qui est la vertu des femmes au milieu
des sottises des hommes.

———

Les ministres s'évadèrent, non sans peine. M. Duchâtel
en particulier eut grand'peur.

M. Guizot avait, depuis trois jours, quitté l'hôtel des
Capucines et s'était installé au ministère de l'intérieur. Il
vivait là en famille avec M. Duchâtel.

Le 24 février, MM. Duchâtel et Guizot étaient au
moment de déjeuner, ils allaient se mettre à table,
lorsqu'un huissier accourut tout effaré. La tête de colonne
de l'émeute débouchait de la rue de Bourgogne. Les deux
ministres laissèrent la table servie et n'eurent que le
temps de s'enfuir par le jardin. Leurs familles les suivaient : la jeune femme de M. Duchâtel, la vieille mère
de M. Guizot, les enfants.

Une particularité, c'est que le déjeuner de M. Guizot
devint le souper de M. Ledru-Rollin. Ce n'est pas la
première fois que ce qui est servi à la monarchie est
mangé par la République.

Cependant les fugitifs avaient pris la rue Bellechasse.
M. Guizot marchait le premier, donnant le bras à M<sup>me</sup> Duchâtel, son pardessus de fourrure boutonné, son chapeau
comme à l'ordinaire renversé sur le derrière de la tête,
fort reconnaissable. Rue Hillerin-Bertin, M<sup>me</sup> Duchâtel
s'aperçut que des hommes en blouse regardaient singu-
lièrement M. Guizot. Elle le fit entrer dans une porte

cochère. Il se trouva qu'elle en connaissait la portière. On fit monter M. Guizot au cinquième étage, dans une chambre inhabitée, et on l'y cacha.

M. Guizot passa un jour dans cette cachette, mais il n'y pouvait rester. Un de ses amis se souvint d'un libraire, grand admirateur de M. Guizot, qui avait souvent, dans des temps meilleurs, déclaré qu'il se dévouerait et donnerait sa vie pour celui qu'il appelait « un grand homme », et qu'il en souhaitait l'occasion. (On ne m'a pas dit le nom de ce libraire.) On l'alla trouver. On lui rappela ses paroles, on lui dit que l'heure était venue. Le brave homme de libraire ne faillit pas à ce qu'on attendait de lui. Il offrit sa maison et cacha M. Guizot dix jours entiers. Au bout de ces dix jours, on loua les huit places d'un compartiment du chemin du Nord. M. Guizot s'y transporta à la nuit tombante. Les sept personnes qui l'accompagnaient et qui se dévouaient à son évasion, prirent place près de lui dans le compartiment. On gagna ainsi Lille, puis Ostende. De là, M. Guizot passa en Angleterre.

L'évasion de M. Duchâtel fut plus compliquée.

Il trouva moyen de se procurer un passeport d'agent de la République en mission. Il se déguisa, teignit ses sourcils, mit des lunettes bleues, et quitta Paris en chaise de poste. Deux fois, il fut arrêté par les gardes nationaux des villes qu'il traversa. Il paya d'audace et fit ceux qui l'arrêtaient responsables devant la République du retard apporté à sa mission. Le mot République fit son effet. On livra le passage au ministre. La République sauva M. Duchâtel.

Il arriva ainsi à un port de mer (Boulogne, je crois), se croyant fort poursuivi et assez inquiet. Un paquebot était en partance pour l'Angleterre. A la nuit, M. Duchâtel s'y rendit et y monta. Il commençait à s'y installer lorsqu'on vint le prévenir que le paquebot ne partait pas. Il se crut découvert et perdu. Le paquebot était tout simplement retenu par le consul d'Angleterre, probablement pour favoriser au besoin la fuite de Louis-Philippe. M. Duchâtel revint à terre et passa la nuit et la journée du lendemain dans l'atelier d'une femme peintre qui lui était dévouée.

Le lendemain, autre paquebot et autre embarquement. M. Duchâtel descendit dans les salles basses en attendant le départ du navire. Il ne respirait pas, croyant à tout moment se voir reconnu et saisi. Enfin la machine chauffe, les premiers tours de roue battent l'eau. On part. Tout à coup, un cri s'élève du quai et du navire : Arrêtez! arrêtez! Le navire s'arrête court. Cette fois, le pauvre diable de ministre se crut perdu. C'était un officier de la garde nationale qui s'était attardé à faire ses adieux sur le pont et qui ne voulait pas aller en Angleterre malgré lui. Voyant que le navire s'ébranlait, il avait crié : Arrêtez! et sa famille lui avait répondu du quai. On mit l'officier à terre et le paquebot partit.

Ce fut ainsi que M. Duchâtel quitta la France et gagna l'Angleterre.

# LOUIS-PHILIPPE EN EXIL

———

3 mai 1848.

La famille d'Orléans en Angleterre est à la lettre dans la misère ; ils sont vingt-deux à table et boivent de l'eau. Ceci sans la moindre exagération. Ils n'ont absolument pour vivre qu'une quarantaine de mille livres de rente ainsi composées : 24 000 francs de rente de Naples, provenant de la reine Marie-Amélie, et le revenu d'une somme de 340 000 francs que Louis-Philippe avait oubliée en Angleterre, voici à quelle occasion : à ce dernier voyage tout triomphal qu'il fit en octobre 1844 avec le prince de Joinville, le roi se fit ouvrir un crédit de 500 000 francs chez un banquier de Londres ; il ne dépensa sur ces 500 000 francs que 160 000 francs. Il a été fort ébahi et fort agréablement surpris de trouver le reste de la somme à sa disposition en arrivant à Londres.

M. Vatout est avec la famille royale. Ils n'ont à eux tous que trois domestiques dont un, un seul, venu des Tuileries. Dans ce dénuement, ils ont réclamé à Paris la restitution de ce qui leur appartenait en France ; leurs biens sont sous le séquestre et y sont restés nonobstant leurs réclamations. Pour différentes raisons. Un des motifs allégués par le gouvernement provisoire est la dette de la liste civile qui est de 30 millions. On avait d'étranges idées sur Louis-Philippe ; il était peut-être avide, mais à coup sûr il n'était pas avare ; c'était le plus prodigue et le plus dissipateur et le moins rangé des hommes ; il avait des dettes, des comptes et des arriérés partout. Il devait à un menuisier 700 000 francs, il devait à son verdurier 70 000 francs de *beurre*.

On n'a donc pu lever aucun scellé et tout est resté pour le gage des créanciers, tout, jusqu'aux biens personnels du prince et de la princesse de Joinville, rentes, diamants, etc. Jusqu'à une somme de 198 000 francs appartenant en propre à M⁻ᵉ la duchesse d'Orléans.

Tout ce que la famille royale a pu obtenir, c'est la restitution des hardes et des effets personnels, du moins ce qu'on en a pu retrouver. On a dressé dans la salle de spectacle des Tuileries trois longues tables sur lesquelles on a apporté tout ce que les combattants de Février avaient déposé entre les mains du gouverneur des Tuileries, M. Durand Saint-Amand. Cela formait un pêle-mêle bizarre : des robes de cour tachées et déchirées, des grands cordons de la Légion d'honneur traînés dans la boue, des plaques d'ordres étrangers, des épées, des couronnes de diamant, des colliers de perles, un collier de la Toison d'or, etc. Chaque fondé de pouvoir des princes, aide de camp ou secrétaire des commandements, a pris ce qu'il a reconnu. Il paraît qu'en somme on a retrouvé peu de chose. M. le duc de Nemours s'était borné à demander du linge et surtout de gros souliers.

M. le prince de Joinville a abordé ainsi M. le duc de Montpensier : — Ah! vous voilà, monsieur; vous n'êtes pas tué, vous n'avez pas eu de chance!

Gudin, le peintre de marine, qui arrive d'Angleterre, a vu Louis-Philippe. Le roi est très accablé; il a dit à Gudin : — Je ne comprends pas. Que s'est-il passé à Paris? quelle idée a traversé la cervelle des Parisiens? je ne sais!... Plus tard on reconnaîtra que je n'ai eu aucun tort. — Il n'a eu aucun tort, en effet, et il les a eus tous.

Il en était du reste arrivé à un degré d'optimisme inexprimable; il se croyait plus roi que Louis XIV et plus empereur que Napoléon. Le mardi 22, il était d'une gaieté qu'on peut dire folle. Du reste, ce jour-là même, encore occupé uniquement de ses propres affaires et de ses affaires les plus petites. A deux heures, comme les premiers coups de fusil se tiraient, il conférait avec MM. de Gérante, Scribe et Denormandie, ses gens d'affaires, sur le parti à tirer du testament de Madame Adélaïde. Le mercredi, à une heure, au moment même où la garde nationale se prononçait, ce qui entraînait une révolution, le roi mandait près de lui M. Hersent pour lui commander je ne sais quel tableau.

Charles X était un lynx.

Du reste, Louis-Philippe en Angleterre porte dignement son malheur. L'aristocratie anglaise s'est très noblement conduite; huit ou dix pairs des plus riches ont écrit à Louis-Philippe pour lui offrir leurs châteaux et leurs bourses. Le roi a répondu : « Je n'accepte et je ne garde que vos lettres. »

En ce moment (mai 1848), les Tuileries sont déjà réparées, et M. Empis me disait ce matin : On va frotter et il n'y paraîtra plus. En revanche, Neuilly et le Palais-Royal ont été dévastés. La galerie de tableaux du Palais-Royal, assez médiocre d'ailleurs, est à peu près détruite. Il n'est resté qu'un seul tableau parfaitement intact, c'est le portrait de Philippe Égalité. Est-ce un choix de l'émeute? est-ce une dérision du hasard? Les gardes nationaux s'amusaient et s'amusent encore à découper carrément et proprement les figures qui leur conviennent dans les toiles des tableaux qui n'ont pas été entièrement brûlés.

# LE ROI JÉROME

---

Un matin de mars 1848, je vis entrer dans mon salon de la place Royale un homme de moyenne taille, d'environ soixante-cinq ou six ans, ayant un habit noir, un ruban rouge et gros bleu à la boutonnière, un pantalon à sous-pieds, des bottes vernies et des gants blancs. C'était Jérôme Napoléon, roi de Westphalie.

Il avait une voix très douce, un sourire charmant, quoique un peu timide, les cheveux plats et grisonnants, et quelque chose du profil de l'empereur.

Il venait me remercier de son retour en France, qu'il m'attribuait et me prier de le faire nommer gouverneur des Invalides. Il me conta que M. Crémieux, membre du gouvernement provisoire, lui avait dit la veille : — Si Victor Hugo le demande à Lamartine, cela sera. Autrefois

tout dépendait de l'entrevue de deux empereurs, maintenant tout dépend de l'entrevue de deux poëtes. J'ai répondu
au roi Jérôme : — Dites à M. Crémieux que c'est lui qui
est le poëte.

---

En novembre 1848, le roi de Westphalie habitait au
premier au-dessus de l'entresol, rue d'Alger, n° 3. Il
avait là un petit appartement meublé de velours de laine
et d'acajou.

Son salon, tendu en papier gris, éclairé par deux
lampes, était orné d'une lourde pendule dans le goût
empire et de deux tableaux peu authentiques, quoique le
cadre de l'un portât le nom : *Titien*, et le cadre de l'autre
le nom : *Rembrandt.* Il y avait sur la cheminée un buste
en bronze de Napoléon, ce buste convenu que l'empire
nous a légué.

Les seuls vestiges de son existence royale qui restassent
au prince étaient son argenterie et la vaisselle ornée de
couronnes royales richement gravées et dorées.

Jérôme, à cette époque, n'avait que soixante-quatre ans
et ne les paraissait pas. Il avait l'œil vif, le sourire bien-
veillant et charmant, la main petite et encore belle. Il
était habituellement vêtu de noir avec une chaînette d'or
à sa boutonnière où pendaient trois croix, la Légion
d'honneur, la Couronne de fer et son ordre de Westphalie, créé par lui à l'imitation de la Couronne de
fer.

Jérôme causait bien, avec grâce toujours et souvent
avec esprit. Il était plein de souvenirs et parlait de l'em-

pereur avec un mélange de respect et de fraternité qui
était touchant. Un peu de vanité perçait en lui, j'aurais
préféré l'orgueil.

Du reste, il prenait avec bonhomie toutes les qualifications variées que lui attirait cette situation étrange d'un
homme qui n'est plus roi, qui n'est plus proscrit et qui
n'est pas citoyen. Chacun le nommait comme il voulait.
Louis-Philippe l'appelait *Altesse*, M. Boulay de la Meurthe
lui disait : *Sire* et *Votre Majesté*. Alexandre Dumas l'appelait *Monseigneur*. Je lui disais : *Prince* et ma femme
lui disait : *Monsieur*. Il mettait sur sa carte : *le général
Bonaparte*. A sa place, j'aurais compris autrement sa
position. Roi ou rien.

---

### CONTÉ PAR LE ROI JÉROME

En 1847, le lendemain du jour où Jérôme, rappelé de
l'exil, était rentré à Paris, comme le soir venait et qu'il
avait attendu vainement son secrétaire, s'ennuyant et seul,
il sortit. C'était la fin de l'été. Jérôme était descendu
chez sa fille, la princesse Demidoff, dont l'hôtel touchait
aux Champs-Élysées.

Il traversa la place de la Concorde, regardant tout autour de lui ces statues, ces obélisques, ces fontaines,
toutes ces choses nouvelles pour l'exilé qui n'avait pas vu
Paris depuis trente-deux ans. Il suivit le quai des Tuileries.
Je ne sais quelle rêverie lui entrait peu à peu dans l'âme.

Arrivé au pavillon de Flore, il entra sous le guichet,
tourna à gauche, prit un escalier connu sous la voûte et
monta. Il avait monté deux ou trois marches, quand il se
sentit saisir par le bras. C'était le portier qui courait après
lui.

— Eh! monsieur, monsieur! où allez-vous donc?

Jérôme le regarda d'un air surpris et répondit :

— Parbleu ! chez moi.

A peine avait-il prononcé ce mot qu'il se réveilla de
son rêve. Le passé l'avait enivré un moment. En me con-
tant cela, il ajoutait : — Je m'en allai tout honteux, en
faisant des excuses au portier.

# V

# LES JOURNÉES DE JUIN

---

... L'insurrection de juin présenta, dès le premier jour, des linéaments étranges*. Elle montra subitement à la société épouvantée des formes monstrueuses et inconnues.

La première barricade fut dressée le vendredi matin 23 à la porte Saint-Denis. Elle fut attaquée le même jour. La garde nationale s'y porta résolument. C'étaient des bataillons de la 1re et de la 2e légion, qui arrivaient

---

* A la fin de juin, quatre mois après la proclamation de la République, le travail régulier s'était arrêté, et les inutiles ateliers, dits *ateliers nationaux*, venaient d'être dissous par l'Assemblée nationale. La misère fit alors éclater une des plus formidables insurrections qu'ait enregistrées l'histoire. Le pouvoir était en ce moment aux mains d'une Commission exécutive de cinq membres, Lamartine, Arago, Ledru-Rollin, Garnier-Pagès et Marie. Le général Cavaignac était ministre de la guerre.

par les boulevards. Quand les assaillants furent à portée, une décharge formidable partit de la barricade et joncha le pavé de gardes nationaux. La garde nationale, plus irritée qu'intimidée, se rua sur la barricade au pas de course.

En ce moment, une femme parut sur la crête de la barricade, une femme jeune, belle, échevelée, terrible. Cette femme, qui était une fille publique, releva sa robe jusqu'à la ceinture et cria aux gardes nationaux, dans cette affreuse langue de lupanar qu'on est toujours forcé de traduire : — Lâches, tirez, si vous l'osez, sur le ventre d'une femme !

Ici la chose devient effroyable. La garde nationale n'hésita pas. Un feu de peloton renversa la misérable. Elle tomba en poussant un grand cri. Il y eut un silence d'horreur dans la barricade et parmi les assaillants.

Tout à coup une seconde femme apparut. Celle-ci était plus jeune et plus belle encore; c'était presque une enfant, dix-sept ans à peine. Quelle profonde misère ! c'était encore une fille publique ! Comme l'autre, elle leva sa robe, montra son ventre, et cria : — Tirez, brigands ! On tira. Elle tomba trouée de balles sur le corps de la première.

Ce fut ainsi que cette guerre commença.

Rien n'est plus glaçant et plus sombre. C'est une chose hideuse que cet héroïsme de l'abjection où éclate tout ce que la faiblesse contient de force; que cette civilisation attaquée par le cynisme et se défendant par la barbarie. D'un côté le désespoir du peuple, de l'autre le désespoir de la société.

Le samedi 24, à quatre heures du matin, j'étais, comme représentant du peuple, à la barricade de la place Baudoyer défendue par la troupe.

La barricade était basse. Une autre barricade étroite et haute la protégeait dans la rue. Le soleil égayait le haut des cheminées. Les coudes tortueux de la rue Saint-Antoine se prolongeaient devant nous dans une solitude sinistre.

Les soldats étaient couchés sur la barricade qui n'avait guère plus de trois pieds de haut. Leurs fusils étaient braqués entre les pavés comme entre des créneaux. De temps en temps, des balles sifflaient et venaient frapper les murs des maisons autour de nous, en faisant jaillir des éclats de plâtre et de pierre. Par moments une blouse, quelquefois une tête coiffée d'une casquette, apparaissait à l'angle d'une rue. Les soldats lâchaient leur coup. Quand le coup avait porté, ils s'applaudissaient. — Bon! Bien tapé! Fameux!

Ils riaient et causaient gaiement. Par intervalles, une détonation éclatait et une grêle de balles pleuvait des toits et des fenêtres sur la barricade. Un capitaine à moustaches grises, de haute taille, se tenait debout au milieu du barrage, dépassant les pavés de la moitié du corps. Les balles grêlaient autour de lui comme autour d'une cible. Il était impassible et serein et criait : — Là, enfants! on tire! Couchez-vous! Prends garde à toi, Lapiraud, ta tête passe! Rechargez!

Tout à coup une femme débouche de l'angle d'une rue. Elle vient lentement vers la barricade. Les soldats éclatent en jurons mêlés d'avertissements : — Ah ! la garce ! veux-tu t'en aller, p.....! Mais dépêche-toi donc, poison ! Elle vient observer. C'est une espionne ! Descendons-la ! A bas la moucharde !

Le capitaine les retint : — Ne tirez pas ! C'est une femme !

La femme, qui semblait observer en effet, est entrée, après vingt pas, dans une porte basse qui s'est refermée sur elle.

Celle-là fut sauvée.

A onze heures, je revenais de la barricade de la place
Baudoyer, je m'étais assis à ma place ordinaire à l'Assemblée. Un représentant que je ne connaissais pas et
que j'ai su, depuis, être M. Belley, ingénieur, demeurant
rue des Tournelles, vint s'asseoir près de moi et me dit :
— Monsieur Victor Hugo, on a mis le feu à votre maison,
les insurgés sont entrés par la petite porte sur le cul-de-
sac Guéménée. — Et ma famille? dis-je. — En sûreté. —
Comment le savez-vous? — J'en arrive. J'ai pu, n'étant pas
connu, franchir les barricades pour arriver jusqu'ici.
Votre famille s'était d'abord réfugiée à la mairie. J'y étais
aussi. Voyant le danger passé, j'ai engagé M⁰ᵉ Victor
Hugo à chercher quelque autre asile. Elle a trouvé abri,
avec ses enfants, chez un fumiste appelé Martignon qui
demeure à côté de votre maison, sous les arcades.

Je connaissais cette digne famille Martignon. Cela me
rassura. — Et où en est l'émeute? dis-je à M. Belley. —
C'est une révolution. L'insurrection est maîtresse de
Paris en ce moment.

Je quittai M. Belley et je traversai rapidement les quelques salles qui séparaient le lieu de nos séances et le cabinet où se tenait la Commission exécutive.

C'était un petit salon appartenant à la présidence, précédé de deux pièces plus petites encore. Il y avait dans ces antichambres des officiers et des gardes nationaux, l'air éperdu, bourdonnant pêle-mêle. Cette cohue effarée n'apportait d'ailleurs aucune résistance au passage de quiconque voulait entrer.

Je poussai la porte du cabinet de la Commission exécutive. Ledru-Rollin, très rouge, était assis une fesse sur la table. M. Garnier-Pagès, très pâle, et à demi couché sur un grand fauteuil, faisait une antithèse avec lui. Le contraste était complet, Garnier-Pagès maigre et chevelu, Ledru-Rollin gras et tondu. Deux ou trois colonels, dont était le représentant Charras, causaient dans un coin. Je ne me rappelle Arago que vaguement. Je ne me souviens plus si M. Marie était là. Il faisait le plus beau soleil du monde.

Lamartine, debout dans l'embrasure de la fenêtre de gauche, causait avec un général en grand uniforme, que je voyais pour la première et pour la dernière fois, et qui était Négrier. Négrier fut tué le soir de ce même jour devant une barricade.

Je courus à Lamartine qui fit quelques pas vers moi. Il était blême, défait, la barbe longue, l'habit mal brossé et tout poudreux.

Il me tendit la main : — Ah! bonjour, Hugo!

Voici le dialogue qui s'engagea entre nous et dont les moindres mots sont encore présents à mon souvenir.

— Où en sommes-nous, Lamartine?

— Nous sommes f.....!

— Qu'est-ce que ça veut dire?

— Ça veut dire que dans un quart d'heure l'Assemblée sera envahie.

(Une colonne d'insurgés arrivait en effet par la rue de Lille. Une charge de cavalerie, faite à propos, la dispersa.)

— Comment! et les troupes?

— Il n'y en a pas!

— Mais vous m'avez dit mercredi, et répété hier, que vous aviez soixante mille hommes!

— Je le croyais.

— Eh bien, mais on ne s'abandonne pas ainsi. Ce n'est pas vous seulement qui êtes en jeu, c'est l'Assemblée, et ce n'est pas seulement l'Assemblée, c'est la France, et ce n'est pas seulement la France, c'est la civilisation tout entière. Pourquoi n'avoir pas donné hier des ordres pour faire venir les garnisons des villes dans un rayon de quarante lieues? Cela vous ferait tout de suite trente mille hommes.

— Nous avons donné les ordres...

— Eh bien?

— Les troupes ne viennent pas!

Lamartine me prit la main et me dit :

— Je ne suis pas ministre de la guerre!

En ce moment, quelques représentants entrèrent avec bruit. L'Assemblée venait de voter l'état de siège. Ils le dirent en trois mots à Ledru-Rollin et à Garnier-Pagès.

Lamartine se tourna à demi vers eux et dit à demi-voix :

— L'état de siège! l'état de siège!... Allons, faites, si vous croyez cela nécessaire. Moi, je ne dis rien!

Il se laissa tomber sur une chaise, en répétant :

— Je n'ai rien à dire, ni oui, ni non. Faites !

Cependant le général Négrier était venu à moi.

— Monsieur Victor Hugo, me dit-il, je viens vous rassurer, j'ai des nouvelles de la place Royale.

— Eh bien, général ?

— Votre famille est sauvée...

— Merci ! Oui, on vient de me le dire.

— Mais votre maison est brûlée.

— Qu'est-ce que ça fait ? dis-je.

Négrier me serra vivement le bras :

— Je vous comprends. Ne soyons qu'à une chose. Sauvons le pays !

Comme je me retirais, Lamartine sortit d'un groupe et vint à moi :

— Adieu, me dit-il. Mais n'oubliez pas ceci : ne me jugez pas trop vite ; je ne suis pas ministre de la guerre.

La veille, comme l'émeute grandissait, Cavaignac, après quelques dispositions prises, avait dit à Lamartine :

— En voilà assez pour aujourd'hui.

Il était cinq heures.

— Comment ! s'écria Lamartine ! mais nous avons encore quatre heures de jour ! Et l'émeute en profitera pendant que nous les perdrons !

Il ne put rien tirer de Cavaignac que : — En voilà assez pour aujourd'hui !

Le 24, vers trois heures, au moment le plus critique, un représentant du peuple, en écharpe, arrive à la mairie du II⁰ arrondissement, rue Chauchat, derrière l'Opéra. On le reconnut. C'était Lagrange.

Les gardes nationaux l'entourèrent. En un clin d'œil, le groupe devint menaçant. — C'est Lagrange ! l'homme du coup de pistolet ? Que venez-vous faire ici ? Vous êtes un lâche ! Allez derrière les barricades, c'est votre place, — les vôtres sont là, — et pas avec nous. Ils vous proclament leur chef ; allez-y ! Ils sont braves, eux, au moins ! Ils donnent leur sang pour vos folies ; et vous, vous avez peur ! Vous avez un vilain devoir, mais faites-le au moins ! Allez-vous-en ! Hors d'ici !

Lagrange essaya de parler. Les huées couvrirent sa voix.

Voilà comment ces furieux accueillaient l'honnête homme qui, après avoir combattu pour le peuple, voulait se dévouer pour la société.

25 juin.

Les insurgés tiraient, sur toute la longueur du boulevard Beaumarchais, du haut des maisons neuves. Beaucoup s'étaient embusqués dans la grande maison en construction vis-à-vis la Galiote. Ils avaient mis aux fenêtres des mannequins, bottes de paille revêtues de blouses et coiffées de casquettes.

Je voyais distinctement un homme qui s'était retranché derrière une petite barricade de briques bâtie à l'angle du balcon du quatrième de la maison qui fait face à la rue du Pont-aux-Choux. Cet homme visait longtemps et tuait beaucoup de monde.

Il était trois heures. Les soldats et les mobiles couronnaient les toits du boulevard du Temple et répondaient au feu. On venait de braquer un obusier devant la Gaîté pour démolir la maison de la Galiote et battre tout le boulevard.

Je crus devoir tenter un effort pour faire cesser, s'il était possible, l'effusion du sang, et je m'avançai jusqu'à l'angle de la rue d'Angoulême. Comme j'allais dépasser la petite tourelle qui est tout près, une fusillade m'assaillit. La tourelle fut criblée de balles derrière moi. Elle était couverte d'affiches de théâtre déchiquetées par la mousqueterie. J'en ai détaché un chiffon de papier comme souvenir. L'affiche à laquelle il appartenait annonçait pour ce même dimanche une fête au Château des Fleurs avec *dix mille lampions.*

———

Depuis quatre mois, nous vivons dans une fournaise. Ce qui me console, c'est que la statue de l'avenir en sortira, et il ne faut pas moins qu'un tel brasier pour fondre un tel bronze.

———

# VI

## CHATEAUBRIAND

———

5 juillet 1848.

Chateaubriand vient de mourir. Une des splendeurs de ce siècle s'éteint.

Il avait soixante-dix-neuf ans selon son compte; il eût eu quatrevingts ans selon le compte de son vieil ami M. Bertin l'aîné. Mais il avait cette faiblesse, disait M. Bertin, de vouloir être né, non en 1768 mais en 1769, parce que c'était l'année de Napoléon.

Il est mort hier 4 juillet à huit heures du matin. Il était depuis cinq ou six mois atteint d'une paralysie qui avait presque éteint le cerveau et, depuis cinq jours, d'une fluxion de poitrine qui éteignit brusquement la vie.

La nouvelle parvint par M. Ampère à l'Académie, qui décida qu'elle ne tiendrait pas de séance.

Je quittai l'Assemblée nationale où l'on nommait un

questeur en remplacement du général Négrier tué dans les journées de Juin, et j'allai chez M. de Chateaubriand, rue du Bac, 110.

On m'introduisit près du gendre de son neveu, M. de Preuille. J'entrai dans la chambre de Chateaubriand.

Il était couché sur son lit, petit lit de fer à rideaux blancs avec une couronne de fer d'assez mauvais goût. La face était découverte ; le front, le nez, les yeux fermés apparaissaient avec cette expression de noblesse qu'il avait pendant la vie et à laquelle se mêlait la grave majesté de la mort. La bouche et le menton étaient cachés par un mouchoir de batiste. Il était coiffé d'un bonnet de coton blanc qui laissait voir les cheveux gris sur les tempes ; une cravate blanche lui montait jusqu'aux oreilles. Son visage basané semblait plus sévère au milieu de toute cette blancheur. Sous le drap on distinguait sa poitrine affaissée et étroite et ses jambes amaigries.

Les volets des fenêtres donnant sur un jardin étaient fermés. Un peu de jour venait par la porte du salon entr'ouverte. La chambre et le visage étaient éclairés par quatre cierges qui brûlaient au coin d'une table placée près du lit. Sur cette table un crucifix d'argent et un vase plein d'eau bénite avec un goupillon. Un prêtre priait à côté.

Derrière le prêtre, un grand paravent de couleur brune cachait la cheminée dont on voyait la glace et laissait voir à demi quelques gravures d'églises et de cathédrales.

Aux pieds de M. de Chateaubriand, dans l'angle que faisait le lit avec le mur de la chambre, il y avait deux caisses de bois blanc posées l'une sur l'autre. La plus grande contenait, me dit-on, le manuscrit complet de ses Mémoires, divisé en quarante-huit cahiers. Sur les derniers temps, il y avait un tel désordre autour de lui qu'un de ces cahiers avait été retrouvé le matin même par M. de Preuille dans un petit coin sale et noir où l'on nettoyait les lampes.

Quelques tables, une armoire et quelques fauteuils bleus et verts en désordre encombraient plus qu'ils ne meublaient cette chambre.

Le salon voisin, dont les meubles étaient cachés par des housses de toile écrue, n'avait rien de remarquable qu'un buste en marbre de Henri V posé sur la cheminée. En avant de ce buste, une statuette de Chateaubriand en pied. Des deux côtés d'une fenêtre, M<sup>me</sup> de Berri et son fils enfant, en plâtre.

———

Vers les derniers temps de sa vie, Chateaubriand était presque en enfance. Il n'avait, me disait M. Pilorge, son ancien secrétaire, que deux ou trois heures à peu près lucides par jour.

Quand on lui apprit, en février, la proclamation de la République, il se contenta de dire : En serez-vous plus heureux ?

A la mort de sa femme, il alla au service funèbre et revint chez lui en riant aux éclats. — Preuve d'affaiblissement du cerveau, disait Pilorge. — Preuve de raison ! reprenait Édouard Bertin.

———

M^me de Chateaubriand avait la bonté officielle, ce qui ne fait aucun tort à la méchanceté domestique. Elle avait fondé un hospice, l'infirmerie Marie-Thérèse; elle visitait les pauvres, surveillait les crèches, présidait les bureaux de charité, secourait les malades, donnait et priait; et en même temps elle rudoyait son mari, ses parents, ses amis, ses gens, était aigre, dure, prude, médisante, amère. Le bon Dieu pèsera tout cela là-haut.

Elle était laide, marquée de petite vérole, avait la bouche énorme, les yeux petits, l'air chétif, et faisait la grande dame, quoiqu'elle fût plutôt la femme d'un grand homme que la femme d'un grand seigneur. Elle, de sa naissance, n'était autre chose que la fille d'un armateur de Saint-Malo. M. de Chateaubriand la craignait, la détestait, et la cajolait.

Elle profitait de ceci pour être insupportable aux pâles humains. Je n'ai jamais vu abord plus revêche et accueil plus formidable. J'étais adolescent quand j'allais chez M. de Chateaubriand. Elle me recevait fort mal, c'est-à-dire ne me recevait pas du tout. J'entrais, je saluais, M^me de Chateaubriand ne me voyait pas, j'étais terrifié. Ces terreurs faisaient de mes visites à M. de Chateaubriand de vrais cauchemars auxquels je songeais quinze jours et quinze nuits d'avance. M^me de Chateaubriand haïssait quiconque venait chez son mari autrement que par les portes qu'elle ouvrait. Elle ne m'avait point présenté, donc elle me haïssait. Je lui étais parfaitement odieux, et elle me le montrait.

Une seule fois dans ma vie et dans la sienne, M^me de Chateaubriand me reçut bien.

Un jour j'entrais, pauvre petit diable, comme à l'ordinaire fort malheureux, avec ma mine de lycéen épouvanté, et je roulais mon chapeau dans mes mains. M. de Chateaubriand demeurait encore alors rue Saint-Dominique, n° 27. J'avais peur de tout chez lui, même de son domestique qui m'ouvrait la porte. J'entrai donc. M<sup>me</sup> de Chateaubriand était dans le salon qui précédait le cabinet de son mari. C'était le matin et c'était l'été. Il y avait un rayon de soleil sur le parquet, et, ce qui m'éblouit et m'émerveilla bien plus que le rayon de soleil, un sourire sur le visage de M<sup>me</sup> de Chateaubriand !

— C'est vous, monsieur Victor Hugo ? me dit-elle. Je me crus en plein rêve des *Mille et une Nuits;* M<sup>me</sup> de Chateaubriand souriant ! M<sup>me</sup> de Chateaubriand sachant mon nom, prononçant mon nom ! C'était la première fois qu'elle daignait s'apercevoir que j'existais. Je saluai jusqu'à terre. Elle reprit : — Je suis charmée de vous voir. Je n'en croyais pas mes oreilles. Elle continua : — Je vous attendais, il y avait longtemps que vous n'étiez venu. Pour le coup, je pensai sérieusement qu'il devait y avoir quelque chose de dérangé soit en moi, soit en elle. Cependant elle me montrait du doigt une pile quelconque assez haute qu'elle avait sur une petite table, puis elle ajouta : — Je vous ai réservé ceci, j'ai pensé que cela vous ferait plaisir. Vous savez ce que c'est ?

C'était un chocolat religieux qu'elle protégeait, et dont la vente était destinée à de bonnes œuvres. Je pris et je payai. C'était l'époque où je vivais quinze mois avec huit cents francs. Le chocolat catholique et le sourire de M<sup>me</sup> de Chateaubriand me coûtèrent quinze francs, c'est-à-dire vingt jours de nourriture. Quinze francs, c'était pour moi alors comme quinze cents francs aujourd'hui.

C'est le sourire de femme le plus cher qui m'ait jamais été vendu.

———

M. de Chateaubriand, au commencement de 1847, était paralytique ; M^me Récamier était aveugle. Tous les jours, à trois heures, on portait M. de Chateaubriand près du lit de M^me Récamier. Cela était touchant et triste. La femme qui ne voyait plus cherchait l'homme qui ne sentait plus ; leurs deux mains se rencontraient. Que Dieu soit béni ! on va cesser de vivre qu'on s'aime encore.

———

# VII

## DÉBATS SUR LES JOURNÉES DE JUIN

### A L'ASSEMBLÉE NATIONALE

### SÉANCE DU 25 NOVEMBRE 1848

Il s'agissait de fixer devant l'Assemblée et le pays les redoutables responsabilités de ces douloureuses journées de Juin. La Commission exécutive avait le pouvoir dans ces jours néfastes; n'aurait-elle pas pu prévenir l'insurrection? Le général Cavaignac, ministre de la guerre, investi de plus par l'Assemblée nationale d'une autorité dictatoriale, avait seul donné des ordres; les avait-il donnés à temps? n'aurait-on pas pu écraser l'émeute dès la première heure, au lieu de la laisser se fortifier et s'étendre et devenir insurrection? Enfin la répression après la victoire n'avait-elle pas été bien sanglante et presque inhumaine?

A mesure que l'époque approchait du terrible compte à rendre, Cavaignac devenait soucieux, et son humeur

perçait, même à la Chambre. — Un jour, Crémieux vient
s'asseoir au banc des ministres, De là, il jette à l'orateur
qui tenait la tribune quelques *très bien!* C'était précisément un orateur de l'opposition. — Monsieur Crémieux,
dit Cavaignac, vous faites bien du bruit. — Qu'est-ce que
ça vous fait? répond Crémieux. — Ça me fait que vous
êtes au banc des ministres. — Voulez-vous que je m'en
aille? — Mais!... Crémieux se lève et sort du banc, en
disant : — Général, vous m'en faites sortir et je vous y
ai fait entrer. Crémieux, en effet, avait, étant du gouvernement provisoire, fait nommer Cavaignac ministre de la
guerre.

Dans les trois jours qui précédèrent le débat, fixé au
samedi 25, la Chambre aussi fut agitée et inquiète. Les
amis de Cavaignac tremblaient secrètement et essayaient
de faire trembler. Ils disaient : On verra! Ils affectaient
l'assurance. Jules Favre ayant parlé à la tribune du
*grand et solennel débat* qui allait s'ouvrir, ils éclatèrent
de rire. M. Coquerel, le pasteur protestant, rencontrant
Cavaignac dans l'avant-salle, lui dit : — Tenez-vous
bien, général! — Moi! répliqua Cavaignac avec des yeux
étincelants, dans un quart d'heure j'aurai balayé ces
misérables! Ces misérables, c'étaient Lamartine, Garnier-
Pagès, Ledru-Rollin et Arago. Cependant on doutait
d'Arago; il s'était, disait-on, rapproché de Cavaignac.

Cavaignac, dans le même moment, donnait la Légion
d'honneur à l'évêque de Quimper, l'abbé Legraverand,
qui l'acceptait. — Une croix pour une voix, disait-on
dans l'Assemblée. Et l'on riait de ces rôles retournés :
un général donnant la croix à un évêque.

Au fond, nous voici en pleine querelle pour la présidence. Les candidats se montrent le poing. L'Assemblée hue, gronde, murmure, trépigne, écrase l'un, applaudit l'autre.

Cette pauvre Assemblée est une vraie fille à soldats, amoureuse d'un troupier. Pour l'instant, c'est Cavaignac. Qui sera-ce demain ?

Le général Cavaignac fut habile et parfois même éloquent. Il se défendit comme on attaque. Il me parut souvent vrai, à moi, parce qu'il était louche depuis si longtemps. L'Assemblée l'écouta près de trois heures avec une attention profonde, où perçait à chaque instant la sympathie, toujours la confiance, quelquefois une sorte d'amour.

Cavaignac, avec sa taille haute et souple, sa petite redingote noire, son col militaire, ses épaisses moustaches, ses sourcils froncés, sa parole brève, brusque, coupée de saccades et de parenthèses, son geste rude, était par moments tout à la fois farouche comme un soldat et farouche comme un tribun. Vers le milieu, il fut avocat, ce qui pour moi gâta l'homme ; la harangue tournait au plaidoyer. Mais à la fin il se releva avec une sorte d'indignation vraie, il frappa du poing la tribune et fit tomber le verre d'eau au grand émoi des huissiers, et quand il termina en disant : — J'ai parlé je ne sais combien de temps, je parlerai encore tout ce soir, toute cette nuit, tout demain dimanche, s'il le faut, et ce ne sera plus maintenant l'avocat, ce sera le soldat, et vous

l'entendrez! — toute l'Assemblée éclata dans une
immense acclamation.

M. Barthélemy Saint-Hilaire, qui attaqua Cavaignac,
était un orateur froid, raide, un peu sec, qui ne convenait pas à la lutte, ayant de la colère sans éclat et de la
haine sans passion. Il commença par lire un factum, ce
qui déplaît toujours aux assemblées. L'Assemblée, mal
disposée et furieuse en secret, voulait l'accabler. Elle ne
demandait que des prétextes, il lui donna des raisons.
Son mémoire avait ce grave défaut d'asseoir sur de petits
faits de grosses accusations, surcharge qui fit plier tout le
système. Ce petit homme blême, qui jetait à chaque instant sa jambe en arrière et se penchait, les deux mains
sur le rebord de la tribune, comme sur la margelle d'un
puits, faisait rire ceux qui ne huaient pas. Au milieu des
violences de l'Assemblée, il affectait d'écrire longuement
sur les feuilles de son cahier, de sécher l'encre avec de
la poudre et de reverser cette poudre à loisir dans la
poudrière, trouvant ainsi moyen d'augmenter le tumulte
avec son calme. Quand M. Barthélemy Saint-Hilaire descendit de la tribune, Cavaignac n'était encore qu'attaqué
et déjà il était absous.

M. Garnier-Pagès, républicain éprouvé, honnête
homme, mais ayant le fond vaniteux et la forme empha-
tique, succéda à M. Barthélemy Saint-Hilaire. L'Assemblée essaya de l'accabler lui aussi, mais il se redressa
sous les murmures. Il invoqua son passé, attesta les souvenirs de la salle Voisin, compara les séides de Cavaignac

aux séides de Guizot, montra sa poitrine « qui avait affronté les poignards de la République rouge », et finit par attaquer résolument le général, avec trop peu de faits et trop de paroles, mais de front et comme la Bible veut qu'on prenne le taureau, par les cornes. Garnier-Pagès releva l'accusation presque terrassée. Il mêla trop souvent son *moi* à la discussion; il eut tort, car toute personnalité devait s'effacer devant la gravité du débat et l'anxiété du pays. Il se tourna de tous les côtés avec une sorte de furie désolée; il somma Arago d'intervenir, Ledru-Rollin de parler, Lamartine de s'expliquer. Tous trois gardèrent le silence, manquant à la fois au devoir et à la destinée.

L'Assemblée, cependant, poursuivait Garnier-Pagès de ses huées, et, quand il dit à Cavaignac : — *Vous avez voulu nous jeter par terre!* elle éclata de rire, et à cause du sentiment et à cause de l'expression. Garnier-Pagès la regarda rire avec un air désespéré.

On criait de toute part : — La clôture!

L'Assemblée était à ce moment où elle ne voulait pas écouter et où elle ne voulait plus entendre.


M. Ledru-Rollin parut à la tribune.

Ce cri éclata sur tous les bancs : — Enfin!

On fit silence.

La parole de Ledru-Rollin avait une sorte d'effet physique; grossier, mais puissant. Garnier-Pagès avait signalé les fautes politiques du général, Ledru-Rollin signala ses fautes militaires. Il mélangeait avec toute l'habileté de l'avocat la véhémence du tribun. Il termina par un vœu de clémence. Il ébranla Cavaignac.

Quand il revint s'asseoir à son banc, à côté de Pierre
Leroux et de Lamennais, un homme à longue chevelure grisonnante, en redingote blanche, traversa l'Assemblée et vint serrer la main à Ledru-Rollin. C'était
Lagrange.

Cavaignac monta pour la quatrième fois à la tribune.
Il était dix heures et demie du soir. On entendait les
rumeurs de la foule et les évolutions de la cavalerie sur
la place de la Concorde. L'aspect de l'Assemblée devenait
sinistre.

Cavaignac, fatigué, prit le parti d'être hautain. Il
s'adressa à la Montagne et la défia, déclarant aux monta-
gnards, aux acclamations de la majorité et des réaction-
naires, qu'il préférerait toujours *leurs injures à leurs
éloges.* Ceci parut violent et était habile ; Cavaignac y
perdit la rue Taitbout, qui représentait les socialistes,
et y gagna la rue de Poitiers, qui représentait les conservateurs.

Il s'arrêta après cette apostrophe et resta quelques instants immobile, passant la main sur son front. L'Assemblée
lui cria : Assez ! assez !

Il se tourna vers Ledru-Rollin et lui jeta cette parole :
— Vous avez dit que vous vous retiriez de moi. C'est
moi qui me retire de vous. Vous avez dit : pour longtemps.
Je vous dis : pour jamais !

C'était fini. L'Assemblée voulait clore le débat.

Lagrange parut à la tribune et gesticula au milieu des
huées. Lagrange était une espèce de déclamateur à la

fois populaire et chevaleresque qui exprimait des sentiments vrais avec une voix fausse. — Représentants, dit-il,
tout cela vous amuse, eh bien! cela ne m'amuse pas!
L'Assemblée éclata de rire et l'éclat de rire dura tout le
reste du discours. Il appela M. Landrin M. Flandrin, et
la gaieté devint folle.

J'étais de ceux auxquels cette gaieté serrait le cœur, car
il me semblait entendre les sanglots du peuple à travers
ces éclats de rire.

Pendant tout ce vacarme, on faisait circuler de banc
en banc une liste qui se couvrait de signatures et qui
portait un ordre du jour motivé proposé par M. Dupont
de l'Eure.

Dupont de l'Eure lui-même, courbé, chancelant, vint
lire, avec l'autorité de ses quatrevingts ans, son ordre du
jour à la tribune au milieu d'un profond silence interrompu par les acclamations.

503 voix contre 34 accueillirent cet ordre du jour,
qui renouvelait purement et simplement la déclaration
du 28 juin : *Le général Cavaignac a bien mérité de la
patrie.*

Je fus des trente-quatre. Pendant qu'on dépouillait le
scrutin, Napoléon Bonaparte, fils de Jérôme, s'approcha
de moi et me dit :

— Vous vous êtes abstenu?

Je répondis :

— De parler, oui. De voter, non.

— Ah! reprit-il. Nous nous sommes, nous, abstenus de voter. La rue de Poitiers aussi s'est abstenue.

Je lui pris la main, et je lui dis :

— A votre aise. Moi je ne m'abstiens pas. Je juge Cavaignac, et le pays me juge. Je veux le jour sur mes actions, et mes votes sont des actions.

# X

# 1849

—

## I

## LE JARDIN D'HIVER

— Février 1849 —

———

En février 1849, au milieu des douleurs et des frayeurs, des fêtes. La misère en donnait. On dansait pour les pauvres. Tandis que les canons, montrés à l'émeute le 29 janvier, étaient pour ainsi dire encore en batterie, un bal de bienfaisance attirait tout Paris au Jardin d'Hiver.

Voici ce que c'était que le Jardin d'Hiver.

Un poète l'avait peint d'un mot : *On a mis l'été sous*

*verre !* C'était une immense cage de fer, à deux nefs en
croix, grande comme quatre ou cinq cathédrales, et
revêtue d'une vitrine gigantesque. Cette cage était bâtie
dans les Champs-Élysées. On y pénétrait par une galerie
en planches, garnie de tapis et de tapisseries.

Quand on y entrait, l'œil se fermait d'abord dans
l'éblouissement d'un flot de lumière. A travers cette
lumière, on distinguait toutes sortes de fleurs magnifiques et d'arbres étranges, avec les feuillages et les
altitudes des tropiques et des florides, bananiers, pal-
miers, lataniers, cèdres, larges feuilles, énormes épines,
branches bizarres tordues et mêlées comme dans une
forêt vierge. Du reste, il n'y avait là de vierge que la
forêt. Les plus jolies femmes et les plus belles filles de
Paris, en toilettes de bal, tourbillonnaient dans cette
illumination *a giorno*, comme un essaim dans un rayon.

Au-dessus de cette cohue parée, resplendissait un
monstrueux lustre de cuivre, ou plutôt un immense
arbre d'or et de flamme renversé, qui semblait avoir sa
racine dans la voûte, et qui laissait pendre sur la foule
son feuillage de clartés et d'étincelles. Un vaste cercle
de candélabres, de lampadaires et de girandoles rayon-
nait de toutes parts autour de ce lustre comme les
constellations autour du soleil. Un orchestre qui faisait
trembler harmonieusement le vitrage, résonnait sous les
combles.

Mais ce qui donnait au Jardin d'Hiver une figure à
part, c'est qu'au delà de ce vestibule de lumière, de
musique et de bruit, que les yeux traversaient comme
un voile vague et éclatant, on apercevait une sorte
d'arche immense et ténébreuse, une grotte d'ombre et
de mystère. Cette grotte, où se dressaient de grands

arbres, où se hérissait un taillis percé d'allées et de clai-
rières, où l'on voyait un jet d'eau se dissoudre en brume
de diamants, n'était autre chose que le fond même du
jardin. Des points rougeâtres, qui ressemblaient à des
oranges de feu, y reluisaient çà et là dans les branchages.
Tout cet ensemble était comme un rêve. Les lanternes
dans le taillis, quand on en approchait, devenaient de
grosses tulipes lumineuses mêlées aux vrais camélias et
aux roses réelles.

On s'asseyait sur un banc, les pieds dans la mousse
et dans le gazon, et l'on sentait une bouche de chaleur
sous ce gazon et sous cette mousse; on rencontrait une
immense cheminée de marbre et de bronze, où brûlait
la moitié d'un arbre, à deux pas d'un buisson frissonnant
sous la pluie d'un jet d'eau. Il y avait des lampes dans
les fleurs et des tapis dans les allées. Au milieu des
arbres, des satyres, des nymphes toutes nues, des hydres,
toutes sortes de groupes et de statues, qui avaient,
tous ensemble, comme le lieu même où on les
voyait, je ne sais quoi d'impossible et je ne sais quoi de
vivant.

Que faisait-on à ce bal? On y dansait un peu, on y faisait un peu l'amour, surtout on y parlait politique.

Il y avait ce soir-là une cinquantaine de représentants.
On y remarquait le représentant nègre Louisy Mathieu,
en gants blancs, accompagné du représentant négrophile
Schœlcher en gants noirs. On disait : — O fraternité! ils
ont changé de mains !

Les hommes politiques adossés aux cheminées annonçaient la prochaine publication d'une feuille intitulée
l'*Aristo*, journal *réac*. On s'entretenait de l'affaire Bréa
qui se jugeait en ce moment-là même. Ce qui frappait le

plus ces hommes graves dans cette sinistre affaire, c'est qu'il y avait parmi les témoins un marchand de ferrailles appelé *Lenclume* et un serrurier nommé *Laclef*.

Voilà quelles petitesses les hommes mêlaient alors aux événements de Dieu.

# LES MEURTRIERS DU GÉNÉRAL BRÉA

———

Mars 1849.

Les condamnés de l'affaire Bréa ont été enfermés au fort de Vanves. Ils sont cinq : Nourry, pauvre enfant de dix-sept ans dont le père et le frère sont morts fous, type de ce gamin de Paris dont les révolutions font un héros et dont les émeutes font un assassin ; Daix, borgne, boiteux, manchot, *bon pauvre* de Bicêtre, trépané il y a trois ans, ayant une petite fille de huit ans qu'il adore ; Lahr, dit le Pompier, dont la femme est accouchée le lendemain de la condamnation, donnant la vie au moment où elle recevait la mort ; Chopart, commis libraire, mêlé à d'assez mauvaises fredaines de jeunesse ; enfin Vappreaux jeune, qui a plaidé l'alibi, et qui, s'il faut en croire les quatre autres, n'a point paru à la barrière de Fontainebleau dans les trois journées de juin.

Ces malheureux sont enfermés dans une grande casemate du fort. Leur condamnation les a accablés et tournés
vers Dieu. Il y a dans la casemate cinq lits de camp et
cinq chaises de paille ; ils ont ajouté à ce lugubre mobi-
lier de cachot un autel. Cet autel est construit au fond de
la casemate, vis-à-vis de la porte d'entrée et au-dessous
du soupirail d'où vient le jour. Il n'y a sur l'autel qu'une
Vierge en plâtre enveloppée d'une toile de dentelle. Pas
de flambeaux, de crainte que les prisonniers ne mettent
le feu à la porte avec la paille de leurs matelas. Ils prient
et travaillent. Comme Nourry n'a pas fait sa première
communion et veut la faire avant de mourir, Chopart
lui fait réciter le catéchisme.

A côté de l'autel est une planche trouée de balles et
posée sur deux tréteaux. Cette planche était la cible du
fort. On en a fait leur table à manger. Inadvertance
cruelle qui leur met sans cesse la mort prochaine sous
les yeux.

Il y a quelques jours, une lettre anonyme leur parvint.
Cette lettre les invitait à frapper du pied sur la dalle
placée au centre de la casemate. Cette dalle, leur disait-
on, recouvrait l'orifice d'un puits communiquant avec
d'anciens souterrains de l'abbaye de Vanves qui iraient
jusqu'à Châtillon. Ils pourraient soulever cette dalle et
s'évader une nuit par là.

Ils ont fait ce que la lettre leur conseillait. La dalle a,
en effet, résonné sous le pied, comme si elle recouvrait
une ouverture. Mais, soit que la police ait eu avis de la
lettre, soit toute autre cause, la surveillance a redoublé
à partir de ce moment, et ils n'ont pas pu profiter de
l'avis.

Les geôliers et les prêtres ne les quittent ni jour ni

nuit. Les gardiens du corps mêlés aux gardiens de l'âme. Triste justice humaine !

L'exécution des condamnés fut une faute. C'était l'échafaud qui reparaissait. Le peuple avait poussé du pied et jeté bas la guillotine. La bourgeoisie la relevait. Chose fatale.

Le président Louis Bonaparte inclinait à la clémence. Il était facile de traîner en longueur la revision et la cassation. L'archevêque de Paris, M. Sibour, successeur d'une victime, vint demander la grâce des meurtriers. Mais les phrases convenues prévalurent. Il fallait rassurer le pays ! il fallait reconstruire l'ordre, rebâtir la légalité, réédifier la confiance ! Et la société de cette époque en était encore là d'employer des têtes coupées comme matériaux. L'espèce de Conseil d'État qu'il y avait alors, consulté aux termes de la Constitution, opina pour l'exécution. L'avocat de Daix et de Lahr, M. Cresson, vit le président. C'était un jeune homme ému et éloquent. Il parla de ces hommes, de ces femmes qui n'étaient pas encore veuves, de ces enfants qui n'étaient pas encore orphelins, et, en parlant, il pleura.

Louis Bonaparte l'écouta en silence, lui prit les mains, mais se contenta de lui dire : — Je suis bien malheureux !

Le soir de ce même jour, c'était le jeudi, le Conseil des ministres s'assembla. La discussion fut longue et vive. Un seul ministre repoussait l'échafaud. Louis Bonaparte l'appuyait. Le débat dura jusqu'à dix heures du soir. Mais la majorité du Conseil l'emporta, et avant que les ministres se séparassent, le garde des sceaux, Odilon

Barrot, signa l'ordre d'exécution de trois des condamnés, Daix, Lahr et Chopart. Nourry et Vappreaux jeune furent commués aux galères perpétuelles.


L'exécution fut fixée au lendemain matin, vendredi.

La chancellerie transmit immédiatement l'ordre au préfet de police qui dut se concerter avec l'autorité militaire, le jugement étant rendu par un conseil de guerre.

Le préfet envoya chez le bourreau. Mais, depuis février, le bourreau de Paris avait quitté la maison qu'il habitait rue des Marais-Saint-Martin. Il s'était cru destitué comme la guillotine. Il avait disparu.

On perdit du temps pour trouver sa nouvelle demeure, et, lorsqu'on y arriva, il était absent. Le bourreau était à l'Opéra. Il était allé voir jouer *le Violon du Diable.*

Il était près de minuit. Le bourreau manquait. On dut ajourner l'exécution au surlendemain.

Dans l'intervalle, le représentant Larabit, auquel Chopart avait porté secours dans les barricades des barrières, fut averti et put revoir le président. Le président signa la grâce de Chopart.

Le lendemain de l'exécution, le préfet de police manda le bourreau et lui reprocha son absence. — Ma foi, répondit Sanson, je passais dans la rue, j'ai vu une grande affiche jaune avec ce mot : *le Violon du Diable.* J'ai dit : Tiens, ça doit être drôle ! et je suis allé au spectacle.

Ainsi une affiche de théâtre sauva la tête d'un homme.


Il y eut des détails horribles.

Dans cette nuit du vendredi au samedi, pendant que

ceux qu'on appelait autrefois « les maîtres des basses-
œuvres » construisaient l'échafaud à la barrière de Fontainebleau, le rapporteur du conseil de guerre, assisté du
greffier, se rendait au fort de Vanves.

Daix et Lahr, qui allaient mourir, dormaient. Ils
étaient dans la casemate n° 13, avec Nourry et Chopart.
Il fallut attendre, il se trouva qu'on n'avait pas de cordes ;
on les laissa dormir. A cinq heures du matin, les valets
du bourreau arrivèrent avec ce qui était nécessaire.

Alors on entra dans la casemate. Les quatre hommes
s'éveillèrent. On dit à Nourry et à Chopart : — Allez-
vous-en ! Ils comprirent et s'enfuirent dans la casemate
voisine, joyeux et épouvantés. Daix et Lahr, eux, ne com-
prenaient pas. Ils s'étaient dressés sur leur séant et regardaient autour d'eux avec des yeux effarés. On se jeta sur
eux et on les garrotta. Personne ne disait un mot. Ils
commencèrent à entrevoir une lueur et se mirent à
pousser des cris terribles. — Si on ne les avait pas liés,
disait le bourreau, ils nous auraient dévorés !

Puis Lahr s'affaissa et se mit à réciter des prières pendant qu'on leur lisait l'arrêt.

Daix continua de lutter avec des sanglots et des rugis-
sements d'horreur. Ces hommes qui avaient tué si facile-
ment, étaient terrifiés de mourir.

Daix cria : Au secours ! fit appel aux soldats, les adjura,
les injuria, les supplia au nom du général Bréa.

— Tais-toi ! dit un sergent, tu es un lâche !


L'exécution se fit en grand appareil. Constatons ce fait :
la première fois que la guillotine osa se montrer après
février, on lui donna une armée pour la garder. Vingt-

cinq mille hommes, infanterie et cavalerie, entouraient
l'échafaud ; deux généraux commandaient. Sept pièces de
canon furent braquées aux embouchures des rues qui
aboutissaient au rond-point de la barrière de Fontainebleau.

Daix fut exécuté le premier. Quand sa tête fut tombée
et qu'on délia le corps, le tronc d'où jaillissait un ruisseau de sang tomba sur l'échafaud entre la bascule et le
panier.

Les exécuteurs étaient éperdus. Un homme du peuple
dit : — Cette guillotine ! tout le monde y perd la tête, le
bourreau aussi !


A cette époque, on voyait encore dans les faubourgs,
que les dernières élections à l'Assemblée nationale
avaient si vivement émus, les noms des candidats populaires charbonnés sur tous les murs. Louis Bonaparte
était un de ces candidats. Son nom était mêlé, dans ces
espèces de bulletins à ciel ouvert, aux noms de Raspail
et de Barbès. Le lendemain de l'exécution, on put voir
à tous les coins de rues, partout où l'on rencontrait un
de ces écriteaux électoraux, le nom de Louis Bonaparte
raturé d'une balafre rouge. Protestation silencieuse,
reproche et menace. Doigt du peuple en attendant le
doigt de Dieu.

# LE SUICIDE D'ANTONIN MOINE

— Avril 1849 —

Antonin Moine, avant février 1848, faisait des figurines et des statuettes pour le commerce.

Figurines et statuettes! nous en étions là. Le commerce a remplacé l'État. Comme l'histoire est vide, l'art est pauvre ; comme il n'y a plus de figures, il n'y a plus de statues.

Antonin Moine subsistait assez chétivement de son travail. Pourtant, il avait pourvu à l'éducation de son fils Paul et l'avait fait entrer à l'École polytechnique. Vers 1847, le commerce de luxe, qui contient l'art et la fantaisie, allant déjà assez mal, il avait joint aux figurines des portraits au pastel. Une statuette par-ci, un pastel par-là, il vivait.

Après février, tout manqua à la fois, le fabricant qui

voulait un modèle de flambeau ou de pendule, comme le
bourgeois qui commandait son portrait. Que faire?
Antonin Moine lutta comme il put, usa ses vieux habits, mangea des haricots et des pommes de terre, vendit
ses chinoiseries à des bric-à-brac, mit au Mont-de-Piété
d'abord sa montre, puis son argenterie.

Il demeurait dans un petit appartement, rue de
La Rochefoucauld, n° 8, je crois, au coin de la rue
La Bruyère.

Le petit appartement se démeubla lentement.

Après juin, Antonin Moine sollicita une commande
du gouvernement. Cela traîna six mois. Trois ou quatre
ministres se succédèrent, et Louis Bonaparte eut le
temps d'être nommé président. Enfin M. Léon Faucher
accorda à Antonin Moine un buste, sur lequel le statuaire pouvait gagner six cents francs. Mais on le prévint que, l'État n'étant pas en fonds, le buste ne serait
payé que lorsqu'il serait fait.

La misère arrivait et l'espérance s'en allait.

Antonin Moine dit un jour à sa femme, qui était jeune
encore et qui avait quinze ans lorsqu'il l'avait épousée,
il lui dit : — Je me tuerai.

Le lendemain, sa femme trouva sous un meuble un
pistolet chargé. Elle le prit et le cacha ailleurs. Il paraît
qu'Antonin Moine le retrouva.

Sa raison commençait sans doute à se troubler. Il
portait toujours sur lui un casse-tête et un rasoir. Il dit
un jour à sa femme : — On peut fort bien se tuer à coups
de marteau.

Une fois, il se leva et ouvrit la fenêtre si violemment que sa femme se jeta sur lui et le saisit à bras-
le-corps.

— Que voulais-tu faire ? demanda-t-elle.

— Respirer ! Et toi, qu'est-ce que tu me veux ?

— Je t'embrasse, dit-elle.

Le 18 mars 1849, c'était, je crois, un dimanche, sa femme lui dit : — Je vais à la messe. Viens-tu avec moi ?

Il était religieux, et sa femme, ayant cette surveillance qui aime, le quittait le moins possible.

Il répondit : — Tout à l'heure ! et passa dans une pièce voisine qui était la chambre de son fils.

Quelques minutes s'écoulèrent. Tout à coup M<sup>me</sup> Antonin Moine entendit un bruit pareil à celui d'une porte cochère qui se referme. Mais elle ne s'y trompa pas. Elle tressaillit, et s'écria : C'est cet affreux pistolet !

Elle se précipita dans la chambre où Antonin Moine était entré, puis elle recula avec horreur. Elle venait de voir un corps étendu à terre.

Elle courut éperdue dans la maison, criant au secours. Mais personne ne vint, soit qu'on fût absent, soit qu'on n'entendît pas à cause du bruit de la rue.

Alors elle revint, rentra dans la chambre et s'agenouilla près de son mari. Le coup de pistolet avait emporté presque toute la tête. Le sang ruisselait sur le carreau, il y avait de la cervelle sur les murs et sur les meubles.

C'est ainsi que mourut, marqué par la fatalité, comme Jean Goujon son maître, Antonin Moine, nom qui désormais rappellera deux souvenirs, une mort horrible et un talent charmant.

---

# IV

# VISITE A L'ANCIENNE CHAMBRE DES PAIRS

---

Juin 1849.

Les ouvriers qui siégèrent au Luxembourg pendant les mois de mars et d'avril, sous la présidence de Louis Blanc, montrèrent je ne sais quel respect pour cette Chambre des pairs qu'ils remplaçaient. Les fauteuils des pairs furent pris, mais non souillés. Aucune insulte, aucun affront, aucune injure. Pas un velours ne fut déchiré, pas un maroquin ne fut taché. Le peuple tient de l'enfant, il charbonne volontiers sa colère, sa joie et son ironie sur les murs ; les ouvriers furent graves et inoffensifs. Ils trouvèrent dans les tiroirs les plumes et les canifs des pairs, et ne firent ni une balafre ni une tache d'encre.

Un gardien du palais me disait : — Ils ont été bien sages.

Ils quittèrent ces places comme ils les avaient prises. Un d'eux seulement grava dans le tiroir de M. Guizot au banc des ministres :

> La royauté est abolie.
> Vive Louis Blanc !

Cette inscription s'y lit encore.

Les fauteuils des pairs étaient en velours vert rehaussé de galons d'or. Leurs pupitres étaient en acajou revêtu de maroquin, avec tiroirs de chêne, contenant tout ce qu'il fallait pour écrire, mais sans clefs. Au haut de son pupitre, chaque pair avait devant lui son nom imprimé en lettres d'or sur un morceau de maroquin vert incrusté dans le bois. Au banc des princes, qui était à droite derrière le banc des ministres, il n'y avait aucun nom, mais une plaque dorée portant seulement ces mots : *Banc des princes.* — Cette plaque et les noms des pairs furent arrachés, non par les ouvriers, mais par l'ordre du gouvernement provisoire.

Quelques changements furent faits dans les salles qui servaient d'antichambres à l'Assemblée. L'admirable *Milon de Crotone* de Puget, qui ornait le vestibule au haut du grand escalier, fut porté au vieux musée et remplacé par un marbre quelconque. La statue en pied de M. le duc d'Orléans, qui était dans le second vestibule, fut mise je ne sais où et remplacée par la statue de Pompée, à la face, aux jambes et aux bras dorés, statue aux pieds de laquelle, selon la tradition, tomba César assassiné. Le tableau des fondateurs de Constitutions,

dans le troisième vestibule, tableau où figuraient Napoléon, Louis XVIII et Louis-Philippe, fut enlevé par ordre
de Ledru-Rollin et remplacé par une magnifique tapisserie
des Gobelins empruntée au Garde-Meuble.

Tout à côté de ce troisième vestibule, se trouve l'ancienne salle de la Chambre des pairs, bâtie en 1805 pour
le Sénat. Cette salle, petite, étroite, obscure, supportée
par de maigres colonnes corinthiennes, à fûts couleur
acajou et à chapiteaux blancs, meublée de pupitres-
tablettes et de chaises à siège de velours vert dans le goût
empire, le tout en acajou, pavée en marbre blanc, coupée
par des losanges de marbre Sainte-Anne rouge, cette
salle, pleine de souvenirs, avait été religieusement con-
servée et servait aux délibérations intimes de la Cour
des pairs, depuis la construction de la salle nouvelle
en 1840.

C'est dans cette ancienne salle du Sénat que le maréchal
Ney avait été jugé. On avait établi une barre à la gauche
du chancelier présidant la Chambre. Le maréchal était
derrière cette barre, ayant M. Berryer père à sa droite et
M. Dupin aîné à sa gauche, les pieds sur un de ces losanges
du pavé, dans lequel, par un sinistre hasard, les dessins
capricieux du marbre figuraient une tête de mort. Ce
losange a été enlevé depuis et remplacé.

Après février, en présence des émeutes, il fallait loger
des soldats dans le palais. On fit de l'ancienne salle du
Sénat un corps de garde. Les pupitres des sénateurs de
Napoléon et des pairs de la Restauration furent mis au
grenier, et les chaises curules servirent de lits de camp
aux soldats.

Dans les premiers jours de juin 1849, je visitai la salle
de la Chambre des pairs et je la retrouvai telle que je

l'avais laissée dix-sept mois auparavant, la dernière fois
que j'y siégeai, le 23 février 1848.

Tout y était à sa place. Un calme profond, les fauteuils
vides et en ordre. On eût dit que la Chambre venait de
lever sa séance depuis dix minutes.

———————

# XI

# CROQUIS

## PRIS A L'ASSEMBLÉE NATIONALE

———

### ODILON BARROT

Odilon Barrot monte à la tribune marche à marche et lentement, solennel avant d'être éloquent. Puis, il pose sa main droite sur la table de la tribune, rejetant sa main gauche derrière son dos, et se présentant ainsi à l'Assemblée de côté, dans l'attitude de l'athlète. Il est toujours en noir, bien brossé et bien boutonné.

Sa parole, d'abord lente, s'anime peu à peu, de même que sa pensée. Mais en s'animant, sa parole s'enroue et sa pensée s'obscurcit. De là une certaine hésitation dans l'auditoire, les uns entendant mal, les autres ne comprenant pas. Tout à coup, du nuage il sort un éclair et l'on est ébloui. La différence entre cette sorte d'hommes

et Mirabeau, c'est qu'ils ont des éclairs, Mirabeau seul a
le coup de foudre.

---

## MONSIEUR THIERS

M. Thiers veut traiter des hommes, des idées et des
événements révolutionnaires avec la routine parlementaire. Il joue son vieux jeu des roueries constitutionnelles
en présence des abîmes et des effrayants soulèvements
du chimérique et de l'inattendu. Il ne se rend pas compte
de la transformation de tout; il trouve des ressemblances
entre les temps où nous sommes et les temps où il a gouverné, et il part de là. Ces ressemblances existent en
effet, mais il s'y mêle je ne sais quoi de colossal et de
monstrueux. M. Thiers ne s'en doute pas et va son train.
Il a passé sa vie à caresser des chats, à les amadouer par
toutes sortes de procédés câlins et de manières félines.
Aujourd'hui il veut continuer son manège, et il ne s'aperçoit pas que les bêtes ont démesurément grandi, et que
ce qu'il a maintenant autour de lui, ce sont des fauves.
Spectacle étrange que ce petit homme essayant de passer
sa petite main sur le mufle rugissant d'une révolution !

Quand M. Thiers est interrompu, il se démène, croise
ses bras, les décroise brusquement, puis porte ses mains

à sa bouche, à son nez, à ses lunettes, puis hausse les épaules et finit par se saisir convulsivement, des deux mains, le derrière de la tête.


J'ai toujours éprouvé pour ce célèbre homme d'État, pour cet éminent orateur, pour cet écrivain médiocre, pour ce cœur étroit et petit, un sentiment indéfinissable d'admiration, d'aversion et de dédain.

———

## DUFAURE


M. Dufaure est un avocat de Saintes qui était le premier de sa ville vers 1833. Ceci le poussa à la Chambre. M. Dufaure y arriva avec un accent provincial et enchifrené qui était étrange. Mais c'était un esprit clair jusqu'à être parfois lumineux, précis jusqu'à être parfois décisif.

Avec cela une parole lente et froide, mais sûre, solide, et poussant avec calme les difficultés devant elle.

M. Dufaure réussit. Il fut député, puis ministre. Ce n'est pas un sage, c'est un homme honnête et grave, qui a tenu le pouvoir sans grandeur, mais avec probité et qui tient la tribune sans éclat, mais avec autorité.

Sa personne ressemble à son talent, elle est digne, simple et terne. Il vient à la Chambre boutonné dans une redingote gris noir, avec une cravate noire et un collet de

chemise qui lui monte aux oreilles. Il a un gros nez, les
lèvres épaisses, les sourcils épais, l'œil intelligent et
sévère et des cheveux gris en désordre.

---

## CHANGARNIER

Changarnier a l'air d'un vieil académicien, de même
que Soult a l'air d'un vieil archevêque.

Changarnier a soixante-quatre ou cinq ans, l'encolure
longue et sèche, la parole douce, l'air gracieux et com-
passé, une perruque châtaine comme Pasquier et un sourire à madrigaux comme M. Brifaut.

Avec cela c'est un homme bref, hardi, expéditif, résolu,
mais double et ténébreux.

Il siège à la Chambre à l'extrémité du quatrième banc
de la dernière section à gauche, précisément au-dessus de
M. Ledru-Rollin.

Il se tient là, les bras habituellement croisés. Ce banc
où siègent Ledru-Rollin et Lamennais est peut-être le
plus habituellement irrité de la gauche. Pendant que
l'Assemblée crie, murmure, hurle, rugit, rage et tempête,
Changarnier bâille.

---

# LAGRANGE

Lagrange a, dit-on, tiré le coup de pistolet du boulevard des Capucines\*, fatale étincelle qui a mis le feu aux colères et allumé l'embrasement de février. Il s'intitule : détenu politique et représentant du peuple.

Lagrange a des moustaches grises, une barbe grise, de longs cheveux gris ; il déborde de générosité aigrie, de violence charitable et de je ne sais quelle démagogie chevaleresque ; il a dans le cœur de l'amour avec lequel il attise toutes les haines ; il est long, mince, maigre, jeune de loin, vieux de près ; ridé, effaré, enroué, ahuri, gesticulant, blême avec le regard fou ; c'est le Don Quichotte de la Montagne. Lui aussi donne des coups de lance aux moulins, c'est-à-dire au crédit, à l'ordre, à la paix, au commerce, à l'industrie, à tous les mécanismes d'où sort le pain. Avec cela point d'idées ; des enjambées continuelles de la justice à la démence et de la cordialité à la menace. Il proclame, acclame, réclame et déclame. Il prononce *cito-ïens*. C'est un de ces hommes qu'on ne prend jamais au sérieux, mais qu'on est quelquefois forcé de prendre au tragique.

---

\* La légende a été, depuis, reconnue fausse.

# PROUDHON

Proudhon est né en 1808. Il a des cheveux blonds rares, en désordre, mal peignés, une mèche ramenée sur le front, qui est haut et intelligent. Il porte des lunettes. Son regard est à la fois trouble, pénétrant et fixe. Il y a du doguin dans son nez presque camard, et du singe dans son collier de barbe. Sa bouche, dont la lèvre inférieure est épaisse, a l'expression habituelle de l'humeur. Il a l'accent franc-comtois, il précipite les syllabes du milieu des mots et traîne les syllabes finales ; il met des accents circonflexes sur tous les a, et prononce comme Charles Nodier : honorâble, remarquâble. Il parle mal et écrit bien. A la tribune, son geste se compose de petits coups fébriles du plat de la main sur son manuscrit. Quelquefois il s'irrite et écume, mais c'est de la bave froide. Le principal caractère de sa contenance et de sa physionomie, c'est l'embarras mêlé à l'assurance.

J'écris ceci pendant qu'il est à la tribune.


Antony Thouret a rencontré Proudhon.

— Ça va mal, a dit Proudhon.

— Quelle cause assignez-vous à tous nos embarras ? a demandé Antony Thouret.

— Pardieu ! tout le mal vient des socialistes !

— Comment ! des socialistes ? mais vous-même, n'êtes-vous pas un socialiste ?

— Moi, un socialiste ! a repris Proudhon, par exemple !

— Ah çà ! qu'êtes-vous donc ?

— Je suis un financier.

————

## BLANQUI

A Vincennes, pendant ses huit mois de captivité pour l'affaire du 15 mai, Blanqui ne mangeait que du pain et des pommes crues, refusant toute nourriture. Sa mère seule parvenait quelquefois à lui faire prendre un peu de bouillon.

Il en était venu à ne plus porter de chemise. Il avait sur le corps les mêmes habits depuis douze ans, ses habits de prison, des haillons, qu'il étalait avec un orgueil sombre dans son club. Il ne renouvelait que ses chaussures, et ses gants, qui étaient toujours noirs.

Avec cela des ablutions fréquentes, la propreté mêlée au cynisme, de petites mains et de petits pieds. Il y avait dans cet homme un aristocrate brisé et foulé aux pieds par un démagogue.

Une habileté profonde, nulle hypocrisie ; le même dans l'intimité et en public. Apre, dur, sérieux, ne riant jamais, payant le respect par l'ironie, l'admiration par le sarcasme, l'amour par le dédain, et inspirant des dévouements extraordinaires.

Il n'y avait dans Blanqui rien du peuple, tout de la populace. Avec cela, lettré, presque érudit. A de certains

moments, ce n'était plus un homme, c'était une sorte
d'apparition lugubre dans laquelle semblaient s'être
incarnées toutes les haines nées de toutes les misères.

Étrange figure de fanatique à froid qui a sa sauvage
grandeur.

Après février, Blanqui sort de prison, tout de suite
amer et mécontent. Tout de suite ce farouche amant de
l'absolu déclare la guerre à cette République selon lui
tardigrade et bâtarde. Il veut chasser Lamartine, il veut
renverser Ledru-Rollin.

Un matin, il arrive aux bureaux de la *Réforme*, dont
son vieil ami Ribeyrolles est rédacteur en chef.

— Je viens, dit-il à Ribeyrolles, te prier d'annoncer
dans la *Réforme* mon club pour demain soir.

Ribeyrolles, nature expansive, homme d'action et
de pensée, mais aussi de sentiment, va à lui, le serre
dans ses bras.

— Ah! te voilà! ah! que je suis content de te retrouver! Tu n'es pas changé! Mais comment ne t'a-t-on pas
vu depuis dix jours que tu es libre? Et moi, ce n'est
rien; mais ta mère! ta mère qui t'adore!... Elle t'attend
d'heure en heure, la pauvre femme. Elle est venue vingt
fois au journal me demander si je n'avais pas de tes
nouvelles. Elle a soif de t'embrasser, elle pleure, elle
se meurt d'inquiétude...

— Tu ne me dis toujours pas, reprend Blanqui, si tu
annonceras mon club.

# LAMARTINE

23 février 1850.

Pendant la séance, Lamartine est venu s'asseoir à côté de moi, à la place qu'occupe habituellement M. Arbey. Tout en causant, il jetait à demi-voix des sarcasmes aux orateurs.

Thiers parlait. — Petit drôle! murmure Lamartine. Puis est venu Cavaignac. — Qu'en pensez-vous? me dit Lamartine. Quant à moi, voici mon sentiment. Il est heureux, il est brave, il est loyal, il est disert, — et il est bête!

A Cavaignac succéda Emmanuel Arago. L'Assemblée était orageuse. — Celui-là, il a de trop petits bras pour les affaires qu'il fait. Il se jette volontiers dans les mêlées et ne sait plus comment s'en tirer. La tempête le tente, et le tue.

Un moment après, Jules Favre monta à la tribune. — Je ne sais pas, me dit Lamartine, où ils voient un serpent dans cet homme. C'est un académicien de province.

Tout en riant, il prit une feuille de papier dans mon tiroir, me demanda une plume, demanda une prise de tabac à Savatier-Laroche, écrivit quelques lignes. Cela fait, il monta à la tribune et jeta à M. Thiers, qui venait d'attaquer la révolution de février, de graves et hautaines paroles. Puis il redescendit à notre banc, me serra la main pendant que la gauche applaudissait et que la droite s'indignait, et vida tranquillement dans sa tabatière la tabatière de Savatier-Laroche.

---

## BOULAY DE LA MEURTHE

M. Boulay de la Meurthe était un bon gros homme, chauve, ventru, petit, énorme, avec le nez très court et l'esprit pas très long. Il était l'ami de Harel auquel il disait : *mon cher* et de Jérôme Bonaparte auquel il disait : *Votre Majesté.*

L'Assemblée le fit, le 20 janvier, vice-président de la République.

La chose fut un peu brusque, et inattendue pour tout le monde, excepté pour lui. On s'en aperçut au long discours appris par cœur qu'il débita après avoir prêté serment. Quand il eut fini, l'Assemblée applaudit, puis à l'applaudissement succéda un éclat de rire. Tout le monde riait, lui aussi; l'Assemblée par ironie, lui de bonne foi.

Odilon Barrot, qui, depuis la veille au soir, regrettait vivement de ne pas s'être laissé faire vice-président, regardait cette scène avec un haussement d'épaules et un sourire amer.

L'Assemblée suivait du regard Boulay de la Meurthe félicité et satisfait, et dans tous les yeux on lisait ceci : Tiens! il se prend au sérieux!

Au moment où il prêta serment d'une voix tonnante
qui fit encore sourire, Boulay de la Meurthe avait l'air
ébloui de la République, et l'Assemblée n'avait pas l'air
éblouie de Boulay de la Meurthe.

———

# DUPIN

Dupin a un genre de mots particulier. C'est le mot
gaulois où se mêlent l'esprit robin et l'esprit grivois. Je
ne sais quel membre de la majorité, au moment de voter
le projet contre le suffrage universel, est monté à son
fauteuil et lui a dit : — Vous êtes notre président et de
plus un grand légiste. Vous en savez plus long que moi.
Éclairez-moi, je suis indécis. Est-il vrai que le projet de
loi viole la Constitution?

Dupin a paru rêver un moment et a répondu : — Non,
il ne la viole pas, mais il la trousse aussi haut que possible!

Ceci me rappelle ce qu'il me dit le jour où je parlai
sur la loi d'enseignement. Baudin m'avait cédé son
tour de parole. Je montai au fauteuil pour en prévenir
Dupin.

— Ah! vous allez parler? tant mieux! me dit-il; et,
me montrant M. Barthélemy Saint-Hilaire qui tenait la
tribune en ce moment-là et qui faisait contre la loi un
long et minutieux discours d'universitaire, il ajouta : —
Celui-ci vous rend service. Il fait la besogne préparatoire.

21.

Il déculotte la loi. Cela fait que vous pourrez tout de suite la...

Il acheva la phrase par le geste expressif qui consiste à frapper le dehors des doigts de la main gauche avec le dedans des doigts de la main droite.

—————

# XII

# LOUIS BONAPARTE

---

## I

## LES DÉBUTS

---

A son arrivée à Paris, Louis Bonaparte se logea place Vendôme. M<sup>lle</sup> Georges alla le voir. Ils causèrent assez longtemps. Tout en causant, Louis Bonaparte mena M<sup>lle</sup> Georges à une fenêtre d'où l'on voyait la Colonne et lui dit : — Je passe ma journée à regarder cela.

— C'est bien haut ! dit M<sup>lle</sup> Georges.

24 septembre 1848.

Louis Napoléon a paru aujourd'hui à l'Assemblée. Il est allé s'asseoir au septième banc de la troisième travée à gauche, entre M. Vieillard et M. Havin.

Il paraît jeune, a des moustaches et une royale noires, une raie dans les cheveux. Cravate noire, habit noir boutonné, col rabattu, des gants blancs. Perrin et Léon Faucher, assis immédiatement au-dessous de lui, n'ont pas tourné la tête. Au bout de quelques instants, les tribunes se sont mises à lorgner le prince, et le prince s'est mis à lorgner les tribunes.

**26 septembre.**

Louis Bonaparte est monté à la tribune (3 h. 1/4). Redingote noire, pantalon gris. Il a lu, avec un papier chiffonné à la main. On l'a écouté dans un profond silence. Il a prononcé le mot *compatriotes* avec un accent étranger. Quand il a eu fini, quelques voix ont crié : Vive la République !

Il est retourné lentement à sa place. Son cousin Napoléon, fils de Jérôme, celui qui ressemble tant à l'empereur, est venu le féliciter par-dessus M. Vieillard.

Du reste, il s'est assis sans dire un mot à ses deux voisins. Il se tait, mais il paraît plutôt embarrassé que taciturne.

**9 octobre.**

Pendant qu'on agitait la question de la présidence, Louis Bonaparte s'est absenté de l'Assemblée. Cependant, lorsqu'on a discuté l'amendement d'Antony Thouret qui excluait les membres des familles royales ou impériales, il a reparu. Il s'est assis à l'extrémité de son banc, à côté de son ancien précepteur, M. Vieillard, et il a écouté en silence, tantôt s'accoudant le menton dans la main, tantôt tordant sa moustache.

Tout à coup, il s'est levé et s'est dirigé lentement vers la tribune, au milieu d'une agitation extraordinaire. Une moitié de l'Assemblée criait : Aux voix ! L'autre criait : Parlez !

M. Sarrans était à la tribune. Le président dit : — M. Sarrans cède la parole à M. Louis Napoléon Bonaparte.

Il n'a dit que quelques mots insignifiants et est redescendu de la tribune au milieu d'un éclat de rire de stupéfaction.


Novembre 1848.


J'ai dîné le 19 novembre chez Odilon Barrot à Bougival.

Il y avait là MM. de Rémusat, de Tocqueville, Girardin, Léon Faucher, un membre du Parlement anglais et sa femme, laide avec de belles dents et de l'esprit, Mme Odilon Barrot et sa mère.

Vers le milieu du dîner, Louis Bonaparte est venu avec son cousin, le fils de Jérôme, et M. Abbatucci, représentant.

Louis Bonaparte est distingué, froid, doux, intelligent avec une certaine mesure de déférence et de dignité, l'air allemand, des moustaches noires ; nulle ressemblance avec l'empereur.

Il a peu mangé, peu parlé, peu ri, quoiqu'on fût très gai.

M<sup>me</sup> Odilon Barrot l'a fait asseoir à sa gauche. L'Anglais était à droite.

M. de Rémusat, qui était assis entre le prince et moi, m'a dit assez haut pour que Louis Napoléon ait pu l'entendre : — Je donne mes vœux à Louis Napoléon et mon vote à Cavaignac.

Louis Bonaparte, pendant ce temps-là, faisait manger des goujons frits à la levrette de M<sup>me</sup> Odilon Barrot.

# II

# LA PROCLAMATION A LA PRÉSIDENCE

Décembre 1848.

La proclamation de Louis Bonaparte comme président
de la République se fit le 20 décembre.

Le temps, admirable jusque-là et qui ressemblait
plutôt à la venue du printemps qu'au commencement de
l'hiver, avait brusquement changé. Ce fut le premier
jour froid de l'année. Les superstitions populaires
purent dire que le soleil d'Austerlitz se voilait.

Cette proclamation se fit d'une manière assez inattendue. On l'avait annoncée pour le vendredi. Elle eut
lieu brusquement le mercredi.

Vers trois heures, les abords de l'Assemblée se couvrirent de troupes. Un régiment d'infanterie vint se
masser derrière le palais d'Orsay ; un régiment de dragons s'échelonna sur le quai. Les cavaliers grelottaient

et paraissaient mornes. La population accourait, inquiète,
et ne sachant ce que cela voulait dire. Depuis quelques
jours, on parlait vaguement d'un mouvement bonapar-
tiste. Les faubourgs, disait-on, devaient se porter sur
l'Assemblée en criant : Vive l'empereur ! La veille, les
fonds avaient baissé de trois francs. Napoléon Bonaparte,
le fils de Jérôme, était venu me trouver fort alarmé.

L'Assemblée ressemblait à la place publique. C'étaient
plutôt des groupes qu'un parlement. On discutait à la
tribune, sans que personne écoutât, une proposition fort
utile d'ailleurs pour régler la publicité des séances et
substituer l'imprimerie de l'État, l'ancienne imprimerie
royale, à l'imprimerie du *Moniteur*. M. Bureau de Puzy,
questeur, tenait la parole.

Tout à coup, l'Assemblée s'émeut, un flot de représentants, arrivé par la porte de gauche, l'envahit. L'orateur s'interrompt. C'était la Commission chargée du
dépouillement des votes qui entrait et venait proclamer
le nouveau président. Il était quatre heures, les lustres
étaient allumés, une foule immense aux tribunes
publiques, le banc des ministres au complet. Cavaignac,
calme, vêtu d'une redingote noire, sans décoration, était
à sa place. Il tenait sa main droite dans sa redingote
boutonnée et ne répondait pas à M. Bastide qui se penchait par moments à son oreille. M. Fayet, évêque
d'Orléans, était sur une chaise devant le général. Ce qui
fit dire à l'évêque de Langres, l'abbé Parisis : C'est la
place d'un chien et non d'un évêque.

Lamartine était absent.

Le rapporteur, M. Waldeck-Rousseau, lut un discours
froid, froidement écouté. Quand il vint à l'énumération
des suffrages exprimés et qu'il arriva au chiffre de Lamar-

tine, 17 910 votes, la droite éclata de rire. Chétive vengeance, pauvre sarcasme des impopularités de la veille à l'impopularité du lendemain !

Cavaignac prit congé en quelques paroles dignes et brèves, auxquelles toute l'Assemblée battit des mains. Il annonça que le ministère se démettait en masse et que lui, Cavaignac, déposait le pouvoir. Il remercia l'Assemblée d'une voix émue. Quelques représentants pleuraient.

Puis le président Marrast proclama « le citoyen Louis Bonaparte » président de la République.

Quelques représentants assis autour du banc où avait siégé Louis Bonaparte applaudirent. Le reste de l'Assemblée garda un silence glacial. On quittait l'amant pour prendre le mari.

Armand Marrast appela l'élu du pays à la prestation du serment. Il se fit un mouvement.

Louis Bonaparte, vêtu d'un habit noir boutonné, la décoration de représentant du peuple et la plaque de la Légion d'honneur sur la poitrine, entra par la porte de droite, monta à la tribune, prononça d'une voix calme le serment dont le président Marrast dictait les paroles, prit Dieu et les hommes à témoin, puis lut, avec son accent étranger qui déplaisait, un discours interrompu par quelques rares murmures d'adhésion. Il fit l'éloge de Cavaignac, ce qui fut remarqué et applaudi.

Après quelques minutes, il descendit de la tribune, couvert, non, comme Cavaignac, des acclamations de la Chambre, mais d'un immense cri de : Vive la République ! Une voix cria : Vive la Constitution !

Avant de sortir, Louis Bonaparte alla serrer la main à son ancien précepteur, M. Vieillard, assis à la huitième

travée à gauche. Puis, le président de l'Assemblée invita
le bureau à accompagner le président de la République et
à lui faire rendre jusqu'à son palais les honneurs dus à
*son rang*. Le mot fit murmurer la Montagne. Je criai
de mon banc : — *A ses fonctions !*

Le président de l'Assemblée annonça que le président
de la République avait chargé M. Odilon Barrot de com-
poser le ministère et que l'Assemblée serait informée du
nouveau cabinet par un message ; que, le soir même, du
reste, on distribuerait aux représentants un supplément
du *Moniteur*.

On remarqua, car on remarquait tout dans ce jour qui
commençait une phase décisive, que le président Marrast appelait Louis Bonaparte *citoyen* et Odilon Barrot
*monsieur*.

Cependant les huissiers, leur chef Duponceau à leur
tête, les officiers de la Chambre, les questeurs, et parmi
eux le général Lebreton en grand uniforme, s'étaient
groupés au pied de la tribune ; plusieurs représentants
s'étaient joints à eux ; il se fit un mouvement qui annonçait que Louis Bonaparte allait sortir de l'enceinte.
Quelques députés se levèrent ; on cria : Assis ! assis !

Louis Bonaparte sortit. Les mécontents, pour marquer
leur indifférence, voulurent continuer la discussion de
la proposition sur l'imprimerie. Mais l'Assemblée était
trop agitée pour pouvoir même rester sur ses bancs. On
se leva en tumulte et la salle se vida. Il était quatre
heures et demie. Le tout avait duré une demi-heure.

Comme je sortais de l'Assemblée, seul, et évité comme
un homme qui a manqué ou dédaigné l'occasion d'être
ministre, je côtoyai dans l'avant-salle, au pied de l'escalier, un groupe où je remarquai Montalembert, et qui

contenait Changarnier en uniforme de lieutenant-général
de la garde nationale. Changarnier venait de reconduire
Louis-Bonaparte à l'Élysée. Je l'entendis qui disait :
Tout s'est bien passé.

Quand je me trouvai sur la place de la Révolution, il
n'y avait plus ni troupes, ni foule, tout avait disparu.
Quelques passants venaient des Champs-Élysées. La nuit
était noire et froide, une bise aigre soufflait de la rivière,
et, en même temps, un gros nuage orageux, qui rampait
à l'occident, couvrait l'horizon d'éclairs silencieux. Le
vent de décembre mêlé aux éclairs d'août, tels furent les
présages de cette journée.

# LE PREMIER DINER

24 décembre 1848.

Louis Bonaparte a donné son premier dîner, hier samedi, 23, deux jours après sa proclamation comme président de la République.

La Chambre chômait à cause de la Noël. J'étais chez moi, à mon nouveau logis de la rue de la Tour-d'Auvergne, occupé à je ne sais quelles bagatelles, *totus in illis*, lorsqu'on me remit un pli à mon adresse, apporté par un dragon. Je décachetai l'enveloppe et j'y trouvai ceci :

« L'officier d'ordonnance de service a l'honneur d'informer M. le général Changarnier qu'il est invité à dîner à l'Élysée-National, aujourd'hui samedi, à sept heures. » J'écrivis au-dessous : « Remis par erreur à M. Victor Hugo », et je renvoyai la lettre par le dragon qui l'avait

apportée. Une heure après, arriva une lettre de M. de
Persigny, ancien compagnon de complots du prince
Louis, aujourd'hui son secrétaire des commandements.
Cette lettre contenait force excuses pour l'erreur com-
mise et me prévenait que j'étais du nombre des invités.
Ma lettre avait été adressée par mégarde au représentant
de la Corse, M. Conti.

En tête de la lettre de M. de Persigny, il y avait ceci,
écrit à la main : *Maison du Président.*

Je remarquai la forme de ces invitations tout à fait semblable à la forme employée par le roi Louis-Philippe.
Comme je tenais à ne rien faire qui pût ressembler à de
la froideur calculée, je m'habillai ; il était six heures et
demie, et je me rendis sur-le-champ à l'Élysée.

Sept heures et demie sonnaient quand j'y arrivai.

Je jetai en passant un coup d'œil au sinistre portail de
l'hôtel Praslin qui touche à l'Élysée. La grande porte
cochère verte, encadrée entre deux colonnes doriques du
temps de l'empire, était close, morne, vaguement dessinée par la lueur du réverbère.

La porte de l'Élysée était fermée à un battant, deux fac-
tionnaires de la ligne la gardaient ; la cour était à peine
éclairée, un maçon la traversait dans ses habits de travail,
portant une échelle sur son dos ; presque toutes les vitres
des fenêtres des communs à droite étaient brisées et rac-
commodées avec du papier.

J'entrai par la porte du perron. Trois hommes de service en habit noir m'y reçurent ; l'un m'ouvrit les portes,
l'autre me débarrassa de mon manteau, le troisième me
dit : — Monsieur, au premier ! Je montai par l'escalier
d'honneur. Il y avait un tapis et des fleurs, mais je ne sais
quoi de froid et de dérangé qui sentait l'emménagement.

Au premier, un huissier me dit : — Monsieur vient
pour dîner? — Oui, dis-je, est-ce qu'on est à table ? —
Oui, monsieur. — En ce cas, je m'en vais.

L'huissier se récria :

— Mais, monsieur, presque tout le monde est arrivé
qu'on était déjà à table, entrez. On compte sur monsieur.

Je remarquai cette exactitude militaire et impériale,
qui était l'habitude de Napoléon. Chez l'empereur, sept
heures voulait dire sept heures.

Je traversai l'antichambre, puis un salon où je laissai
mon manteau et j'entrai dans la salle à manger.

C'était une pièce carrée, lambrissée dans le goût empire, à boiseries blanches. Aux murs, des gravures et des
tableaux, du choix le plus misérable, entre autres la
*Marie Stuart écoutant Rizzio* du peintre Ducis. Autour
de la salle un buffet. Au milieu une table longue arrondie
aux deux extrémités où siégeaient une quinzaine de convives. Cette table avait un haut bout dirigé vers le fond
de la salle où était assis le président de la République. Il
avait à ses côtés deux femmes; à sa droite, la marquise
du H...; à sa gauche, M^me Conti, mère du représentant.

Le président se leva quand j'entrai. J'allai à lui. Nous
nous prîmes la main. — J'ai improvisé ce dîner, me
dit-il, je n'ai que quelques amis chers, j'ai espéré que
vous voudriez bien être du nombre. Je vous remercie
d'être venu. Vous êtes venu à moi, comme je suis allé à
vous, simplement. Je vous remercie.

Il me prit encore la main. Le prince de la Moskowa,
qui était à côté du général Changarnier, me fit une place
à côté de lui et je m'assis à la table. Je me hâtai et mis les
bouchées doubles, car le président avait fait interrompre

le dîner pour me donner le temps de rejoindre. On était
au second service.

J'avais en face de moi le général Rulhières, ancien
pair, ministre de la guerre, le représentant Conti et Lucien
Murat. Les autres convives m'étaient inconnus. Il y avait
parmi eux un jeune chef d'escadron, décoré de la Légion
d'honneur. Ce chef d'escadron seul était en uniforme; les
autres étaient en frac. Le prince avait un habit noir, avec
la rosette de la Légion d'honneur à la boutonnière.

Chacun causait avec sa voisine. Louis Bonaparte paraissait préférer à sa voisine de gauche sa voisine de droite.
La marquise du H... a trente-six ans et les paraît. Beaux
yeux, peu de cheveux, bouche laide, la peau blanche, la
gorge éclatante, le bras charmant, les plus jolies petites
mains du monde, les épaules admirables. Elle est séparée
en ce moment de M. du H... Elle a fait huit enfants, les
sept premiers avec son mari. Il y a quinze ans qu'elle s'est
mariée. Dans les premiers temps de son mariage, elle
venait trouver son mari au salon en plein jour, elle lui
disait : — Viens donc! et elle l'emmenait se coucher.
Quelquefois un domestique venait dire : — Madame la
marquise demande M. le marquis. Le marquis obéissait.
Cela faisait rire les assistants. Aujourd'hui le marquis et
la marquise sont brouillés.

— Vous savez, me dit tout bas la Moskowa, elle a été
la maîtresse de Napoléon, fils de Jérôme, elle est maintenant à Louis. — Eh bien, fis-je, changer un Napoléon
pour un Louis, cela se voit tous les jours.

Ces méchants calembours ne m'empêchaient pas de
manger et j'observais.

Les deux femmes, assises aux côtés du président, avaient
des chaises carrées par le haut. Celle du président était

surmontée d'un petit chef arrondi. Au moment d'en tirer
quelque induction, je regardai les autres chaises et je vis
que quatre ou cinq convives, du nombre desquels j'étais
moi-même, avaient des chaises pareilles à celle du président. Les chaises étaient en velours rouge à clous
dorés. Une remarque plus sérieuse, c'est que tous les
assistants appelaient le président de la République *Mon-*
*seigneur* et *Votre Altesse*. Moi qui l'appelais *Prince*,
j'avais l'air d'un démagogue.

Quand on se fut levé de table, le prince me demanda
des nouvelles de ma femme, puis s'excusa beaucoup de la
rusticité du service.

— Je ne suis pas encore installé, me dit-il. Avant-hier,
quand je suis arrivé, c'est à peine si j'avais un matelas
pour me coucher.

Cela n'était pas étonnant, Cavaignac ayant fait le lit de
Bonaparte.

Le dîner était médiocre et le prince avait raison de
s'excuser. Le service en porcelaine blanche commune,
l'argenterie bourgeoise, usée et grossière. Au milieu de
la table, il y avait un assez beau vase en craquelé, monté
en cuivre doré du mauvais goût Louis XVI.

Cependant nous entendîmes une musique dans une
salle voisine. — C'est une surprise, nous dit le président ;
ce sont les musiciens de l'Opéra.

Un moment après, on nous passa un programme écrit
à la main qui indiquait les cinq morceaux qu'on était en
train d'exécuter :

1° Prière de *la Muette ;*
2° Fantaisie sur des airs favoris de la *Reine Hortense ;*
3° Final de *Robert Bruce ;*
4° *Marche républicaine ;*

5° *La Victoire*, pas redoublé.

Dans la disposition d'esprit assez inquiète, que je partageais en ce moment avec toute la France, je ne pus m'empêcher de remarquer cette *Victoire*, pas redoublé, venant après la *Marche républicaine*.

Je me levai de table ayant encore faim.

Nous passâmes dans le grand salon, séparé de la salle à manger par le salon d'attente que j'avais traversé en entrant.

Ce grand salon était fort laid, blanc avec des figures dans le genre de Pompéi sur les panneaux, tout l'ameublement dans le style empire, excepté les fauteuils en tapisserie et or d'un assez bon goût rocaille. Il y avait trois fenêtres cintrées auxquelles répondaient de l'autre côté du salon trois grandes glaces de même forme, dont l'une, celle du milieu, était une porte. Les rideaux des fenêtres étaient d'un beau satin blanc à ramages perse fort riches.

Pendant que nous causions, le prince de la Moskowa et moi, socialisme, Montagne, communisme, etc., Louis Bonaparte vint et me prit à part.

Il me demanda ce que je pensais du moment. Je fus réservé. Je lui dis que les choses s'annonçaient bien ; que la tâche était rude, mais grande ; qu'il fallait rassurer la bourgeoisie et satisfaire le peuple, donner aux uns le calme et aux autres le travail, la vie à tous ; qu'après trois petits gouvernements, les Bourbons aînés, Louis-Philippe et la République de février, il en fallait un grand ; que l'empereur avait fait un grand gouvernement par la guerre, qu'il devait, lui, faire un grand gouvernement par la paix ; que le peuple français, étant illustre depuis trois siècles, ne voulait pas devenir ignoble ; que c'était cette

méconnaissance de la fierté du peuple et de l'orgueil
national qui avait surtout perdu Louis-Philippe; qu'il
fallait, en un mot, décorer la paix.

— Comment? me dit Louis-Napoléon.

— Par toutes les grandeurs des arts, des lettres, des
sciences, par les victoires de l'industrie et du progrès.
Le travail populaire peut faire des miracles. Et puis, la
France est une nation conquérante; quand elle ne fait
pas de conquête par l'épée, elle veut en faire par l'esprit.
Sachez cela et allez. L'ignorer vous perdrait.

Il a paru pensif et s'est éloigné. Puis il est revenu,
m'a remercié vivement et nous nous remîmes à
causer.

Nous parlâmes de la presse. Je lui conseillai de la res-
pecter profondément, et de faire à côté une presse de
l'État. — L'État sans journal, au milieu des journaux,
lui dis-je, se bornant à faire du gouvernement pendant
qu'on fait de la publicité et de la polémique, ressemble
aux chevaliers du quinzième siècle qui s'obstinaient à se
battre à l'arme blanche contre les canons à feu; ils étaient
toujours battus. Je vous accorde que c'était noble, vous
m'accorderez que c'était bête.

Il me parla de l'empereur. — C'est ici, me dit-il, que
je l'ai vu pour la dernière fois. Je n'ai pu rentrer dans
ce palais sans émotion. L'empereur me fit amener et posa
sa main sur ma tête. J'avais sept ans. C'était dans le
grand salon d'en bas.

Puis Louis Bonaparte me parla de la Malmaison.

— On l'a respectée. Je l'ai visitée en détail, il y a six
semaines. Voici comment. J'étais allé voir M. Odilon
Barrot à Bougival. — Dînez avec moi, me dit-il. — Je
veux bien. Il était trois heures. — Qu'allons-nous faire

en attendant le dîner ? — Allons voir la Malmaison, dit M. Barrot.

Nous partîmes. Nous étions tous deux seuls. Arrivés à la Malmaison, nous sonnâmes. Un portier vint ouvrir la grille. M. Barrot prit la parole. — Nous voudrions voir la Malmaison.

Le portier répondit : — Impossible !

— Comment ! impossible ?

— J'ai des ordres.

— De qui ?

— De Sa Majesté la reine Christine, à qui est le château à présent.

— Mais monsieur est un étranger qui vient exprès.

— Impossible !

— Parbleu ! s'écria M. Odilon Barrot, il est curieux que cette porte soit fermée au neveu de l'empereur !

Le portier tressaillit et jeta son bonnet à terre. C'était un vieux soldat, auquel on avait fait cette retraite.

— Le neveu de l'empereur ! s'écria-t-il. Oh ! sire, entrez !

Il voulait baiser mes habits.

Nous visitâmes le château. Tout y est encore à peu près à sa place. J'y ai presque tout reconnu, le cabinet du premier consul, la chambre de ma mère, la mienne. Les meubles sont encore les mêmes dans beaucoup de chambres. J'ai retrouvé un petit fauteuil que j'avais quand j'étais enfant. —

Je dis au prince : — Voilà ! les trônes sombrent, les fauteuils restent.

Pendant que nous causions, quelques personnes vinrent, entre autres M. Duclerc, l'ex-ministre des finances de la Commission exécutive, puis une vieille femme en velours

noir que je ne connaissais pas, puis lord Normanby,
ambassadeur d'Angleterre, que le président emmena vivement dans un salon voisin. J'ai vu le même lord Normanby
emmené de même par le roi Louis-Philippe.

Le président dans son salon avait l'air timide et point
chez lui. Il allait et venait d'un groupe à l'autre plutôt
comme un étranger embarrassé que comme le maître de
la maison. Du reste, il parle à propos et quelquefois avec
esprit.

Il a vainement essayé de me faire expliquer sur son
ministère. Je ne voulais lui en dire ni bien ni mal.

Le ministère n'est d'ailleurs qu'un masque, ou pour
mieux dire, un paravent qui cache un magot. Thiers est
derrière. Cela commence à gêner Louis Bonaparte. Il
faut qu'il tienne tête à huit ministres qui tous cherchent
à l'amoindrir. Chacun tire la nappe à soi. Parmi ces ministres, quelques ennemis avoués. Les nominations, les
promotions, les listes, arrivent toutes faites de la place
Saint-Georges. Il faut accepter, signer, endosser.

Hier, Louis Bonaparte se plaignait au prince de la
Moskowa; il disait spirituellement : — Ils veulent faire
de moi le prince Albert de la République.

Odilon Barrot paraît triste et découragé. Aujourd'hui,
il est sorti du Conseil, l'air accablé. M. de la Moskowa
était là. — Eh bien! a-t-il dit, comment vont les choses?
Odilon Barrot a répondu : — Priez pour nous !

— Diable! a dit la Moskowa, voilà qui est tragique!

Odilon Barrot a repris : — Que voulez-vous que nous
fassions? Comment rebâtir cette vieille société où tout
s'écroule? L'effort qu'on fait pour l'étayer achève de
l'ébranler. On y touche, elle tombe. Ah! priez pour
nous !

Et il a levé les yeux au ciel.

Je suis sorti de l'Élysée vers dix heures. Comme je m'en allais, le président m'a dit : Attendez un instant. Puis il est entré dans une pièce voisine, et est ressorti un moment après avec des papiers qu'il m'a remis dans la main, en disant : — Pour M<sup>me</sup> Victor Hugo.

C'étaient des billets d'entrée pour voir la revue d'aujourd'hui, de la galerie du Garde-Meuble.

Et tout en m'en allant, je songeais. Je songeais à cet emménagement brusque, à cette étiquette essayée, à ce mélange de bourgeois, de républicain et d'impérial, à cette surface d'une chose profonde qu'on appelle aujourd'hui : le président de la République, à l'entourage, à la personne, à tout l'accident. Ce n'est pas une des moindres curiosités et un des faits les moins caractéristiques de la situation, que cet homme auquel on peut dire et on dit en même temps, et de tous les côtés à la fois : prince, altesse, monsieur, monseigneur et citoyen.

Tout ce qui se passe en ce moment met pêle-mêle sa marque sur ce personnage à toutes fins.

————

IV

# LE PREMIER MOIS

Janvier 1849.

Le premier mois de la présidence de Louis Bonaparte s'écoule. Voici quelle est la figure de ce moment.

Il y a maintenant des bonapartistes de la veille. MM. Jules Favre, Billault et Carteret font une cour — politique — à M<sup>me</sup> la princesse Mathilde Demidoff. M<sup>me</sup> la duchesse d'Orléans habite, à Ems, avec ses deux enfants, une petite maison où elle vit pauvrement et royalement. Toutes les idées de février sont remises en question les unes après les autres ; 1849 désappointé tourne le dos à 1848. Les généreux veulent l'amnistie, les sages veulent le désarmement. L'Assemblée constituante est furieuse d'agoniser. M. Guizot publie son livre *De la démocratie en France*. Louis-Philippe est à Londres, Pie IX est à Gaëte. La bourgeoisie a perdu Paris, le catholicisme a perdu Rome. M. Barrot est au pouvoir. Le ciel est pluvieux et triste avec un rayon de soleil de temps en temps. M<sup>lle</sup> Ozy se montre toute nue dans le rôle d'Ève à la Porte-Saint-Martin ; Frédérick Lemaître y joue *l'Auberge des Adrets*. Le cinq est à soixante-quatorze, les pommes de terre coûtent huit sous le boisseau, on a un brochet pour vingt sous à la Halle. M. Ledru-Rollin pousse à la guerre, M. Proudhon pousse à la banqueroute. Le général Cavaignac assiste en gilet gris aux séances de l'Assemblée et passe son temps à regarder les femmes des tribunes avec de grosses jumelles d'ivoire. M. de Lamartine reçoit vingt-cinq mille francs pour son *Toussaint-Louverture*. Louis Bonaparte donne de grands dîners à M. Thiers qui l'a fait prendre et à M. Molé qui l'a fait condamner. Vienne, Milan, Berlin, se calment. Les révolutions pâlissent et semblent partout s'éteindre à la surface, mais un souffle profond remue toujours les peuples. Le roi de Prusse s'apprête à ressaisir son sceptre et l'empereur de Russie à tirer son épée. Il y a eu un tremblement de terre au Havre ; le choléra est à Fécamp ; Arnal quitte le Gymnase, et l'Académie nomme M. le duc de Noailles à la place de Chateaubriand.

# V

## TATONNEMENTS

---

Janvier 1849.

Au bal d'Odilon Barrot, le 28 janvier, M. Thiers aborde M. Léon Faucher et lui dit : — Faites donc un tel préfet ! Au nom prononcé, M. Léon Faucher fait la grimace, ce qui lui est facile, et dit : — Monsieur Thiers, il y a des objections. — Tiens ! répondit Thiers, c'est justement ce que le président de la République m'a répondu le jour où je lui ai dit : Faites donc M. Faucher ministre !

A ce bal, on remarqua que Louis Bonaparte cherchait Berryer, s'attachait à lui et l'attirait dans les coins. Le prince avait l'air de suivre et Berryer d'éviter.

Vers onze heures, le président dit à Berryer : — Venez-vous avec moi à l'Opéra ?

Berryer s'excusa. — Prince, dit-il, cela ferait jaser, on me croirait en bonne fortune !

— Bah! répondit Louis Bonaparte en riant, les représentants sont inviolables!

Le prince partit seul, et l'on fit circuler ce quatrain :

En vain l'empire met du fard,
On baisse ses yeux et sa robe.
Et Berryer-Joseph se dérobe
A Napoléon-Putiphar.

Février 1849.

Avec les meilleures intentions du monde et une certaine quantité très visible d'intelligence et d'aptitude, j'ai peur que Louis Bonaparte ne succombe à sa tâche. Pour lui la France, le siècle, l'esprit nouveau, les instincts propres au sol et à l'époque, autant de livres clos. Il regarde sans les comprendre les esprits qui s'agitent, Paris, les événements, les hommes, les choses, les idées. Il appartient à cette classe d'ignorants qu'on appelle les princes et à cette catégorie d'étrangers qu'on appelle les émigrés. Au-dessous de rien, en dehors de tout. Pour qui l'examine avec attention, il a plus l'air d'un patient que d'un gouvernant.

Il n'a rien des Bonaparte, ni le visage, ni l'allure ; il n'en est probablement pas. On se rappelle les habitudes aisées de la reine Hortense. — C'est un souvenir de Hollande! me disait hier Alexis de Saint-Priest. Louis Bonaparte a, en effet, la froideur hollandaise.

Louis Bonaparte ignore Paris à ce point qu'il me disait la première fois que je l'ai vu rue de la Tour-d'Auvergne :

— Je vous ai beaucoup cherché. J'ai été à votre ancienne
maison. Qu'est-ce donc que cette place des Vosges ? —
C'est la place Royale, lui dis-je. — Ah ! reprit-il, est-ce
que c'est une ancienne place ?

Il a voulu voir Béranger. Il est allé deux fois à Passy
sans le trouver. Son cousin Napoléon a mieux deviné
l'heure et a rencontré Béranger au coin de son feu. Il lui
a demandé : — Que conseillez-vous à mon cousin ? —
D'observer la Constitution. — Et que faut-il qu'il évite ?
— De violer la Constitution. Béranger n'est pas sorti de
là.

Hier, 5 décembre 1850, j'étais aux Français. Rachel
jouait *Adrienne Lecouvreur*. Jérôme Bonaparte était dans
l'avant-scène à côté de la mienne. Je l'ai été voir dans un
entr'acte. Nous avons causé. Il m'a dit :

— Louis est fou. Il se défie de ses amis et se livre à
ses ennemis. Il se défie de sa famille et se laisse garrotter
par les vieux partis royalistes. J'étais mieux reçu, après
ma rentrée en France, par Louis-Philippe aux Tuileries
que je ne le suis à l'Élysée par mon neveu. Je lui disais
l'autre jour devant un de ses ministres (Fould) : — Mais
souviens-toi donc ! Quand tu étais candidat à la présidence, monsieur (je montrais Fould) est venu me trouver
rue d'Alger où je demeurais et m'a prié de me mettre sur
les rangs, pour la présidence, au nom de MM. Thiers,
Molé, Duvergier de Hauranne, Berryer et Bugeaud. Il
m'a dit que jamais tu n'aurais le *Constitutionnel ;* que tu
étais, pour Molé, un idiot et, pour Thiers, une tête de
bois ; que, seul, je pouvais tout rallier et réussir contre
Cavaignac. J'ai refusé. J'ai dit que toi tu étais la jeunesse
et l'avenir, que tu avais vingt-cinq ans devant toi et que
j'en avais huit ou dix à peine ; que j'étais un invalide, et
qu'on me laissât tranquille. Voilà ce que ces gens-là faisaient, et voilà ce que j'ai fait, — et tu oublies cela ! Et
tu fais de ces messieurs les maîtres ! Et ton cousin, mon
fils, qui t'a défendu à la Constituante, qui s'est dévoué à
ta candidature, tu le mets à la porte ! Et le suffrage uni-

versel qui t'a fait ce que tu es, tu le brises! Ma foi, je
dirai comme Molé que tu es un idiot et comme Thiers
que tu es une tête de bois!

Le roi de Westphalie s'est arrêté un moment, puis a
repris :

— Et savez-vous, monsieur Victor Hugo, ce qu'il m'a
répondu? — « Vous verrez! » Personne ne sait le fond de
cet homme-là!

# XIII

# PENDANT LE SIÈGE DE PARIS

---

BRUXELLES. — 1ᵉʳ *septembre* 1870. — Charles part ce matin avec MM. Claretie, Proust, Frédérix, pour Virton. On se bat en ce moment près de là, à Carignan. Ils verront ce qu'ils pourront de la bataille. Ils reviendront demain.

2 *septembre*. — Charles et ses amis ne sont pas revenus aujourd'hui.

3 *septembre*. — Hier, après la bataille décisive perdue, Louis Bonaparte, fait prisonnier dans Sedan, a rendu son épée au roi de Prusse. Il y a un mois juste, le 2 août, à Sarrebrück, il jouait avec la guerre.

Maintenant sauver la France, ce sera sauver l'Europe.

Des crieurs de journaux passent, portant d'énormes affiches où on lit : *Napoléon III prisonnier.*

5 heures. Charles et nos amis sont revenus.

9 heures. Réunion des proscrits à laquelle j'assiste ainsi que Charles.

Question : Drapeau tricolore ou drapeau rouge ?

**4 *septembre*.** — La déchéance de l'empereur est proclamée à Paris.

A 1 heure, réunion des proscrits chez moi.

A 3 heures, reçu un télégramme de Paris ainsi conçu : *Amenez immédiatement les enfants.* Ce qui veut dire : *Venez.*

MM. Jules Claretie et Proust ont dîné avec nous.

Pendant le dîner est arrivé un télégramme signé *François Hugo* nous annonçant un gouvernement provisoire : Jules Favre, Gambetta, Thiers.

**5 *septembre*.** — A 6 heures du matin, on m'apporte un télégramme signé *Barbieux* me demandant l'heure de mon arrivée à Paris. Je fais répondre par Charles que j'arriverai à 9 heures du soir. Nous emmènerons les enfants. Nous partirons par le train de 2 h. 35.

Le gouvernement provisoire (journaux) se compose de tous les députés de Paris, moins Thiers.

A midi, comme j'allais partir de Bruxelles pour Paris, un jeune homme, un Français, m'a abordé sur la place de la Monnaie et m'a dit : — Monsieur, on me dit que vous êtes Victor Hugo ?

— Oui.

— Soyez assez bon pour m'éclairer. Je voudrais savoir s'il est prudent d'aller à Paris en ce moment ?

Je lui ai répondu : — Monsieur, c'est très imprudent, mais il faut y aller.

Nous sommes entrés en France à 4 heures.

A Tergnier, à 6 h. 1/2, nous avons dîné d'un morceau de pain, d'un peu de fromage, d'une poire et d'un verre de vin. Claretie a voulu payer et m'a dit : — Je tiens à vous donner à dîner le jour de votre rentrée en France.

Chemin faisant, j'ai vu dans les bois un campement de soldats français, hommes et chevaux mêlés. Je leur ai crié *Vive l'armée !* et j'ai pleuré.

Nous rencontrons à chaque instant des trains de soldats allant à Paris. Vingt-cinq convois de troupe ont passé dans la journée. Au passage d'un de ces convois, nous avons donné aux soldats toutes les provisions que nous avions, du pain, des fruits et du vin. Il faisait un beau soleil, puis, le soir venu, un beau clair de lune.

Nous sommes arrivés à Paris à 9 h. 35. Une foule immense m'attendait. Accueil indescriptible. J'ai parlé quatre fois. Une fois du balcon d'un café, trois fois de ma calèche.

En me séparant de cette foule, toujours grossie, qui m'a conduit jusque chez Paul Meurice, avenue Frochot, j'ai dit au peuple : — Vous me payez en une heure vingt ans d'exil.

On chantait la *Marseillaise* et le *Chant du départ.* On criait : Vive Victor Hugo ! Le trajet de la gare du Nord à la rue de Laval a duré deux heures...

Nous sommes arrivés à minuit chez Meurice, où je vais loger. J'y ai soupé, avec mes compagnons de route, plus Victor. Je me suis couché à 2 heures.

Au point du jour, j'ai été réveillé par un immense
orage. Éclairs et tonnerre.

Je déjeunerai chez Paul Meurice et nous dinerons
ensemble à l'hôtel Navarin, où ma famille est logée.

PARIS. — 6 *septembre*. — Innombrables visites.
Innombrables lettres.

Rey est venu me demander si j'accepterais d'être d'un
triumvirat ainsi composé : Victor Hugo, Ledru-Rollin,
Schœlcher. J'ai refusé. Je lui ai dit : *Je suis presque
impossible à amalgamer.*

Je lui ai rappelé nos souvenirs. Il m'a dit : — Vous
rappelez-vous que c'est moi qui vous ai reçu quand vous
arrivâtes à la barricade Baudin ? Je lui ai dit : —
Je me rappelle si bien que voici... Et je lui ai dit les
vers qui commencent la pièce (inédite) sur la barricade
Baudin :

> La barricade était livide dans l'aurore,
> Et comme j'arrivais elle fumait encore.
> Rey me serra la main et dit : Baudin est mort.

Il a pleuré.

7 *septembre*. — Sont venus Louis Blanc, d'Alton-Shée,
Banville, etc.

Les dames de la Halle m'ont apporté un bouquet.

8 *septembre*. — Je suis averti qu'on prétend vouloir
m'assassiner. Haussement d'épaules.

J'ai écrit ce matin ma *Lettre aux Allemands*.

Elle partira demain.

Visite du général Cluseret.

A 10 heures, j'ai été au *Rappel* corriger les épreuves de ma *Lettre aux Allemands*.

**9 *septembre*.** — Visite du général Montfort. Les généraux me demandent des commandements, on me demande des audiences, on me demande des places! Je réponds : Mais je ne suis rien !

Vu le capitaine Féval, mari de Fanny, la sœur d'Alice. Il arrive de Sedan. Il était prisonnier de guerre. Renvoyé sur parole.

Tous les journaux publient mon *Appel aux Allemands*.

**10 *septembre*.** — D'Alton-Shée et Louis Ulbach ont déjeuné avec nous. Après le déjeuner, nous sommes allés place de la Concorde. Un registre est aux pieds de la statue de Strasbourg couronnée de fleurs. Chacun vient signer le remerciement public. J'y ai écrit mon nom. La foule m'a tout de suite entouré. L'ovation de l'autre soir allait recommencer. Je suis vite remonté en voiture.

Parmi les personnes venues, Cernuschi.

**11 *septembre*.** — Visite du secrétaire de la légation des États-Unis M. Wickham Hoffmann. M. Washburne, le ministre américain, le charge de me demander si je croirais utile une intervention *officieuse* de sa part auprès du roi de Prusse. Je le renvoie à Jules Favre.

**12 *septembre*.** — Entre autres visites, Frédérick Lemaître.

13 *septembre*. — Aujourd'hui, revue de l'armée de Paris. Je suis seul dans ma chambre. Les bataillons passent dans les rues en chantant la *Marseillaise* et le *Chant du Départ*. J'entends ce cri immense :

> Un Français doit vivre pour elle,
> Pour elle, un Français doit mourir.

J'écoute et je pleure. Allez, vaillants! j'irai où vous irez.

Visite du consul général des États-Unis et de M. Wickham Hoffmann.

Julie m'écrit de Guernesey que le gland planté par moi le 14 juillet a germé. Le chêne des États-Unis d'Europe est sorti de terre le 5 septembre, jour de ma rentrée à Paris.

14 *septembre*. — J'ai reçu la visite du Comité de la Société des gens de lettres me priant de le présider. De M. Jules Simon, ministre de l'instruction publique. Du colonel Piré qui commande un corps franc, etc...

16 *septembre*. — Il y a aujourd'hui un an, j'ouvrais le Congrès de la Paix à Lausanne. Ce matin, j'écris l'*Appel aux Français* pour la guerre à outrance contre l'invasion.

En sortant, j'ai aperçu au-dessus de Montmartre le ballon captif destiné à surveiller les assiégeants.

17 *septembre*. — Toutes les forêts brûlent autour de Paris. Charles a visité les fortifications et revient content. J'ai déposé au bureau du *Rappel* 2088 fr. 30, produit

d'une souscription pour les blessés faite à Guernesey, envoyé par M. H. Tupper, consul de France.

J'ai déposé en même temps au bureau du *Rappel* un bracelet et des boucles d'oreilles en or, envoi anonyme d'une femme pour les blessés. A l'envoi était jointe une petite médaille de cou en or pour Jeanne.

20 *septembre.* — Charles et la petite famille ont quitté hier l'hôtel Navarin et sont allés s'installer 174, rue de Rivoli. Charles et sa femme continueront, ainsi que Victor, de dîner tous les jours avec moi.

Depuis hier, Paris est attaqué.

Louis Blanc, Gambetta, Jules Ferry sont venus me voir ce matin.

Je suis allé à l'Institut pour signer la Déclaration.

Je n'accepte pas la candidature de clocher. J'accepterais avec dévouement la candidature de la ville de Paris. Je veux le vote, non par arrondissement, mais par scrutin de liste.

J'ai été au ministère de l'instruction publique voir M^me Jules Simon en grand deuil de son vieil ami Victor Bois. Georges et Jeanne étaient dans le jardin. J'ai été jouer avec eux.

Nadar est venu ce soir me demander mes lettres pour un ballon qu'il va faire partir après-demain. Il emportera mes trois adresses : *Aux Allemands, Aux Français* et *Aux Parisiens.*

5 *octobre.* — Le ballon de Nadar appelé *le Barbès,* qui emporte mes lettres, etc., est parti ce matin ; mais, faute de vent, a dû redescendre. Il partira demain. On dit qu'il emportera Jules Favre et Gambetta.

Hier soir, le consul général des États-Unis, général Meredith Read, est venu me voir. Il a vu le général américain Burnside qui est au camp prussien. Les Prussiens auraient respecté Versailles. Ils craignent d'attaquer Paris. Cela, du reste, est visible.

*7 octobre.* — Ce matin, en errant sur le boulevard de Clichy, j'ai aperçu au bout d'une rue entrant à Montmartre un ballon. J'y suis allé. Une certaine foule entourait un grand espace carré, muré par les falaises à pic de Montmartre. Dans cet espace se gonflaient trois ballons, un grand, un moyen et un petit. Le grand, jaune, le moyen, blanc, le petit, à côtes, jaune et rouge.

On chuchotait dans la foule : Gambetta va partir. J'ai aperçu, en effet, dans un gros paletot, sous une casquette de loutre, près du ballon jaune, dans un groupe, Gambetta. Il s'est assis sur un pavé et a mis des bottes fourrées. Il avait un sac de cuir en bandoulière. Il l'a ôté, est entré dans le ballon, et un jeune homme, l'aéronaute, a attaché le sac aux cordages, au-dessus de la tête de Gambetta.

Il était dix heures et demie. Il faisait beau. Un vent du sud faible. Un doux soleil d'automne. Tout à coup le ballon jaune s'est enlevé avec trois hommes, dont Gambetta. Puis le ballon blanc avec trois hommes aussi, dont un agitait un drapeau tricolore. Au-dessous du ballon de Gambetta pendait une flamme tricolore. On a crié : Vive la République !

Les deux ballons ont monté, le blanc plus haut que le jaune, puis on les a vus baisser. Ils ont jeté du lest, mais ils ont continué de baisser. Ils ont disparu derrière la butte Montmartre. Ils ont dû descendre plaine

Saint-Denis. Ils étaient trop chargés, ou le vent manquait...

Le départ a eu lieu, les ballons sont remontés.

Nous sommes allés visiter Notre-Dame, qui est supérieurement restaurée.

Nous avons été voir la tour Saint-Jacques. Comme notre voiture y était arrêtée, un des délégués de l'autre jour (XIe arrondissement) a accosté la voiture et m'a dit que le XIe arrondissement se rendait à mon avis, trouvait que j'avais raison de vouloir le scrutin de liste, me priait d'accepter la candidature dans les conditions posées par moi, et me demandait ce qu'il fallait faire si le gouvernement se refusait aux élections. Fallait-il l'attaquer de vive force? J'ai répondu que la guerre civile ferait les affaires de la guerre étrangère et livrerait Paris aux Prussiens.

En rentrant, j'ai acheté des joujoux pour mes petits. A Georges un zouave dans sa guérite, à Jeanne une poupée qui ouvre et ferme les yeux.

8 *octobre.* — J'ai reçu une lettre de M. L. Colet, de Vienne (Autriche), par voie de Normandie. C'est la première lettre du dehors que je reçois depuis que Paris est cerné.

Il n'y a plus de sucre à Paris que pour dix jours. Le rationnement pour la viande a commencé aujourd'hui. On aura un tiers de livre par tête et par jour.

Incidents de la Commune ajournée. Mouvements fiévreux de Paris. Rien d'inquiétant, d'ailleurs. Le canon prussien gronde en basse continue. Il nous recommande l'union.

Le ministre des finances, M. Ernest Picard, me fait *demander une audience*, tels sont les termes, par son secrétaire, M. Pallain. J'ai indiqué lundi matin 10 octobre.

*9 octobre.* — Cinq délégués du IX⁰ arrondissement sont venus au nom de l'arrondissement me *faire défense de me faire tuer.*

*10 octobre.* — M. Ernest Picard est venu me voir. Je lui ai demandé un décret immédiat pour libérer tous les prêts du Mont-de-Piété au-dessous de 15 francs (le décret actuel faisant des exceptions absurdes, le linge par exemple). Je lui ai dit que les pauvres ne pouvaient pas attendre. Il m'a promis le décret pour demain.

On n'a pas de nouvelles de Gambetta. On commence à être inquiet. Le vent le poussait au Nord-Est, occupé par les Prussiens.

*11 octobre.* — Bonnes nouvelles de Gambetta. Il est descendu à Épineuse, près Amiens.

Hier soir, après les agitations de Paris, en passant près d'un groupe amassé sous un réverbère, j'ai entendu ces mots : Il paraît que Victor Hugo et les autres... J'ai continué ma route et n'ai pas écouté le reste, ne voulant pas être reconnu.

Après le dîner, j'ai lu à mes amis les vers qui ouvriront l'édition française des *Châtiments* (*Au moment de rentrer en France*, Bruxelles, 31 août 1870).

*12 octobre.* — Il commence à faire froid. Barbieux, qui commande un bataillon, nous a apporté un casque de

soldat prussien tué par ses hommes. Ce casque a beaucoup étonné Petite Jeanne. Ces anges ne savent encore
rien de la terre.

Le décret que j'ai demandé pour les indigents est ce
matin, 13 octobre, au *Journal officiel.*

M. Pallain, secrétaire du ministre, que j'ai rencontré
aujourd'hui en sortant du Carrousel, m'a dit que ce décret
coûterait 800 000 francs.

Je lui ai répondu : 800 000 francs, soit. Otés aux riches.
Donnés aux pauvres.

**13** *octobre.* — J'ai revu aujourd'hui, après tant d'années, Théophile Gautier. Je l'ai embrassé. Il avait un
peu peur. Je lui ai dit de venir dîner avec moi.

**14** *octobre.* — Le château de Saint-Cloud a été brûlé
hier!

J'ai été chez Claye corriger les dernières épreuves de
l'édition française des *Châtiments* qui paraît mardi.
Émile Allix m'a apporté un boulet prussien ramassé par
lui derrière une barricade, près Montrouge, où ce boulet
venait de tuer deux chevaux. Ce boulet pèse 25 livres.
Georges, en jouant avec, s'est pincé le doigt dessous, ce
qui l'a fait beaucoup crier.

Aujourd'hui, anniversaire d'Iéna!

**16** *octobre.* — Il n'y a plus de beurre. Il n'y a plus de
fromage. Il n'y a presque plus de lait ni d'œufs.

Il se confirme qu'on donne mon nom au boulevard
Haussmann. Je n'ai pas été voir.

**17** *octobre.* — Demain on lance place de la Concorde

un ballon-poste qui s'appelle *le Victor Hugo*. J'envoie
par ce ballon une lettre à Londres.

18 *octobre.* — Je suis allé voir les Feuillantines. La
maison et le jardin de mon enfance ont disparu. Une rue
passe dessus.

19 *octobre.* — Louis Blanc est venu dîner avec moi. Il
m'a apporté à signer une déclaration des anciens représentants. J'ai dit que je ne la signerais qu'autrement
rédigée.

20 *octobre.* — Visite du Comité des gens de lettres.
Aujourd'hui on a mis en circulation les premiers
timbres de la République de 1870.

Les *Châtiments* (édition française) ont paru ce matin à
Paris.

Les journaux annoncent que le ballon *Victor Hugo* est
allé tomber en Belgique. C'est le premier ballon-poste
qui a franchi la frontière.

21 *octobre.* — On dit qu'Alexandre Dumas est mort le
13 octobre au Havre, chez son fils. Il avait de grands
côtés d'âme et de talent. Sa mort m'a serré le cœur.

Louis Blanc et Brives sont venus me reparler de
la Déclaration des représentants. Je suis d'avis de
l'ajourner.

Rien de charmant, le matin, comme la diane dans
Paris. C'est le point du jour. On entend d'abord, tout
près de soi, un roulement de tambours, puis une sonnerie
de clairons, mélodie exquise, ailée et guerrière. Puis
le silence se fait. Au bout de vingt secondes, le tambour

recommence, puis le clairon, chacun répétant sa phrase, mais plus loin. Puis cela se tait. Un instant après, plus loin, même chant du tambour et du clairon, déjà vague, mais toujours net. Puis, après une pause, la batterie et la sonnerie reprennent, très loin. Puis encore une reprise, à l'extrémité de l'horizon, mais indistincte et pareille à un écho. Le jour paraît, et l'on entend ce cri : Aux armes! C'est le soleil qui se lève et Paris qui s'éveille.

**22 octobre.** — L'édition des *Châtiments* tirée à cinq mille est épuisée en deux jours. J'ai signé un second tirage de trois mille.

Petite Jeanne a imaginé une façon de bouffir sa bouche en levant les bras en l'air qui est adorable.

Les cinq mille premiers exemplaires de l'édition parisienne des *Châtiments* m'ont rapporté 500 francs que j'envoie au *Siècle* et que j'offre à la souscription nationale pour les canons dont Paris a besoin.

Les anciens représentants Mathé et Gambon sont venus me demander de faire partie d'une réunion dont les anciens représentants seraient le noyau. La réunion est impossible sans moi, m'ont-ils dit. Mais je vois à cette réunion plus d'inconvénients que d'avantages. Je crois devoir refuser.

Nous mangeons du cheval sous toutes ses formes. J'ai vu à la devanture d'un charcutier cette annonce : *Saucisson chevaleresque.*

**23 octobre.** — Le 17e bataillon me demande d'être le premier souscripteur *à un sou* pour un canon. On recueillera 300 000 sous. Cela fera 15 000 francs et l'on aura une pièce de 24 centimètres portant à 8500 mètres, égale aux canons Krupp.

Le lieutenant Maréchal apporte pour recueillir mon sou une coupe d'onyx égyptienne datant des Pharaons, portant gravés la lune et le soleil, la grande Ourse et la *Croix du Sud* (?) et ayant pour anses deux démons cynocéphales. Il a fallu pour graver cette coupe le travail de la vie d'un homme. J'ai donné mon sou. D'Alton-Shée, qui était là, a donné le sien, ainsi que M. et M^{me} Meurice, et les deux bonnes, Mariette et Clémence. Le 17^e bataillon voulait appeler ce canon *le Victor Hugo*. Je leur ai dit de l'appeler *Strasbourg*. De cette façon les Prussiens recevront encore des boulets de Strasbourg.

Nous avons causé et ri avec ces officiers du 17^e bataillon. Les deux génies cynocéphales de la coupe avaient pour fonctions de mener les âmes aux enfers. J'ai dit : Eh bien, je leur confie Guillaume et Bismarck.

Visite de M. Édouard Thierry. Il vient me demander *Stella* pour une lecture pour les blessés au Théâtre-Français. Je lui propose tous les *Châtiments* au choix. Cela l'effare. Et puis je demande que la lecture soit pour un canon.

Visite de M. Charles Floquet. Il a une fonction à l'Hôtel de Ville. Je lui donne la mission de dire au gouvernement d'appeler le Mont-Valérien le *Mont-Strasbourg*.

*24 octobre.* — Visite du général Le Flô. Diverses députations reçues.

*25 octobre.* — Lecture publique des *Châtiments* pour avoir un canon qui s'appellera *le Châtiment*. Nous la préparons.

Le brave Rostan, que j'ai rudoyé un jour et qui m'aime parce que j'avais raison, vient d'être arrêté pour indiscipline dans la garde nationale. Il a un petit garçon de six ans, sans mère, et qui n'a que lui. Que faire, le père étant en prison? Je lui ai dit de m'envoyer son petit au pavillon de Rohan. Il me l'a envoyé aujourd'hui.

**26** *octobre.* — A 6 heures et demie, Rostan, mis en liberté, est venu chercher chez moi son petit Henri. Grande joie du père et du fils.

**28** *octobre.* — Edgar Quinet est venu me voir.

J'ai eu à dîner Schœlcher et le commandant Farcy, qui a donné son nom à sa canonnière. Après le dîner, nous sommes allés, Schœlcher et moi, à 8 heures et demie, chez Schœlcher, 16, rue de la Chaise. Nous avons trouvé là Quinet, Ledru-Rollin, Mathé, Gambon, Lamarque, Brives. Je me rencontrais pour la première fois avec Ledru-Rollin. Nous avons lutté de parole fort courtoisement sur la question d'un club à fonder, lui pour, moi contre. Nous nous sommes serré la main. Je suis rentré à minuit.

**29** *octobre.* — Visite du Comité des gens de lettres, de Frédérick Lemaître, de MM. Berton et Lafontaine, de M^{lle} Favart (pour un troisième canon qui s'appellerait *le Victor Hugo*). Je résiste au nom.

J'ai autorisé un quatrième tirage de trois mille exemplaires des *Châtiments*. Ce qui fera en tout jusqu'à ce jour onze mille exemplaires pour Paris seulement.

30 *octobre*. — J'ai reçu la lettre de la Société des gens de lettres me demandant d'autoriser une lecture publique des *Châtiments* dont le produit donnera à Paris un canon qu'on appellera *le Victor Hugo*. J'ai autorisé. Dans ma réponse, écrite ce matin, je demande qu'au lieu de *Victor Hugo* on appelle le canon *Châteaudun*. La lecture se fera à la Porte-Saint-Martin.

M. Berton est venu. Je lui ai lu *l'Expiation* qu'il lira. M. et M^me Meurice et d'Alton-Shée assistaient à la lecture.

La nouvelle arrive que Metz a capitulé et que l'armée de Bazaine s'est rendue.

La lecture des *Châtiments* est affichée. M. Raphaël Félix est venu m'informer de l'heure de la répétition demain. Je loue pour cette lecture une baignoire de sept places, que j'offre à ces dames.

Le soir en rentrant, j'ai rencontré devant la mairie M. Chaudey, qui était du Congrès de la Paix à Lausanne et qui est maire du VI^e arrondissement. Il était avec M. Philibert Audebrand. Nous avons causé douloureusement de la prise de Metz.

31 *octobre*. — Échauffourée à l'Hôtel de Ville. Blanqui, Flourens et Delescluze veulent renverser le pouvoir provisoire, Trochu, Jules Favre... Je refuse de m'associer à eux.

Foule immense. On mêle mon nom à des listes de gouvernement. Je persiste dans mon refus.

Flourens et Blanqui ont tenu une partie des membres du gouvernement prisonniers à l'Hôtel de Ville toute la journée. — A minuit, des gardes nationaux sont venus me chercher pour aller à l'Hôtel de Ville, *présider*, disaient-ils, *le nouveau gouvernement*. J'ai répondu que je blâmais énergiquement cette tentative, et j'ai refusé d'aller à l'Hôtel de Ville. — A 3 heures du matin, Flourens et Blanqui ont quitté l'Hôtel de Ville et Trochu y est entré.

On va élire la Commune de Paris.

1<sup>er</sup> *novembre*. — Nous ajournons à quelques jours la lecture des *Châtiments* qui devait se faire aujourd'hui mardi à la Porte-Saint-Martin.

Louis Blanc vient ce matin me consulter sur la conduite à tenir pour la Commune.

Unanimité des journaux pour me féliciter de m'être abstenu hier.

2 *novembre*. — Le gouvernement demande un *Oui* ou un *Non*.

Louis Blanc et mes fils sont venus en causer.

On dément le bruit de la mort d'Alexandre Dumas.

4 *novembre*. — On est venu me demander d'être maire du III<sup>e</sup>, puis du XI<sup>e</sup> arrondissement. J'ai refusé.

J'ai été à la répétition des *Châtiments* à la Porte-Saint-Martin. Étaient présents, Frédérick Lemaître, M<sup>mes</sup> Laurent, Lia Félix, Duguéret.

5 *novembre*. — Aujourd'hui a lieu la lecture publique des *Châtiments* pour donner un canon à la Défense de Paris.

Les III<sup>e</sup>, XI<sup>e</sup> et XV<sup>e</sup> arrondissements me demandent de me porter pour être leur maire. Je refuse.

Mérimée est mort à Cannes, Dumas n'est pas mort, mais est paralytique.

7 *novembre*. — Le 24ᵉ bataillon m'a fait une visite et me demande un canon.

8 *novembre*. — Hier soir, en revenant de rendre sa visite au général Le Flô, j'ai passé pour la première fois sur le pont des Tuileries, bâti depuis mon départ de France.

9 *novembre*. — La recette nette produite par la lecture des *Châtiments* à la Porte-Saint-Martin pour le canon que j'ai nommé *Châteaudun* a été de 7000 francs, l'excédent a payé les ouvreuses, les pompiers et l'éclairage, seuls frais qu'on ait prélevés.

On fabrique en ce moment à l'usine Cail des mitrailleuses d'un nouveau modèle dit modèle Gattlir.

Petite Jeanne commence à jaboter.

La deuxième lecture des *Châtiments* pour un autre canon se fera au Théâtre-Français.

12 *novembre*. — Mˡˡᵉ Périga est venue répéter chez moi *Pauline Roland*, qu'elle lira à la deuxième lecture des *Châtiments* affichée pour demain à la Porte-Saint-Martin. J'ai pris une voiture, j'ai reconduit Mˡˡᵉ Périga chez elle, et je suis allé à la répétition de la lecture de demain au théâtre. Il y avait Frédérick Lemaître, Berton, Maubant, Taillade, Lacressonnière, Charly, Mᵐᵉˢ Laurent, Lia Félix, Rousseil, M. Raphaël Félix et les membres du Comité de la Société des gens de lettres.

Après la répétition, les blessés de l'ambulance de la

Porte-Saint-Martin m'ont fait prier par M^me Laurent de les venir voir. J'ai dit : — De grand cœur, et j'y suis allé.

Ils sont couchés dans plusieurs salles, dont la principale est l'ancien foyer du théâtre à grandes glaces rondes, où j'ai lu, en 1831, *Marion de Lorme* aux acteurs, M. Crosnier étant directeur (M^mes Dorval et Bocage assistaient à cette lecture).

En entrant, j'ai dit aux blessés : — Vous voyez un envieux. Je ne désire plus rien sur la terre qu'une de vos blessures. Je vous salue, enfants de la France, fils préférés de la République, élus qui souffrez pour la patrie.

Ils semblaient très émus. J'ai pris la main à tous. Un m'a tendu son poignet mutilé. Un n'avait plus de nez. Un avait subi le matin même deux opérations douloureuses. Un tout jeune avait reçu, le matin même, la médaille militaire. Un convalescent m'a dit : — Je suis Franc-Comtois. — Comme moi, ai-je dit. Et je l'ai embrassé. Les infirmières, en tabliers blancs, qui sont les actrices du théâtre, pleuraient.

*13 novembre.* — J'ai eu à dîner M. et M^me Paul Meurice, Vacquerie et Louis Blanc. On a dîné à 6 heures à cause de la lecture des *Châtiments*, la deuxième, qui commençait à 7 heures et demie à la Porte-Saint-Martin. Loge offerte par moi à M^me Paul Meurice pour la deuxième lecture des *Châtiments*.

*14 novembre.* — La recette des *Châtiments*, hier soir, a été (sans la quête) de 8000 francs.

Bonnes nouvelles. Le général d'Aurelle de Paladine a repris Orléans et battu les Prussiens. Schœlcher est venu me l'annoncer.

15 *novembre*. — Visite de M. Arsène Houssaye avec Henri Houssaye, son fils. Il va faire dire *Stella* chez lui au profit des blessés.

M. Valois est venu m'annoncer que le produit des deux lectures des *Châtiments* était de 14 500 francs. On aura, pour ce prix, non pas deux, mais trois canons. La Société des gens de lettres désire que, le premier étant nommé par moi *Châteaudun* et le deuxième *Châtiment*, le troisième s'appelle *Victor Hugo*. J'y ai consenti.

Pierre Véron m'a envoyé le beau dessin de Daumier représentant l'Empire foudroyé par les *Châtiments*.

16 *novembre*. — Baroche, dit-on, est mort à Caen.

M. Édouard Thierry refuse de laisser jouer le cinquième acte d'*Hernani* à la Porte-Saint-Martin pour les victimes de Châteaudun et pour le canon du 24ᵉ bataillon. Curieux obstacle que M. Thierry !

17 *novembre*. — Visite du Comité des gens de lettres. Le Comité vient me demander d'autoriser une lecture des *Châtiments* à l'Opéra pour avoir un quatrième canon.

Je mentionne ici une fois pour toutes que j'autorise qui le veut à dire ou à représenter tout ce qu'on veut de moi, sur n'importe quelle scène, pour les canons, les blessés, les ambulances, les ateliers, les orphelinats, les victimes de la guerre, les pauvres, et que j'abandonne tous mes droits d'auteur sur ces lectures ou ces représentations.

Je décide que la troisième lecture des *Châtiments* sera donnée gratis pour le peuple à l'Opéra.

19 *novembre*. — Mᵐᵉ Marie Laurent est venue me dire

*les Pauvres gens*, qu'elle dira demain à la Porte-Saint-Martin, au profit d'un canon.

**20 *novembre*. —** Hier soir, aurore boréale.

La *Grosse Joséphine* n'est plus ma voisine. On vient de la transporter au bastion 41. Il a fallu vingt-six chevaux pour la traîner. Je la regrette. La nuit, j'entendais sa grosse voix, et il me semblait qu'elle causait avec moi. Je partageais mes amours entre *Grosse Joséphine* et Petite Jeanne.

Petite Jeanne dit maintenant très bien *papa* et *maman*.

Aujourd'hui, revue de la garde nationale.

**21 *novembre*. —** Sont venues me voir M^me Jules Simon, M^me Sarah Bernhardt.

Il y a eu foule chez moi après le dîner. Il paraît que Veuillot m'a insulté.

Petite Jeanne commence à se très bien traîner à quatre pattes.

**23 *novembre*. —** Jules Simon m'écrit que l'Opéra me sera donné pour le peuple (lecture gratis des *Châtiments*) le jour que je fixerai. Je désirais dimanche, mais, par égard pour le concert que les acteurs et employés de l'Opéra donnent dimanche soir à leur bénéfice, je désigne lundi.

Est venu Frédérick Lemaître qui m'a baisé les mains en pleurant.

Il a plu ces jours-ci. La pluie effondre les plaines, embourberait les canons et retarde la sortie. Depuis deux jours, Paris est à la viande salée. Un rat coûte huit sous.

24 *novembre*. — Je donne l'autorisation au Théâtre-
Français de jouer demain vendredi 25, au bénéfice des
victimes de la guerre, le cinquième acte d'*Hernani* par
les acteurs du Théâtre-Français et le dernier acte de
*Lucrèce Borgia* par les acteurs de la Porte-Saint-Martin,
plus de faire dire, en intermède, des extraits des *Châtiments*, des *Contemplations* et de la *Légende des
siècles*.

M<sup>lle</sup> Favart est venue ce matin répéter avec moi *Booz
endormi*. Puis nous sommes allés ensemble aux Français
pour la répétition de la représentation de demain. Elle a
très bien répété doña Sol. M<sup>me</sup> Laurent (*Lucrèce Borgia*)
aussi. Pendant la répétition est venu M. de Flavigny. Je
lui ai dit : — Bonjour, mon cher ancien collègue. Il m'a
regardé, puis, un peu ému, s'est écrié : — Tiens ! c'est
vous ! Et il a ajouté : — Que vous êtes bien conservé ! Je
lui ai répondu : — L'exil est conservateur.

J'ai renvoyé la loge que le Théâtre-Français m'offrait
pour la représentation de demain et j'en ai loué une que
j'offre à M<sup>me</sup> Paul Meurice.

Après le dîner, est venu le nouveau préfet de police,
M. Cresson. M. Cresson était un jeune avocat il y a vingt
ans et défendit les meurtriers du général Bréa. Il m'a
parlé de la lecture gratuite des *Châtiments* de lundi 28
à l'Opéra. On craint une foule immense, tous les faubourgs. Plus de quatrevingt mille hommes et femmes.
Trois mille entreront. Que faire du reste? Le gouvernement est inquiet. Il craint l'encombrement, beaucoup
d'appelés, peu d'élus, une collision, un désordre. Le
gouvernement ne veut rien me refuser. Il me demande si
j'accepte cette responsabilité. Il fera ce que je voudrai. Le
préfet de police est chargé de s'entendre avec moi.

J'ai dit à M. Cresson : — Consultons Vacquerie et Meurice, et mes deux fils qui sont là. Il a dit : — Volontiers. Nous avons tenu conseil à nous six. Nous avons décidé que les trois mille places seraient distribuées dimanche, veille de la lecture, dans les mairies des vingt arrondissements à quiconque se présenterait, à partir de midi. Chaque arrondissement aura un nombre de places proportionné, au prorata de sa population. Le lendemain, les trois mille porteurs d'entrées (à toutes places) feront queue à l'Opéra, sans encombre et sans inconvénient. Le *Journal officiel* et des affiches spéciales avertiront le peuple de toutes ces dispositions, prises dans l'intérêt de la paix publique.

25 *novembre*. — Mᴵˡᵉ Lia Félix est venue me répéter *Sacer esto* qu'elle dira lundi au peuple.

M. Tony Révillon, qui parlera, est venu me voir avec le Comité des gens de lettres.

Une députation d'Américains des États-Unis vient m'exprimer son indignation contre le gouvernement de la République américaine et contre le président Grant, qui abandonne la France. — A laquelle la République américaine doit tant ! ai-je dit. — *Doit tout*, a repris un des Américains présents.

On entend beaucoup de canonnade depuis quelques jours. Elle redouble aujourd'hui.

Mᵐᵉ Meurice veut avoir des poules et des lapins pour la famine future. Elle leur fait bâtir une cahute dans mon petit jardin. Le menuisier qui la construit vient d'entrer dans ma chambre et m'a dit : — Je voudrais bien toucher votre main. J'ai pressé ses deux mains dans les miennes.

27 *novembre*. — L'Académie me donne signe de vie. Je reçois l'avis officiel qu'elle tiendra désormais une séance extraordinaire le mardi.

On fait des pâtés de rats. On dit que c'est bon.

Un oignon coûte un sou. Une pomme de terre coûte un sou.

On a renoncé à me demander l'autorisation de dire mes œuvres sur les théâtres. On les dit partout sans me demander la permission. On a raison. Ce que j'écris n'est pas à moi. Je suis une chose publique.

28 *novembre*. — Noël Parfait vient me demander de venir au secours de Châteaudun. De tout mon cœur, certes.

Les *Châtiments* ont été dits gratis à l'Opéra. Foule immense. On a jeté une couronne dorée sur la scène. Je la donne à Georges et à Jeanne. La quête faite par les actrices dans des casques prussiens a produit, en gros sous, 1521 fr. 35.

Émile Allix nous a apporté un cuissot d'antilope du Jardin des Plantes. C'est excellent.

Cette nuit aura lieu la trouée.

29 *novembre*. — Toute la nuit, j'ai entendu le canon.

Les poules ont été installées aujourd'hui dans mon jardin.

La sortie a un temps d'arrêt. Le pont jeté par Ducrot sur la Marne a été emporté, les Prussiens ayant rompu les écluses.

30 *novembre*. — Toute la nuit le canon. La bataille continue.

Hier, à minuit, en m'en revenant du pavillon de Rohan par la rue de Richelieu, j'ai vu, un peu au delà de la Bibliothèque, la rue étant partout déserte, fermée, noire et comme endormie, une fenêtre s'ouvrir au sixième étage d'une très haute maison et une très vive lumière, qui m'a semblé être une lampe à pétrole, apparaître, disparaître, rentrer et sortir à plusieurs reprises; puis, la fenêtre s'est refermée, et la rue est redevenue ténébreuse. — Était-ce un signal?

On entend le canon sur trois points autour de Paris, à l'est, à l'ouest et au sud. Il y a, en effet, une triple attaque contre le cercle que font les Prussiens autour de nous, Laroncière à Saint-Denis, Vinoy à Courbevoie, Ducrot sur la Marne. Laroncière aurait fait mettre bas les armes à un régiment saxon et balayé la presqu'île de Gennevilliers; Vinoy aurait détruit les ouvrages prussiens au delà de Bougival. Quant à Ducrot, il a passé la Marne, pris et repris Montmédy, et il tient presque Villiers-sur-Marne. Ce qu'on éprouve en entendant le canon, c'est un immense besoin d'y être.

Ce soir, Pelletan me fait dire, par son fils, Camille Pelletan, de la part du gouvernement, que la journée de demain sera décisive.


1er *décembre.* — Il paraîtrait que Louise Michel serait arrêtée. Je vais faire ce qu'il faudra pour la faire mettre immédiatement en liberté. Mme Meurice s'en occupe. Elle est sortie pour cela ce matin.

D'Alton-Shée est venu me voir.

Au dîner nous avons mangé de l'ours.

J'écris au préfet de police pour faire mettre Louise Michel en liberté.

On ne s'est pas battu aujourd'hui. On s'est fortifié dans les positions prises.

*2 décembre*. — Louise Michel est en liberté. Elle est venue me remercier.

Hier soir, M. Coquelin est venu chez moi dire plusieurs pièces des *Châtiments*.

Il gèle. Le bassin de la fontaine Pigalle est glacé.

La canonnade a recommencé ce matin au point du jour. — 11 h. 1/2. La canonnade augmente.

Flourens m'a écrit hier et Rochefort aujourd'hui. Ils reviennent à moi.

Dorian, ministre des travaux publics, et Pelletan, sont venus dîner avec moi.

Excellentes nouvelles le soir. L'armée de la Loire est à Montargis. L'armée de Paris a repoussé les Prussiens du plateau d'Avron. On lit les dépêches à haute voix aux portes des mairies. La foule a crié : Vive la République !

Victoire ! Voilà le deux décembre lavé.

*3 décembre*. — Le général Renault, blessé au pied d'un éclat d'obus, est mort.

J'ai dit à Schœlcher que je voulais sortir avec mes fils si les batteries de la garde nationale dont ils font partie sortaient au-devant de l'ennemi. Les dix batteries ont tiré au sort. Quatre sont désignées. Une d'elles est la dixième batterie, dont est Victor. Je sortirai avec cette batterie-là. Charles n'en est pas, ce qui est bien, il restera, il a deux enfants. Je le lui ordonnerai. Vacquerie et Meurice sont de la dixième batterie. Nous serons ensemble au combat. Je vais me faire faire un capuchon. Ce que je crains, c'est le froid de la nuit.

J'ai fait les ombres chinoises à Georges et à Jeanne. Jeanne a beaucoup ri de l'ombre et des grimaces du profil ; mais, quand elle a vu que c'était moi, elle a pleuré et crié. Elle avait l'air de me dire : Je ne veux pas que tu sois un fantôme ! Pauvre doux ange ! elle pressent peut-être la bataille prochaine.

Hier nous avons mangé du cerf ; avant-hier, de l'ours ; les deux jours précédents, de l'antilope. Ce sont des cadeaux du Jardin des Plantes.

Ce soir, à 11 heures, canonnade. Violente et courte.

4 *décembre*. — On vient de coller à ma porte une affiche indiquant les précautions à prendre *en cas de bombardement*. C'est le titre de l'affiche.

Temps d'arrêt dans le combat. Notre armée a repassé la Marne.

Petite Jeanne va très bien à quatre pattes et dit très bien *papa*.

5 *décembre*. — Je viens de voir passer, à vide et allant chercher son chargement, un magnifique corbillard drapé portant un *H* entouré d'étoiles, en argent sur velours noir. Un Romain rentrerait.

Gautier est venu dîner avec moi ; après le dîner sont venus Banville et Coppée.

Mauvaises nouvelles. Orléans nous est repris. N'importe. Persistons.

7 *décembre*. — J'ai eu à dîner Gautier, Banville, François Coppée. Après le dîner, Asselineau. Je leur ai lu *Floréal* et *l'Égout de Rome*.

*8 décembre.* — La *Patrie en danger* cesse de paraître. Faute de lecteurs, dit Blanqui.

M. Maurice Lachâtre, éditeur, est venu me faire des offres pour mon prochain livre. Il m'a envoyé son *Dictionnaire* et l'*Histoire de la Révolution* par Louis Blanc. Je lui donne *Napoléon le Petit* et *les Châtiments*.

*9 décembre.* — Cette nuit, je me suis réveillé et j'ai fait des vers. En même temps, j'entendais le canon.

M. Bondes vient me voir. Le correspondant du *Times* qui est à Versailles lui écrit que les canons pour le bombardement de Paris sont arrivés. Ce sont des canons Krupp. Ils attendent des affûts. Ils sont rangés dans l'arsenal prussien de Versailles, écrit cet Anglais, l'un à côté de l'autre *comme des bouteilles dans une cave.*

Je copie cet entrefilet :

M. Victor Hugo avait manifesté l'intention de sortir de Paris sans armes, avec la batterie d'artillerie de la garde nationale dont ses deux fils font partie.

Le 144ᵉ bataillon de la garde nationale s'est transporté tout entier avenue Frochot, devant le logis du poète, où les délégués seuls sont entrés.

Ces honorables citoyens venaient faire défense à M. Victor Hugo de donner suite à ce projet, qu'il avait dès longtemps ·annoncé dans son *Adresse aux Allemands.*

« Tout le monde peut se battre, lui ont-ils dit. Mais tout le monde ne peut pas faire *les Châtiments.* Restez et ménagez une vie si précieuse à la France. »

Je ne sais plus le numéro du bataillon. Ce n'était pas le 144ᵉ. Voici les termes de l'adresse qui m'a été lue par le chef de bataillon :

« La garde nationale de Paris fait défense à Victor

Hugo d'aller à l'ennemi, attendu que tout le monde peut aller à l'ennemi, et que Victor Hugo seul peut faire ce que fait Victor Hugo. »

*Fait défense* est touchant et charmant.

*11 décembre.* — Rostan est venu me voir. Il a le bras en écharpe. Il a été blessé à Créteil. C'était le soir. Un soldat allemand se jette sur lui et lui perce le bras d'un coup de baïonnette. Rostan réplique par un coup de baïonnette dans l'épaule de l'Allemand. Tous deux tombent et roulent dans un fossé. Les voilà bons amis. Rostan baragouine un peu l'allemand. — Qui es-tu ? — Je suis Wurtembergeois. J'ai vingt-deux ans. Mon père est horloger à Leipsick. Ils restent trois heures dans ce fossé, sanglants, glacés, s'entr'aidant. Rostan blessé a ramené son blesseur, qui est son prisonnier. Il va le voir à l'hôpital. Ces deux hommes s'adorent. Ils ont voulu s'entre-tuer, ils se feraient tuer l'un pour l'autre. — Otez donc les rois de la question !

Visite de M. Rey. Le groupe de Ledru-Rollin est en pleine désorganisation. Plus de parti ; la République. C'est bien.

J'ai offert un fromage de Hollande à M^me Paul Meurice. Verglas.

*12 décembre.* — Il y a aujourd'hui dix-neuf ans que j'arrivais à Bruxelles.

*13 décembre.* — Paris est depuis hier éclairé au pétrole.

Canonnade violente ce soir.

14 *décembre.* — Dégel. Canonnade.

Le soir, nous avons feuilleté *les Désastres de la guerre*, de Goya (apportés par Burty). C'est beau et hideux.

15 *décembre.* — Emmanuel Arago, ministre de la justice, est venu me voir et m'annoncer qu'on avait de la viande fraîche jusqu'au 15 février, mais que désormais on ne ferait plus à Paris que du pain bis. On en a pour cinq mois.

Allix m'a apporté une médaille frappée à l'occasion de mon retour en France. Elle porte d'un côté un génie ailé avec *Liberté Égalité Fraternité.* De l'autre cet exergue : *Appel à la démocratie universelle,* et au centre : *A Victor Hugo la Patrie reconnaissante. Septembre* 1870.

Cette médaille se vend populairement et coûte 5 centimes. Elle a un petit anneau de suspension.

16 *décembre.* — Pelleport est venu ce soir. Je l'ai chargé d'aller voir de ma part Flourens qui est à Mazas et de lui porter *Napoléon le Petit.*

17 *décembre.* — L'*Électeur libre* nous somme, Louis Blanc et moi, d'entrer dans le gouvernement, et affirme que c'est notre devoir. Je sens mon devoir au fond de ma conscience.

J'ai vu passer sur le pont des Arts la canonnière *l'Estoc,* remontant la Seine. Elle est belle et le gros canon a un grand air terrible.

18 *décembre.* — J'ai fait la lanterne magique à Petit Georges et à Petite Jeanne.

Mon droit d'auteur pour *Stella*, dite par M^me Favart, à une représentation du 14^e bataillon, s'est élevé à 130 francs. Mon agent dramatique a touché mon droit malgré mes instructions. Je lui donne l'ordre de le payer à la caisse de secours du bataillon.

M. Hetzel m'écrit : « Faute de charbon pour faire mouvoir les presses à vapeur, la fermeture des imprimeries est imminente. » J'autorise pour les *Châtiments* un nouveau tirage de trois mille, ce qui fera en tout jusqu'ici, pour Paris, vingt-deux mille.

**20 *décembre*.** — Le capitaine de garde mobile, Breton, destitué *comme lâche* par la dénonciation de son lieutenant-colonel, demande un conseil de guerre et d'abord à aller au feu. Sa compagnie part demain matin. Il me prie d'obtenir pour lui du ministre de la guerre la permission d'aller se faire tuer. J'écris pour lui au général Le Flô. Je pense que le capitaine Breton sera demain à la bataille.

**21 *décembre*.** — Cette nuit, j'ai entendu, à trois heures du matin, le clairon des troupes allant à la bataille. Quand sera-ce mon tour ?

**22 *décembre*.** — La journée d'hier a été bonne. L'action continue. On entend le canon de l'est à l'ouest.

Petite Jeanne commence à parler très longtemps et très expressivement. Mais il est impossible de comprendre un mot de ce qu'elle dit. Elle rit.

Léopold m'a envoyé treize œufs frais, que je ferai manger à Petit Georges et à Petite Jeanne.

Louis Blanc est venu dîner avec moi. Il venait de la part d'Edmond Adam, de Louis Jourdan, de Cernuschi et d'autres, me dire qu'il fallait que lui et moi allassions trouver Trochu et le mettre en demeure ou de sauver Paris ou de quitter le pouvoir. J'ai refusé. Ce serait me poser en arbitre de la situation, et, en même temps, entraver un combat commencé, qui, peut-être, réussira. Louis Blanc a été de mon avis, ainsi que Meurice, Vacquerie et mes fils qui dînaient avec nous.

**23 *décembre*.** — Henri Rochefort est venu dîner avec moi. Je ne l'avais pas vu depuis Bruxelles l'an dernier (août 1869). Georges ne reconnaissait plus son parrain. J'ai été très cordial. Je l'aime beaucoup. C'est un grand talent et un grand courage. Nous avons dîné gaiement, quoique tous très menacés, disions-nous, d'aller dans les forteresses prussiennes si Paris est pris. Après Guernesey, Spandau. Soit.

J'ai acheté aux magasins du Louvre une capote grise de soldat pour aller au rempart. 19 francs.

Toujours beaucoup de monde le soir chez moi. Il m'est venu aujourd'hui un peintre nommé Le Genissel, qui m'a rappelé que je l'avais sauvé du bagne en 1848. Il était insurgé de juin.

Forte canonnade cette nuit. Tout se prépare pour une bataille.

**24 *décembre*.** — Il gèle. La Seine charrie. Paris ne mange plus que du pain bis.

**25 *décembre*.** — Forte canonnade toute la nuit. Une nouvelle du Paris d'à présent : il vient d'ar-

river une bourriche d'huîtres! Elle a été vendue
750 francs.

A la vente pour les pauvres, où Alice et M^me Meurice sont marchandes, un dindon vivant a été vendu
250 francs.

La Seine charrie.

**26 décembre.** — Louis Blanc vient, puis M. Floquet.
On me presse de nouveau de mettre le gouvernement
en demeure. De nouveau je refuse.

M. Louis Koch a acheté 25 francs un exemplaire du
*Rappel* pour la vente destinée aux pauvres. L'exemplaire
des *Châtiments* a été payé 300 francs par M. Cernuschi.

**27 décembre.** — Violente canonnade ce matin.

La canonnade de ce matin, c'étaient les Prussiens qui
attaquaient. Bon signal. L'attente les ennuie. Et nous
aussi. Ils ont jeté dans le fort de Montrouge dix-neuf
obus qui n'ont tué personne.

J'ai eu à dîner M^me Ugalde qui nous a chanté *Patria*.
J'ai reconduit M^me Ugalde chez elle, rue de Chabannais,
puis, je suis rentré me coucher. Le portier m'a dit :
— Monsieur, on dit que cette nuit il tombera des bombes
par ici. — Je lui ai dit : — C'est tout simple, j'en attends
une.

**29 décembre.** — Canonnade toute la nuit. L'attaque
prussienne continue.

Théophile Gautier a un cheval. Ce cheval est réquisi-
tionné. On veut le manger. Gautier m'écrit et me prie
d'obtenir sa grâce. Je l'ai demandée au ministre. J'ai
sauvé le cheval.

Il est malheureusement vrai que Dumas est mort. On le sait par les journaux allemands. Il est mort le 5 décembre, au Puys, près Dieppe, chez son fils.

On me presse de plus en plus d'entrer dans le gouvernement. Le ministre de la justice, Em. Arago, est venu me demander à dîner. Nous avons causé. Louis Blanc est venu après le dîner. Je persiste à refuser.

Outre Emmanuel Arago, et mes amis habitués du jeudi, Rochefort est venu dîner, avec Blum. Je les invite à dîner tous les jeudis, si nous avons encore quelques jeudis à vivre. Au dessert, j'ai bu à la santé de Rochefort.

La canonnade augmente. Il a fallu évacuer le plateau d'Avron.

*30 décembre.* — D'Alton-Shée est venu ce matin. Le général Ducrot demanderait à me voir.

Les Prussiens nous ont envoyé depuis trois jours plus de douze mille obus.

Hier, j'ai mangé du rat, et j'ai eu pour hoquet ce quatrain :

> O mesdames les hétaïres,
> Dans vos greniers, je me nourris ;
> Moi qui mourais de vos sourires,
> Je vais vivre de vos souris.

A partir de la semaine prochaine on ne blanchira plus le linge dans Paris, faute de charbon.

J'ai eu à dîner le lieutenant Farcy, commandant la canonnière.

Froid rigoureux. Depuis trois jours, je sors avec mon caban et mon capuchon.

Poupée pour Petite Jeanne. Hottée de joujoux pour Georges.

Les bombes ont commencé à démolir le fort de Rosny. Le premier obus est tombé dans Paris. Les Prussiens nous ont lancé aujourd'hui six mille bombes.

Dans le fort de Rosny, un marin travaillant aux gabionnages portait sur l'épaule un sac de terre. Un obus vient et lui enlève le sac. — Merci, dit le marin, mais je n'étais pas fatigué.

Alexandre Dumas est mort le 5 décembre. En feuilletant ce carnet, j'y vois que c'est le 5 décembre qu'un grand corbillard, portant un H, a passé devant moi rue Frochot.

Ce n'est même plus du cheval que nous mangeons. C'est *peut-être* du chien ? C'est *peut-être* du rat ? Je commence à avoir des maux d'estomac. Nous mangeons de l'inconnu !

M. Valois est venu de la part de la Société des gens de lettres me demander ce que je veux qu'on fasse des 3000 francs de reliquat que laissent les trois lectures des *Châtiments*, les canons fournis et livrés. J'ai dit de verser ces 3000 francs intégralement à la caisse des secours pour les victimes de la guerre, entre les mains de Mᵐᵉ Jules Simon.

1ᵉʳ *janvier* 1871. — Louis Blanc m'adresse dans les journaux une lettre sur la situation.

Stupeur et ébahissement de Petit Georges et de Petite Jeanne devant la hotte de joujoux de leurs étrennes. La hotte déballée, une grande table en a été couverte. Ils touchaient à tout et ne savaient lequel prendre. Georges était presque furieux de bonheur. Charles a dit : C'est le désespoir de la joie !

J'ai faim. J'ai froid. Tant mieux. Je souffre ce que souffre le peuple.

Décidément, je digère mal le cheval. J'en mange pourtant. Il me donne des tranchées. Je m'en suis vengé, au dessert, par ce distique :

> Mon dîner m'inquiète et même me harcèle,
> J'ai mangé du cheval et je songe à la selle.

Les Prussiens bombardent Saint-Denis.

**2 janvier.** — Daumier et Louis Blanc ont déjeuné avec nous.

Louis Koch a donné à sa tante pour ses étrennes deux choux et deux perdrix vivantes !

Ce matin nous avons déjeuné avec de la soupe au vin. On a abattu l'éléphant du Jardin des Plantes. Il a pleuré. On va le manger.

Les Prussiens continuent de nous envoyer six mille bombes par jour.

**3 janvier.** — Le chauffage de deux pièces au pavillon de Rohan coûte aujourd'hui 10 francs par jour.

Le club montagnard demande de nouveau que Louis Blanc et moi soyons adjoints au gouvernement pour le diriger. Je persiste à refuser.

Il y a en ce moment douze membres de l'Académie française à Paris, dont Ségur, Mignet, Dufaure, d'Haussonville, Legouvé, Cuvillier-Fleury, Barbier, Vitet.

Lune. Froid vif. Les Prussiens ont bombardé Saint-Denis toute la nuit.

De mardi à dimanche les Prussiens nous ont envoyé

vingt-cinq mille projectiles. Il a fallu pour les transporter deux cent vingt wagons. Chaque coup coûte 60 francs ; total : 1 500 000 francs. Le dégât des forts est évalué 1400 francs. Il y a eu une dizaine de tués. Chacun de nos morts coûte aux Prussiens 150 000 francs.

**5 janvier.** — Le bombardement s'accentue de plus en en plus. On bombarde Issy et Vanves.

Le charbon manque. On ne peut plus blanchir le linge, ne pouvant le sécher. Ma blanchisseuse m'a fait dire ceci par Mariette : — Si M. Victor Hugo, qui est si puissant, voulait demander pour moi au gouvernement un peu de poussier, je pourrais blanchir ses chemises.

J'étais aux Feuillantines, un obus est tombé près de moi.

Outre mes convives ordinaires du jeudi, j'ai eu à dîner Louis Blanc, Rochefort, Paul de Saint-Victor. M^{me} Jules Simon m'a envoyé du fromage de Gruyère. Luxe énorme. Nous étions treize à table.

**6 janvier.** — Au dessert, hier, j'ai offert des bonbons aux femmes et j'ai dit :

> Grâce à Boissier, chères colombes,
> Heureux, à vos pieds nous tombons,
> Car on prend les forts par les bombes
> Et les faibles par les bonbons.

Les Parisiens vont, par curiosité, voir les quartiers bombardés. On va aux bombes comme on irait au feu d'artifice. Il faut des gardes nationaux pour maintenir la foule. Les Prussiens tirent sur les hôpitaux. Ils bombardent le Val-de-Grâce. Leurs obus ont mis le feu cette nuit aux baraquements du Luxembourg pleins de soldats blessés et malades, qu'il a fallu transporter, nus et enveloppés comme on a pu, à la Charité. Barbieux les y a vus arriver vers une heure du matin.

Seize rues ont déjà été atteintes par les obus.

*7 janvier.* — La rue des Feuillantines percée là où fut le jardin de mon enfance est fort bombardée. J'y ai reçu presque un obus.

Ma blanchisseuse, n'ayant plus de quoi faire du feu et obligée de refuser le linge à blanchir, a fait à M. Clemenceau, maire du IX⁰ arrondissement, une demande de charbon, en payant, que j'ai apostillée ainsi :

« Je me résigne à tout pour la défense de Paris, à mourir de faim et de froid, et même à ne pas changer de chemise. Pourtant je recommande ma blanchisseuse à M. le maire du IX⁰ arrondissement. » — Et j'ai signé. Le maire a accordé le charbon.

*8 janvier.* — Camille Pelletan nous a apporté du gouvernement d'excellentes nouvelles. Rouen et Dijon repris, Garibaldi vainqueur à Nuits et Faidherbe à Bapaume. Tout va bien.

On mangeait du pain bis, on mange du pain noir. Le même pour tous. C'est bien.

Les nouvelles d'hier ont été apportées par deux pigeons.

Une bombe a tué cinq enfants dans une école rue de Vaugirard.

Les représentations et les lectures des *Châtiments* ont dû cesser, les théâtres n'ayant plus de gaz pour l'éclairage et de charbon pour le chauffage.

Mort de Prim. Il a été tué à Madrid d'un coup de pistolet le jour où le roi de sa façon, Amédée, duc de Gênes, entrait en Espagne.

Le bombardement a été furieux aujourd'hui. Un obus a troué la chapelle de la Vierge de Saint-Sulpice où s'est fait l'enterrement de ma mère et où j'ai été marié.

*10 janvier.* — Bombes sur l'Odéon.

Envoi d'un éclat d'obus par Chifflard. Cet obus, tombé à Auteuil, est marqué *H*. Je m'en ferai un encrier.

*12 janvier.* — Le pavillon de Rohan me demande, à partir d'aujourd'hui, 8 francs par tête pour le dîner, ce qui avec le vin, le café, le feu, etc., porte le dîner à 13 francs par personne.

Nous avons mangé ce matin un bifteck d'éléphant.

Ont dîné avec nous Schœlcher, Rochefort, Blum, et tous nos convives ordinaires du jeudi. Nous étions encore treize. Après le dîner, Louis Blanc, Pelletan.

*13 janvier.* — Un œuf coûte 2 fr. 75. La viande d'éléphant coûte 40 francs la livre. Un sac d'oignons, 800 francs.

La Société des gens de lettres m'a demandé d'assister à la remise des canons à l'Hôtel de Ville. Je me suis excusé. Je n'irai pas.

On a passé la journée à chercher un autre hôtel. Rien n'est possible. Tout est fermé. Dépense de la semaine au pavillon de Rohan (y compris un carreau cassé), 701 fr. 50.

Mot d'une femme pauvre sur le bois fraîchement abattu : — Ce malheureux bois vert ! on le met au feu ; il ne s'attendait pas à ça, il pleure tout le temps.

*15 janvier*, 2 heures. — Bombardement furieux en ce moment.

Je fais les vers *Dans le cirque*. Après le dîner, je les ai lus à mes convives du dimanche. Ils me demandent de les publier. Je les donne aux journaux.

*17 janvier.* — Le bombardement depuis trois jours n'a discontinué ni jour ni nuit.

Petite Jeanne m'a grondé de ne pas la laisser jouer avec le mouvement de ma montre.

Tous les journaux reproduisent les vers *Dans le cirque*. Ils pourront être utiles.

Louis Blanc est venu ce matin. Il me presse de me joindre à lui et à Quinet pour exercer une pression sur le gouvernement. Je lui ai répondu : — Je vois plus de danger à renverser le gouvernement qu'à le maintenir.

*18 janvier.* — M. Krupp fait des canons contre les ballons.

Il y a un coq dans mon petit jardin. Hier Louis Blanc déjeunait avec nous. Le coq chanta. Louis Blanc s'arrête et me dit : — Écoutez. — Qu'est-ce ? — Le coq chante. — Eh bien ? — Entendez-vous ce qu'il dit ? — Non. — Il crie : *Victor Hugo !* Nous écoutons, nous rions. Louis Blanc avait raison. Le chant du coq ressemblait beaucoup à mon nom.

J'émiette aux poules notre pain noir. Elles n'en veulent pas.

Ce matin a commencé une sortie sur Montretout. On a pris Montretout. Ce soir les Prussiens nous l'ont repris.

**20** *janvier.* — L'attaque sur Montretout a interrompu le bombardement.

Un enfant de quatorze ans a été étouffé dans une foule à la porte d'un boulanger.

**21** *janvier.* — Louis Blanc vient me voir. Nous tenons conseil. La situation devient extrême et suprême. La mairie de Paris demande mon avis.

Louis Blanc a dîné avec nous. Après le dîner, sorte de conseil auquel a assisté le colonel Laussedat.

**22** *janvier.* — Les Prussiens bombardent Saint-Denis.

Manifestation tumultueuse à l'Hôtel de Ville. Trochu se retire. Rostan vient me dire que la mobile bretonne tire sur le peuple. J'en doute. J'irai moi-même s'il le faut.

J'en reviens. Il y a eu attaque simultanée des deux côtés. J'ai dit à des combattants qui me consultaient : — Je ne reconnais pour français que les fusils qui sont tournés du côté des Prussiens. Rostan m'a dit : — Je viens mettre mon bataillon à votre disposition. Nous sommes cinq cents hommes. Où voulez-vous que nous allions ? Je lui ai demandé : — Où êtes-vous en ce moment ? Il m'a répondu : — On nous a massés du côté de Saint-Denis qu'on bombarde. Nous sommes à la Villette. Je lui ai dit : — Restez-y. C'est là que je vous aurais envoyés. Ne marchez pas contre l'Hôtel de Ville, marchez contre la Prusse.

**23** *janvier* — Hier soir, conférence chez moi. Outre mes convives du dimanche, Rochefort et son secrétaire Mourot avaient dîné avec moi.

Sont venus le soir Rey et Gambon. Ils m'ont apporté, avec prière d'y adhérer, l'un le programme affiche de Ledru-Rollin (assemblée de 200 membres), l'autre, le programme de l'Union républicaine (50 membres). J'ai déclaré n'approuver ni l'un ni l'autre.

Chanzy est battu. Bourbaki réussit. Mais il ne marche pas sur Paris. Énigme dont je crois entrevoir le secret.

Le bombardement semble interrompu.

*24 janvier.* — Ce matin, Flourens est venu. Il m'a demandé conseil. Je lui ai dit : — Nulle pression violente sur la situation.

*25 janvier.* — On dit Flourens arrêté. Il l'aurait été en sortant de me voir.

J'ai fait manger deux œufs frais à Georges et à Jeanne.

M. Dorian est venu ce matin voir mes fils au pavillon de Rohan. Il leur a annoncé la capitulation imminente. Affreuses nouvelles du dehors. Chanzy battu, Faidherbe battu, Bourbaki refoulé.

*27 janvier.* — Schœlcher est venu m'annoncer qu'il donnait sa démission de colonel de la légion d'artillerie.

On est encore venu me demander de me mettre à la tête d'une manifestation contre l'Hôtel de Ville. Toutes sortes de bruits courent. J'invite tout le monde au calme et à l'union.

*28 janvier.* — Bismarck, dans les pourparlers de Versailles, a dit à Jules Favre : — Comprenez-vous cette grue d'impératrice qui me propose la paix !

Le froid a repris.

Ledru-Rollin demande à s'entendre avec moi (par Brives).

Petite Jeanne est un peu souffrante. Doux petit être!

Léopold me contait ce soir qu'il y avait eu dialogue à mon sujet entre le pape Pie IX et Jules Hugo, mon neveu, frère de Léopold, mort camérico du pape. Le pape avait dit à Jules en le voyant : — Vous vous appelez Hugo? — Oui, Saint-Père. — Vous êtes parent de Victor Hugo? — Son neveu, Saint-Père. — Quel âge a-t-il? (c'était en 1857). — Cinquante-cinq ans. — Hélas! il est trop vieux pour revenir à l'Église!

Charles me dit que Jules Simon et ses deux fils ont passé la nuit à dresser des listes de candidats possibles pour l'Assemblée nationale.

Cernuschi se fait naturaliser citoyen français!

*29 janvier.* — L'armistice a été signé hier. Il est publié ce matin. Assemblée nationale. Sera nommée du 5 au 18 février. S'assemblera le 12 à Bordeaux.

Petite Jeanne va un peu mieux. Elle m'a presque souri.

Plus de ballon. La poste. Mais les lettres non cachetées. Il neige. Il gèle.

*30 janvier.* — Petite Jeanne est toujours abattue et ne joue pas.

M<sup>lle</sup> Périga m'a apporté un œuf frais pour Jeanne.

*31 janvier.* — Petite Jeanne est toujours souffrante. C'est un petit catarrhe de l'estomac. Le docteur Allix dit que cela durera encore quatre ou cinq jours.

Mon neveu Léopold est venu dîner avec nous. Il nous a apporté des conserves d'huîtres.

1<sup>er</sup> *février*. — Petite Jeanne va mieux. Elle m'a souri.

2 *février*. — Les élections de Paris remises au 8 février.

Je continue à mal digérer le cheval. Maux d'estomac. Hier je disais à M<sup>me</sup> Ernest Lefèvre, dînant à côté de moi :

> De ces bons animaux la viande me fait mal.
> J'aime tant les chevaux que je hais le cheval.

Petite Jeanne continue d'aller mieux.

4 *février*. — Le temps s'adoucit.
Le soir, foule chez moi. Proclamation de Gambetta.

5 *février*. — La liste des candidats des journaux républicains a paru ce matin. Je suis en tête.
Bancel est mort.
Petite Jeanne ce soir est guérie de son rhume.
J'ai eu mes convives habituels du dimanche. Nous avons eu du poisson, du beurre et du pain blanc.

6 *février*. — Bourbaki, battu, s'est tué. Grande mort.
Ledru-Rollin recule devant l'Assemblée. Louis Blanc est venu ce soir me lire ce désistement.

7 *février*. — Nous avions trois ou quatre boîtes de conserves que nous avons mangées aujourd'hui.

8 *février*. — Aujourd'hui scrutin pour l'Assemblée nationale. Paul Meurice et moi avons été voter ensemble, rue Clauzel.
Après la capitulation signée, en quittant Jules Favre,

Bismarck est entré dans le cabinet où ses deux secrétaires l'attendaient, et a dit : — *La bête est morte*.

J'ai rangé mes papiers en prévision du départ. Petite Jeanne est très gaie.

**11 *février*.** — Le scrutin se dépouille très lentement.

Notre départ pour Bordeaux est remis à lundi 13.

**12 *février*.** — J'ai vu hier pour la première fois *mon* boulevard. C'est un assez grand tronçon de l'ancien boulevard Haussmann. *Boulevard Victor Hugo* est placardé boulevard Haussmann à quatre ou cinq coins de rues donnant sur le boulevard.

L'Assemblée nationale s'ouvre aujourd'hui à Bordeaux. Les élections ne sont pas encore dépouillées et proclamées à Paris.

Quoique je ne sois pas encore nommé, le temps presse, et je compte partir demain lundi 13 février pour Bordeaux. Nous serons neuf, cinq maîtres et quatre domestiques, plus les deux enfants. Louis Blanc désire partir avec moi. Nous ferons route ensemble.

J'emporte dans mon sac en bandoulière divers manuscrits importants et œuvres commencées, entre autres *Paris assiégé* et le poème du *Grand-Père*.

**13 *février*.** — J'ai lu hier avant le dîner à mes convives, M. et M⁰ᵉ Paul Meurice, Vacquerie, Lockroy, M. et Mᵐᵉ Ernest Lefèvre, Louis Koch et Vilain (moins Rochefort et Victor qui ne sont arrivés que pour l'heure du dîner), deux pièces qui feront partie de *Paris assiégé*

(*A Petite Jeanne. Non, vous ne prendrez pas l'Alsace et la Lorraine*).

Pelleport m'a apporté nos neuf laissez-passer. N'étant, pas encore proclamé représentant, j'ai mis sur le mien *Victor Hugo, propriétaire*, vu que les Prussiens exigent une qualité ou une profession.

J'ai quitté ce matin avec un serrement de cœur l'avenue Frochot et la douce hospitalité que Paul Meurice me donne depuis le 5 septembre, jour de mon arrivée.

# XIV

# ASSEMBLÉE DE BORDEAUX

Partis le 13 à midi 10 minutes. Arrivés à Étampes à 3 heures et quart. Station de deux heures et luncheon.

Après le lunch, nous sommes rentrés dans le wagon-salon pour attendre le départ. La foule l'entourait, contenue par un groupe de soldats prussiens. La foule m'a reconnu et a crié : *Vive Victor Hugo!* J'ai agité le bras hors du wagon en élevant mon képi, et j'ai crié : *Vive la France!* Alors un homme à moustaches blanches, qui est, dit-on, le commandant prussien d'Étampes, s'est avancé vers moi d'un air menaçant et m'a dit en allemand je ne sais quoi qui voulait être terrible. J'ai repris d'une voix plus haute, en regardant tour à tour fixement ce Prussien et la foule : *Vive la France!* Sur quoi, tout le peuple a crié avec enthousiasme : *Vive la France!* Le bonhomme

en colère se l'est tenu pour dit. Les soldats prussiens
n'ont pas bougé.

Voyage rude, lent, pénible. Le salon-wagon est mal
éclairé et point chauffé. On sent le délabrement de la
France dans cette misère des chemins de fer. Nous avons
acheté à Vierzon un faisan et un poulet et deux bouteilles
de vin pour souper. Puis on s'est roulé dans des couver-
tures et des cabans et l'on a dormi sur les banquettes.

Nous arrivons à Bordeaux à 1 heure et demie après
midi le 14 février. Nous nous mettons en quête d'un logement. Nous montons en voiture et nous allons d'hôtel en
hôtel. Pas une place. Je vais à l'Hôtel de Ville et je
demande des renseignements. On m'indique un appartement meublé à louer chez M. A. Porte, 13, rue Saint-
Maur, près le jardin public. Nous y allons. Charles loue
l'appartement pour 600 francs par mois et paye un demi-
mois d'avance. Nous nous remettons en quête d'un logis
pour nous et nous ne trouvons rien. A 7 heures, nous
revenons à la gare chercher nos malles, ne sachant où
passer la nuit. Nous retournons rue Saint-Maur, où est
Charles. Pourparlers avec le propriétaire et son frère,
qui a deux chambres, 37, rue de la Course, tout près.
Nous finissons par nous arranger

Alice a fait cette remarque : Le 13 nous poursuit. —
Tout le mois de janvier nous avons été treize à table le
jeudi. Nous avons quitté Paris le 13 février. Nous étions
treize dans le wagon-salon, en comptant Louis Blanc,
M. Béchet et les deux enfants. Nous logeons 13, rue
Saint-Maur !

15 *février.* — A deux heures, je suis allé à l'Assemblée. A ma sortie, une foule immense m'attendait sur la

` grande place. Le peuple et les gardes nationaux, qui faisaient la haie, ont crié : *Vive Victor Hugo!* J'ai répondu :
— *Vive la République! Vive la France !* Ils ont répété
ce double cri. Puis cela a été un délire. Ils m'ont recommencé l'ovation de mon arrivée à Paris. J'étais ému jusqu'aux larmes. Je me suis réfugié dans un café du coin
de la place. J'ai expliqué dans un speech pourquoi je ne
parlais pas au peuple, puis je me suis évadé, c'est le mot,
en voiture.

Pendant que le peuple enthousiaste criait : *Vive la
République!* les membres de l'Assemblée sortaient et défilaient, impassibles, presque furieux, le chapeau sur la
tête, au milieu des têtes nues et des képis agités en l'air
autour de moi.

Visite des représentants Le Flô, Rochefort, Lockroy,
Alfred Naquet, Emmanuel Arago, Rességuier, Floquet,
Eugène Pelletan, Noël Parfait.

J'ai été coucher dans mon nouveau logement, rue de la
Course.

16 *février.* — Aujourd'hui a eu lieu, à l'Assemblée, la
proclamation des représentants de Paris. — Louis Blanc
a 216 000 voix, il est le premier. — Puis vient mon nom
avec 214 000. Puis Garibaldi, 200 000.

L'ovation que le peuple m'a faite hier est regardée par
la majorité comme une insulte pour elle. De là, un grand
déploiement de troupes sur la place (armée, garde nationale, cavalerie). Avant mon arrivée, il y a eu un incident
à ce sujet. Des hommes de la droite ont demandé qu'on
protégeât l'Assemblée (contre qui? contre moi?). La gauche
a répliqué par le cri de : *Vive la République!*

A ma sortie, on m'a averti que la foule m'attendait sur

la grande place. Je suis sorti, pour échapper à l'ovation, par le côté du palais et non par la façade; mais la foule m'a aperçu, et un immense flot de peuple m'a tout de suite entouré en criant : — *Vive Victor Hugo!* J'ai crié : *Vive la République!* Tous, y compris la garde nationale et les soldats de la ligne, ont crié : *Vive la République!* J'ai pris une voiture, que le peuple a suivie.

L'Assemblée a constitué aujourd'hui son bureau. Dufaure propose Thiers pour chef du pouvoir exécutif.

Le général Cremer est venu ce matin nous rendre compte des dispositions de l'armée.

Nous dînerons pour la première fois chez nous, 13, rue Saint-Maur. J'ai invité Louis Blanc, Schœlcher, Rochefort et Lockroy. Rochefort n'a pu venir. Après le dîner, nous sommes allés chez Gent, quai des Chartrons, à la réunion de la gauche. Mes fils m'accompagnaient. On a discuté la question du chef exécutif. J'ai fait ajouter à la définition : *nommé par l'Assemblée et révocable par elle.*

*17 février.* — Gambetta, à l'Assemblée, m'a abordé et m'a dit : — Mon maître, quand pourrais-je vous voir? J'aurais bien des choses à vous expliquer.

Thiers est nommé chef du pouvoir exécutif. Il doit partir cette nuit pour Versailles, où est la Prusse.

*18 février.* — Ce soir, réunion de la gauche, rue Lafaurie-Monbadon. La réunion m'a choisi pour président. Ont parlé Louis Blanc, Schœlcher, le colonel Langlois, Brisson, Lockroy, Millière, Clemenceau, Martin Bernard, Joigneaux. J'ai parlé le dernier et résumé le débat. On a agité des questions graves, le traité Bismarck-

Thiers, la paix, la guerre, l'intolérance de l'Assemblée,
le cas d'une démission à donner en masse.

19 *février*. — Le président du Cercle national de
Bordeaux est venu mettre ses salons à ma disposition.

Mon hôtesse, M<sup>me</sup> Porte, fort jolie femme, m'a envoyé
un bouquet.

Thiers a nommé ses ministres. Il prend le titre
équivoque et suspect de *président chef du pouvoir
exécutif*. L'Assemblée s'ajourne. On sera convoqué à
domicile.

Nous avons dîné à la maison. Puis nous sommes
allés, Victor et moi, à la réunion de la gauche que j'ai
présidée.

20 *février*. — Aujourd'hui encore le peuple m'a
acclamé comme je sortais de l'Assemblée. La foule en
un instant est devenue énorme. J'ai été forcé de me
réfugier chez Martin Bernard qui demeure dans une rue
voisine de l'Assemblée.

J'ai parlé dans le 11<sup>e</sup> bureau. La question de la magis-
trature (qui nous fait des pétitions pour que nous ne la
brisions pas) est venue à l'improviste. J'ai bien parlé.
J'ai un peu terrifié le bureau.

Petite Jeanne est de plus en plus adorable. Elle commence à ne vouloir plus me quitter.

21 *février*. — M<sup>me</sup> Porte, mon hôtesse de la rue de la
Course, m'envoie tous les matins un bouquet par sa petite
fille

Je promène Petit Georges et Petite Jeanne à tous mes
moments de liberté. On pourrait me qualifier ainsi :

*Victor Hugo représentant du peuple et bonne d'enfants.*
Le soir, j'ai présidé la réunion de la gauche radicale.

**25 février.** — Le soir, réunion des deux fractions de la
gauche, gauche radicale, gauche politique, rue Jacques-
Bell, dans la salle de l'Académie. Ont parlé Louis Blanc,
Emmanuel Arago, Vacherot, Jean Brunet, Bethmont,
Peyrat, Brisson, Gambetta et moi.

Je ne crois pas que mon projet de fusion, ou même
d'entente cordiale, réussisse. Schœlcher et Edmond Adam
m'ont reconduit jusque chez moi.

**26 février.** — J'ai aujourd'hui soixante-neuf ans.
J'ai présidé la réunion de la gauche.

**27 février.** — J'ai donné ma démission de président
de la gauche radicale pour laisser à la réunion toute son
indépendance.

**28 février.** — Thiers a apporté à la tribune le traité.
Il est hideux. Je parlerai demain. Je suis inscrit le
septième ; mais Grévy, le président de l'Assemblée,
m'a dit : — Levez-vous et demandez la parole quand
vous voudrez. L'Assemblée voudra vous entendre.

Ce soir, nous nous sommes réunis dans les bureaux. Je
suis du 11ᵉ. J'y ai parlé.

**1ᵉʳ mars.** — Aujourd'hui séance tragique. On a exécuté
l'empire, puis la France, hélas! On a voté le traité
Shylock-Bismarck. J'ai parlé.

Louis Blanc a parlé après moi et supérieurement
parlé.

J'ai eu à dîner Louis Blanc et Charles Blanc.

Le soir, je suis allé à la réunion rue Lafaurie-Monbadon, que j'ai cessé de présider. Schœlcher présidait. J'y ai parlé. Je suis content de moi.

*2 mars.* — Charles revenu. Grand bonheur.

Pas de séance aujourd'hui. Le vote de la paix a entr'ouvert le filet prussien. J'ai reçu un paquet de lettres et de journaux de Paris. Deux numéros du *Rappel.*

Nous avons dîné en famille tous les cinq. Puis, je suis allé à la réunion.

Puisque la France est mutilée, l'Assemblée doit se retirer. Elle a fait la plaie et est impuissante à la guérir. Qu'une autre Assemblée la remplace. Je voudrais donner ma démission. Louis Blanc ne veut pas. Gambetta et Rochefort sont de mon avis. Débat.

*3 mars.* — Ce matin, enterrement du maire de Strasbourg, mort de chagrin. Louis Blanc est venu me trouver avec trois représentants, Brisson, Floquet et Cournet. Il vient me consulter sur le parti à prendre quant aux démissions. Rochefort et Pyat, avec trois autres, donnent la leur. Mon avis serait de nous démettre. Louis Blanc résiste. Le reste de la gauche ne semble pas vouloir de la démission en masse.

Séance.

En montant l'escalier, j'ai entendu un bonhomme de la droite, duquel je voyais le dos, dire à un autre : — Louis Blanc est exécrable, mais Victor Hugo est pire.

Nous avons tous dîné chez Charles qui avait invité Louis Blanc et MM. Lavertujon et Alexis Bouvier.

Le soir, nous sommes allés à la réunion rue Lafaurie-Monbadon. Le président de l'Assemblée ayant fait aujourd'hui les adieux de l'Assemblée aux membres démissionnaires pour l'Alsace et la Lorraine, ma motion acceptée par la réunion (leur maintenir indéfiniment leur siége) est sans objet, puisque la question est décidée. La réunion semble pourtant y tenir. Nous aviserons.

4 *mars.* — Réunion de la gauche. M. Millière propose, ainsi que M. Delescluze, un acte d'accusation contre le gouvernement de la Défense nationale. Il termine en disant que quiconque ne s'associera pas à lui en cette occasion est *dupe ou complice.* Schœlcher se lève et dit : — Ni dupe, ni complice. Vous en avez menti.

5 *mars.* — Séance à l'Assemblée.

Le soir, réunion. Louis Blanc, au lieu d'un acte d'accusation en forme de l'ex-gouvernement de Paris, demande une enquête. Je m'y rallie. Nous signons.

Réunion de la gauche. On parle d'une grande fermentation dans Paris. Le gouvernement qui reçoit ordinairement de Paris un minimum de quinze dépêches télégraphiques par jour, n'en avait pas reçu aujourd'hui une seule à dix heures du soir. Six dépêches adressées à Jules Favre sont restées sans réponse. Nous décidons que Louis Blanc ou moi interpellerons le gouvernement demain sur la situation de Paris, si l'anxiété continue et si la situation n'est pas éclaircie. Nous nous verrons avant l'ouverture de la séance.

Une députation de Lorrains et d'Alsaciens est venue nous remercier.

6 *mars*. — A midi nous avons tous déjeuné en famille
chez Charles. J'ai mené ces deux dames à l'Assemblée.
Question du transfèrement de l'Assemblée à Versailles
ou à Fontainebleau. Ils ont peur de Paris. J'ai parlé
dans le 11ᵉ bureau. J'ai failli être nommé commissaire.
J'ai eu dix-huit voix, mais un M. Lucien Brun en a eu
dix-neuf.

Réunion rue Lafaurie. J'ai fait la proposition de nous
refuser demain tous à discuter Paris, et de rédiger un
manifeste en commun signé de tous, et déclarant que
nous donnions nos démissions si l'Assemblée allait
ailleurs qu'à Paris. La réunion n'a pas adopté mon
avis et m'a engagé à discuter. J'ai refusé. Louis Blanc
parlera.

8 *mars*. — J'ai donné ma démission de représentant.
Il s'agissait de Garibaldi. Il avait été nommé en
Algérie. On a proposé d'annuler l'élection. J'ai demandé
la parole. J'ai parlé. Tumulte et rage de la droite. Ils
ont crié : *A l'ordre!* C'est curieux à lire au *Moniteur*.
Devant cette furie, j'ai fait un geste de la main, et j'ai
dit :

— Il y a trois semaines, vous avez refusé d'entendre
Garibaldi. Aujourd'hui vous refusez de m'entendre. Cela
me suffit. Je donne ma démission.

Je suis allé pour la dernière fois à la réunion de la
gauche.

9 *mars*. — Ce matin, trois membres de la réunion
gauche modérée, qui siège salle de l'Académie, sont
venus députés par la réunion, qui me prie, à l'unanimité
de deux cent vingt membres, de retirer ma démission.

**M.** Paul Bethmont portait la parole. J'ai remercié et refusé.

Puis est venue une autre insistance, d'une autre réunion, dans le même but. La réunion de centre gauche, dont font partie MM. d'Haussonville et de Rémusat, me prie, à l'unanimité, de retirer ma démission. M. Target portait la parole. J'ai remercié et refusé.

**M.** Louis Blanc est monté à la tribune et m'y a fait ses adieux avec grandeur et noblesse.

**10 mars.** — Louis Blanc a parlé hier et aujourd'hui. Hier, de ma démission. Aujourd'hui, de la question de Paris. Noblement et grandement toujours.

**11 mars.** — Nous nous préparons au départ.

**12 mars.** — Force visites. Foule chez moi. M. Michel Lévy vient me demander un livre. M. Duquesnel, directeur associé de l'Odéon, vient me demander *Ruy Blas*. Nous partirons probablement demain. Charles, Alice et Victor sont allés à Arcachon. Ils reviennent dîner avec nous.

Petit Georges, souffrant, va mieux.

Louis Blanc est venu dîner avec moi. Il va partir pour Paris.

**13 mars.** — Cette nuit, je ne dormais pas, je songeais aux nombres, ce qui était la rêverie de Pythagore. Je pensais à tous ces *13* bizarrement accumulés et mêlés à ce que nous faisions depuis le 1er janvier, et je me disais encore que je quitterais cette maison où je suis le 13 mars. En ce moment, s'est produit tout près de moi le même frappement nocturne (trois coups comme des coups de marteau sur une planche) que j'ai déjà entendu deux fois dans cette chambre.

Nous avons déjeuné chez Charles avec Louis Blanc. J'ai été voir Rochefort. Il demeure rue Judaïque, n° 80. Il est convalescent d'un érysipèle qui l'a mis un moment en danger. Il avait près de lui MM. Alexis Bouvier et Mourot que j'ai invités à dîner aujourd'hui en les priant de transmettre mon invitation à MM. Claretie, Guillemot et Germain Casse, dont je voudrais serrer la main avant mon départ.

En sortant de chez Rochefort, j'ai un peu erré dans Bordeaux. Belle église en partie romane. Jolie tour gothique fleuri. Superbe ruine romaine (rue du Colisée) qu'ils appellent le palais Gallien. Victor vient m'embrasser. Il part à six heures pour Paris avec Louis Blanc.

A 6 heures et demie, je suis allé au restaurant Lanta. MM. Bouvier, Mourot et Casse arrivent. Puis Alice. Charles se fait attendre.

7 heures du soir. Charles est mort.

Le garçon qui me sert au restaurant Lanta est entré et m'a dit qu'on me demandait. Je suis sorti. J'ai trouvé dans l'antichambre M. Porte, qui loue à Charles l'appartement de la rue Saint-Maur, n° 13. M. Porte m'a dit d'éloigner Alice qui me suivait. Alice est rentrée dans le salon. M. Porte m'a dit : — Monsieur, ayez de la force. Monsieur Charles... — Eh bien? — Il est mort.

Mort! Je n'y croyais pas. Charles!... Je me suis appuyé au mur.

M. Porte m'a dit que Charles, ayant pris un fiacre pour venir chez Lanta, avait donné ordre au cocher d'aller d'abord au café de Bordeaux. Arrivé au café de Bordeaux,

le cocher en ouvrant la portière avait trouvé Charles
mort. Charles avait été frappé d'apoplexie foudroyante.
Quelque vaisseau s'était rompu. Il était baigné de sang.
Ce sang lui sortait par le nez et par la bouche. Un
médecin appelé a constaté la mort.

Je n'y voulais pas croire. J'ai dit : — C'est une léthar-
gie. J'espérais encore. Je suis rentré dans le salon, j'ai
dit à Alice que j'allais revenir et j'ai couru rue Saint-
Maur. A peine étais-je arrivé qu'on a rapporté Charles.

Hélas! mon bien-aimé Charles! Il était mort.

J'ai été chercher Alice. Quel désespoir!

Les deux petits enfants dorment.

**14 mars.** — Je relis ce que j'écrivais le matin du 13
au sujet de ce frappement entendu la nuit.

Charles est déposé dans le salon du rez-de-chaussée
de la rue Saint-Maur. Il est couché sur un lit et couvert
d'un drap sur lequel les femmes de la maison ont semé
des fleurs. Deux voisins, ouvriers, et qui m'aiment, ont
demandé à passer la nuit près de lui. Le médecin des
morts, en découvrant ce pauvre cher mort, pleurait.

J'ai envoyé à Meurice une dépêche télégraphique ainsi
conçue :

« Meurice, 18, rue Valois. — Affreux malheur. Charles
est mort ce soir 13. Apoplexie foudroyante. Que Victor
revienne immédiatement. »

Le préfet a envoyé cette dépêche par voie officielle.

Nous emporterons Charles. En attendant, il sera mis
au dépositoire.

MM. Alexis Bouvier et Germain Casse m'aident dans
tous ces préparatifs qui sont des déchirements.

A 4 heures, on a mis Charles dans le cercueil. J'ai empêché qu'on ne fît descendre Alice. J'ai baisé au front mon bien-aimé, puis on a soudé la feuille de plomb. Ensuite on a ajouté le couvercle de chêne et serré les écrous du cercueil; et en voilà pour l'éternité. Mais l'âme nous reste. Si je ne croyais pas à l'âme, je ne vivrais pas une heure de plus.

J'ai dîné avec mes deux petits-enfants, Petit Georges et Petite Jeanne.

J'ai consolé Alice. J'ai pleuré avec elle. Je lui ai dit *tu* pour la première fois.

(Payé au restaurant Lanta le dîner d'hier, où nous attendions Charles, où Alice était, où je n'étais pas.)

15 *mars.* — Depuis deux nuits je ne dormais pas, j'ai un peu dormi cette nuit.

Edgar Quinet est venu hier soir. Il a dit en voyant le cercueil de Charles déposé dans le salon :

— Je te dis adieu, grand esprit, grand talent, grande âme, beau par le visage, plus beau par la pensée, fils de Victor Hugo!

Nous avons parlé ensemble de ce superbe esprit envolé. Nous étions calmes. Le veilleur de nuit pleurait en nous entendant.

Le préfet de la Gironde est venu. Je n'ai pu le recevoir.

Ce matin, à 10 heures, je suis allé rue Saint-Maur, 13. La voiture-fourgon des pompes funèbres était là. MM. Bouvier et Mourot m'attendaient. Je suis entré dans le salon. J'ai baisé le cercueil. Puis on l'a emporté. Il y avait une voiture de suite. Ces messieurs et moi y sommes montés. Arrivés au cimetière, on a retiré le cercueil de la voiture-fourgon, et six hommes l'ont porté à bras. MM. Alexis

Bouvier, Mourot et moi, nous suivions, tête nue. Il pleuvait à verse. Nous avons marché derrière le cercueil.

Au bout d'une longue allée de platanes, nous avons trouvé le dépositoire, cave éclairée seulement par la porte. On y descend par cinq ou six marches. Il y avait plusieurs cercueils, attendant, comme va attendre celui de Charles. Les porteurs ont descendu le cercueil. Comme j'allais suivre, le gardien du dépositoire m'a dit : — On n'entre pas. — J'ai compris et j'ai respecté cette solitude des morts. MM. Alexis Bouvier et Mourot m'ont ramené rue Saint-Maur, 13.

Alice était en syncope. Je lui ai fait respirer du vinaigre et je lui ai frappé dans les mains. Elle s'est réveillée et a dit : — Charles, où es-tu?

Je suis accablé de douleur.

16 *mars*. — Petite Jeanne souffre de ses dents. Elle a mal dormi.

A midi, Victor arrive, avec Barbieux et Louis Mie. Nous nous embrassons en silence et en pleurant. Il me remet une lettre de Meurice et de Vacquerie.

Nous décidons que Charles sera dans le tombeau de mon père au Père-Lachaise, à la place que je me réservais. J'écris à Meurice et à Vacquerie une lettre où j'annonce mon départ avec le cercueil pour demain et notre arrivée à Paris pour après-demain. Barbieux partira ce soir et leur portera cette lettre.

17 *mars*. — Nous comptons partir de Bordeaux avec mon Charles, tous, ce soir à 6 heures.

Nous sommes allés, Victor et moi, avec Louis Mie,

chercher Charles au dépositoire. Nous l'avons porté au
chemin de fer.

Nous sommes partis de Bordeaux à 6 h. 30 du soir.
Arrivés à Paris à 10 h. 30 du matin.

18 *mars*. — A la gare, on nous reçoit dans un salon où
l'on me remet les journaux ; ils n'annoncent notre arrivée
que pour midi. Nous attendons. Foule, amis.

A midi, nous partons pour le Père-Lachaise. Je suis le
corbillard, tête nue, Victor est près de moi. Tous nos
amis suivent, et le peuple. On crie : Chapeaux bas !

Place de la Bastille, il se fait autour du corbillard une
garde d'honneur spontanée de gardes nationaux qui
passent le fusil abaissé. Sur tout le parcours jusqu'au
cimetière, des bataillons de garde nationale rangés en
bataille présentent les armes et saluent du drapeau. Les
tambours battent aux champs. Les clairons sonnent. Le
peuple attend que je sois passé et reste silencieux, puis
crie : *Vive la République!*

Il y avait partout des barricades qui nous ont forcés à
de longs détours. Foule au cimetière. Au cimetière, dans
la foule, j'ai reconnu Millière, très pâle et très ému, qui
m'a salué, et ce brave Rostan. Entre deux tombes une
large main s'est tendue vers moi et une voix m'a dit : —
Je suis Courbet. En même temps j'ai vu une face énergique et cordiale qui me souriait avec une larme dans les
yeux. J'ai vivement serré cette main. C'est la première
fois que je vois Courbet.

On a descendu le cercueil. Avant qu'il entrât dans la
fosse, je me suis mis à genoux et je l'ai baisé. Le caveau
était béant. Une dalle était soulevée. J'ai regardé le tombeau de mon père que je n'avais pas vu depuis mon exil.

Le cippe est noirci. L'ouverture était trop étroite, il a fallu limer la pierre. Cela a duré une demi-heure. Pendant ce temps-là, je regardais le tombeau de mon père et le cercueil de mon fils. Enfin, on a pu descendre le cercueil. Charles sera là avec mon père, ma mère et mon frère.

M⁽ᵐᵉ⁾ Meurice a apporté une gerbe de lilas blanc qu'elle a jetée sur le cercueil de Charles. Vacquerie a parlé. Il a dit de belles et grandes paroles. Louis Mie aussi a dit à Charles un adieu ému et éloquent. Puis je m'en suis allé. On a jeté des fleurs sur le tombeau. La foule m'entourait. On me prenait les mains. Comme ce peuple m'aime, et comme je l'aime ! On me remet une adresse du club de Belleville tout à fait ardente et sympathique signée : *Millière*, président, et *Avrial*, secrétaire.

Nous sommes revenus en voiture avec Meurice et Vacquerie. Je suis brisé. Mon Charles, sois béni !

# TABLE

—

15340. — L.-Imprimeries réunies, rue Saint-Benoît, 7. — MOTTEROZ, direct